Thomas Scharf-Wrede,
Jörg-Dieter Wächter (Hrsg.)

Julia-Carolin Boes, Torsten Memmert,
Martin Strauß, Stefanie Troja (Redaktion)

Einblicke. 1200 Jahre Bistum Hildesheim in Quellen

Hildesheimer Chronik
Beiträge zur Geschichte des Bistums Hildesheim
Band 24
Schriftenreihe des Bistumsarchivs Hildesheim
Hrsg. von Thomas Scharf-Wrede

> Die Deutsche Bibliothek – CIP-Einheitsaufnahme
> Ein Titeldatensatz für die Publikation ist bei
> der Deutschen Bibliothek erhältlich

© 2014
1. Auflage
ISBN Nr. 978-3-89366-575-4

Gestaltung:
Bernwardmediengesellschaft mbH,
Hildesheim

Druck:
Leinebergland, Alfeld

Inhaltsverzeichnis

Vorwort 11
Einführung 13

I. Das Mittelalter 17
Redaktion: Torsten Memmert. Unter Mitarbeit von Peter Goertz,
Stephan Schütte und Joachim Leesch

I.1. Die Entwicklung der Hildesheimer Kirche nach der „Fundatio ecclesiae Hildensemensis" von ihrer Gründung bis ins 11. Jahrhundert 18
M1 Die Anfänge des Bistums Hildesheim unter Kaiser Karl dem Großen: Das Missionsbistum Elze 19
M2 Die Gründung des Bistums Hildesheim durch Kaiser Ludwig den Frommen 21
M3 Reliquiar Unserer Lieben Frau: Gründungsreliquiar des Bistums Hildesheim 22
M4 Der Dombau unter Bischof Gunthar und der Neubau unter Bischof Altfrid 23
M5 Dom Mariä Himmelfahrt zu Hildesheim 25
M6 Leben der Kanoniker unter Bischof Altfrid 27
M7 Von der Amtszeit und dem Dombrand unter Bischof Azelin bis zur Wiedererrichtung des Doms unter Bischof Hezilo 28

I.2. Die „Translatio Sancti Epiphanii" 31
M1 Bischof Othwin nimmt an der Neuordnung Italiens unter Kaiser Otto I. teil 32
M2 Othwins Streben nach Reliquien 33
M3 Der zweite Versuch: Das Wunder göttlicher Güte 34
M4 Die Überführung nach Hildesheim 36
M5 Die wundertätige Reliquie 38
M6 Epiphanius-Schrein 40

I.3.	**Die „Vita Bernwardi" nach Thangmar**	**43**
M1	Erziehung und Bildung des jungen Bernward an der Hildesheimer Domschule	44
M2	Bernwards Weg an den Kaiserhof Ottos III.	46
M3	Bernwards Bischofsweihe und seine besondere Begabung	48
M4	Bernwards Bemühen um eine Sicherung der Grenzen des Bistums Hildesheim	50
M5	Bernwards Wirken in der Stadt Hildesheim	51
M6	Das Bernwardkreuz	53
M7	Bernwardkreuz	54
M8	Bernwards Romreise	55
M9	Die Belagerung Roms	57
M10	Bernwards Abschied vom Kaiser und die Rückkehr nach Hildesheim	58
M11	Die Königswahl Heinrichs II.	59
M12	König Heinrich II. in Hildesheim	60
M13	Die Gründung und die Ausstattung des Michaelis-Klosters	62
M14	St. Michaelis	65
M15	Bernwardtür	68
M16	Bernwardsäule	72
M17	Bernwards Tod	74
M18	Hildesheim um 1022	76
M19	Stadtmodell Hildesheims um 1022	78
M20	Übersichtskarte des Bistums Hildesheim zur Zeit Bernwards	80
I.4.	**Die „Vita Godehardi": Lebensbeschreibung des Bischofs Godehard**	**83**
M1	Kindheit und Jugend Godehards	84
M2	Godehard soll Bischof Bernward nachfolgen	85
M3	Heilsame Tätigkeit Godehards	87
M4	Die Zeit nach Godehard	89
M5	Bischofsstab Bischof Godehards	91
M6	St. Godehard	92

Inhalt

II. Die Frühe Neuzeit ... 97
Redaktion: Stefanie Troja. Unter Mitarbeit von
Claudia Bögershausen, Knut Lohmann und Heinz Balling

II.1. Die Reformation ... 100
M1 Der Stadtrat von Hildesheim hinter verschlossenen Türen ... 103
M2 Das Taufwasser wird ausgeschüttet: Bugenhagen bringt die Reformation nach Hildesheim ... 106
M3 Die Teufelsaustreibung ... 109
M3a Teufelsaustreibung durch evangelischen Schmied ... 111
M4 Stadtansichten Hildesheims im 16. Jahrhundert ... 114
M4a Hildesheim in einer Chronik aus dem Jahr 1586 ... 114
M4b Hildesheim in einer Cosmographie aus dem Jahre 1598 ... 115

II.2. Die Gegenreformation ... 119
M1 Der Fall Johannes Bissendorf: Hinrichtung eines protestantischen Rebells ... 120
M1a Gedenktafel Gödringen ... 122
M1b Verse des Johannes Bissendorf ... 124
M1c Prozessurteil ... 126
M1d Die Burg Steuerwald (nach Merian 1653) ... 127
M2 Katholisch – Evangelisch – Katholisch: Eine wechselhafte Geschichte im Stift Hildesheim ... 129
M2a Kein Mitleid für Dingelbes Pastor ... 129
M2b Dingelbes Kirche in schlechtem Zustand ... 131
M3 Steine fliegen auf Hildesheimer Domschüler (Josephiner) ... 133

II.3. Der Dreißigjährige Krieg ... 138
M1 Die Belagerung Hildesheims im Dreißigjährigen Krieg: Tagebuch des Conrad Jordan ... 139
M1a Angriff der Pappenheimer ... 140
M1b Die Kapitulationsbedingungen und der Friedensvertrag der Stadt Hildesheim mit General Pappenheim im Dreißigjährigen Krieg ... 144
M1c Hildesheim liegt am Boden: wirtschaftliche und religiöse Folgen der Kapitulation ... 146

III. Das 19. Jahrhundert ... 151
Redaktion: Julia-Carolin Boes. Unter Mitarbeit von Wolfgang Perschke.

III.1. Die Säkularisation ... 153
M1 Die Säkularisation in Hildesheim (1802/03) Brief des preußischen Königs an den Fürstbischof von Hildesheim und Paderborn mit Ankündigung der Durchsetzung der Beschlüsse des Friedens von Lunéville (1801) ... 156
M2 Auszug aus dem Reichsdeputationshauptschluss ... 159
M3 Eidesvollmacht des Bischofs von Hildesheim ... 163
M4 Inbesitznahme des Hildesheimer Territoriums durch den König von Großbritannien Georg III. (6. November 1813) ... 166

III.2. Die Neuumschreibung des Bistums Hildesheim durch die Zirkumskriptionsbulle Impensa Romanorum Pontificum (26. März 1824) ... 171
M1 Die Zirkumskriptionsbulle Impensa Romanorum Pontificum 26. März 1824 ... 173

III.3. Auswanderung ... 179
M1 Auswanderung – Statuten des St. Raphaels-Verein ... 179
M1a Statuten des St. Raphael-Vereins ... 180
M1b Auszug aus dem „Katholischen-Sonntagsblatt" mit den Statuten des St. Raphael-Vereins ... 181
M2 Zwischendeck eines Auswandererschiffes (1847) ... 182
M3 Berichte über die Situation auf den Auswandererschiffen ... 184
M3a Auszug aus einem Bericht über die Situation auf dem Dampfer „Bremen" ... 184
M3b Auszug aus einem Bericht über die Situation auf dem Dampfer „Teutonia" ... 184
M3c Auszug aus einem Bericht über die Situation auf dem Dampfer „Helvetia" ... 185
M4 Anzeige aus der Hildesheimer Allgemeinen Zeitung: Überfahrten Bremen-Amerika (27. Februar 1860) ... 186

III.4. Die Revolutionen von 1830/31 und 1848 ... 190
M1 Hirtenbrief des Bischofs Godehard Joseph Osthaus betreffend die Revolution von 1831 (12. Februar 1831) ... 191

Inhalt

| M2 | Hirtenbrief des Bischofs Jacob Joseph Wandt betreffend die Revolution 1848 (18. Mai 1848) | 193 |

III.5. Die Industrialisierung und die Soziale Frage ... 197

M1	Gemeinsames Hirtenwort des preußischen Episkopates betreffend die Arbeitervereine (22. August 1900)	199
M2	Bittschriften an das Bischöfliche Generalvikariat zu Hildesheim	201
M2a	Gesuch Carl Severins an das BGV (19. September 1847) mit der Bitte um Unterstützung zur Hausmiete	202
M2b	Bittschrift des Drechslers Büngen an das Bischöfliche Generalvikariat zu Hildesheim	203
M2c	Bittschrift an das Bischöfliche Generalvikariat zu Hildesheim – Unterstützungsgesuch der Witwe Engelke	204
M2d	Bittschrift des Ludolf Meyer an das Bischöfliche Generalvikariat zu Hildesheim	205
M3	Der Pfarrer aus Rhumspringe berichtet über die Situation Eichsfelder Wanderarbeiter	207
M3a	Brief des Pfarrers aus Rhumspringe an den Bischof (4. März 1868)	208
M3b	Brief des Pfarrers aus Rhumspringe an den Bischof (4. März 1868)	209

III.6. Der Kulturkampf ... 213

M1	Das Soester Programm des Zentrums (1870)	219
M2	„Die Nacht am Rhein – Lieb Vaterland, magst ruhig sein???"	220
M3	Sitzverteilung des ersten Deutschen Reichstages 1871	222
M4	Gesetz über die Vorbildung und Anstellung der Geistlichen (1873)	223
M5	Protokoll der Revision des Hildesheimer Priesterseminars (30. Oktober 1873)	225
M6	Die Schließung des Hildesheimer Priesterseminars	226
M7	Gesetz zur Auflösung der geistigen Orden (1875)	228
M8	Bericht aus dem Katholischen Sonntagsblatt über den Weggang der Ursulinen aus Hildesheim	229
M9	Antrag der Marienschule auf staatliche Beihilfe	230

III.7. Krieg 1870/71 ... 235

M1	Ausschreiben des Bischöflichen Generalvikariats zu Kriegsbeginn 1870	235
M1a	Text des Ausschreibens	235
M1b	Ausschreiben des Bischöflichen Generalvikariats	236

IV. Das 20. Jahrhundert 241

Redaktion: Martin Strauß. Unter Mitarbeit von Mark Ebner, Manfred Köhler, Brigitte Meyer-Lamp und Susanne Philipps

IV.1. Der Besuch Kaiser Wilhelms II. im Dom zu Hildesheim am 31. Oktober 1900 244
- M1 Kaiser Wilhelm II. am Rosenstock 245
- M2 Kaiser Wilhelm II. bei der Einweihung des Kaiserdenkmals 247
- M3 Der Besuch Kaiser Wilhelms II. in Hildesheim am 31. Oktober 1900 248
- M4 Deckblatt des Goldenen Buches der Stadt Hildesheim bis 1945 251

IV.2. Das Kriegstotengedenken in Hildesheim am Beispiel der Kirchengemeinde St. Kunibert in Sorsum 253
- M1 Die Totenglocke in St. Kunibert 254
- M2 Gedenktafel für die Gefallenen des Ersten Weltkriegs 256
- M2a Foto der Gedenktafel 256
- M2b Transkription der Inschrift der Gedenktafel 256
- M3 Gedenktafel für die Gefallenen der Gemeinde Sorsum im Zweiten Weltkrieg 259
- M3a Foto der Gedenktafel 1. Teil 259
- M3b Transkription der Gedenktafel 1. Teil 260
- M3c Foto der Gedenktafel 2. Teil 261
- M3d Transkription der Gedenktafel 2. Teil 262

IV.3. Bischof Ernst als guter Hirte und „Fundraiser" in seiner Diözese – die Geldnot im Bistum Hildesheim nach dem Ersten Weltkrieg 265
- M1 Foto: Bischof Joseph Ernst (1863-1928) 266
- M2 Brief an Bischof Joseph Ernst, 3. März 1922 267
- M3 Brief Bischof Ernsts an Herrn Goldmann, 8. Dezember 1919 269
- M4 Brief Bischof Ernsts an diverse Erzbischöfe/Bischöfe in den USA, 22. Februar 1920 271
- M5 Brief Bischof Ernsts an das Central Bureau of the Central Verein, 8. Mai 1920 273
- M6 Brief Bischof Ernsts an Herrn Helmholz, 28. Dezember 1923 275

IV.4. Bischof Machens predigt gegen die Euthanasie-Aktion 277
- M1 Foto: Bischof Joseph Godehard Machens (1886-1956) 278

M2	Predigt Bischof Joseph Godehard Machens' am 17. August 1941 im Dom zu Hildesheim	279
M3	Foto Bischof Clemens August Graf von Galen (1878-1946)	280
M4	Predigt Bischof Clemens Augusts Graf von Galen am 3. August 1941 in der Lambertikirche in Münster	281

IV.5. Der Groß Düngener Priester Joseph Müller als Opfer der NS-Gerichtsbarkeit – ein Märtyrer des Bistums Hildesheim? 285

M1	Gedenkort für Joseph Müller in der Kirche St. Cosmas und Damian in Groß Düngen	286
M2	Gedenkbild Joseph Müllers in der Kirche St. Cosmas und Damian	287
M3	Das Prozessurteil	288
M3a	Das Urteil des Prozesses gegen Joseph Müller vor dem Volksgerichtshof	288
M3b	Die Urteilsbegründung	290
M4	Die Rechnung der Gerichtskasse Berlin Moabit über die Prozesskosten im Prozess gegen Joseph Müller	293
M5	Abschiedsbrief Joseph Müllers an seine Geschwister und die Pfarrgemeinde in Groß Düngen	295
M6	Postkarte mit einem Gebet Joseph Müllers	296

IV.6. Pastor Antonius Holling als Seelsorger in der „Stadt ohne Kirchen" 299

M1	Schutzmantelmadonna	300
M2	Foto: Pastor Holling (1908-1996)	301
M3	Der Anfang der Seelsorge Hollings in der „Stadt ohne Kirchen"	302
M4	Foto der Notkirche	303
M5	Beschreibung der Notkirche durch Sr. Ludgera Austermann	304
M6	Pastor Hollings Seelsorge um die Zwangsarbeiter	305
M7	Sr. Ludgera Austermann erinnert sich an die Seelsorge Hollings	306

IV.7. Die Rolle der Caritas bei der Aufnahme von Flüchtlingen und Vertriebenen am Beispiel des Lagers Friedland 308

M1	Friedensglocke	309
M2	Gedicht zur Friedlandglocke	310

M3	Lager Friedland	312
M4	Foto vom Lager Friedland	313
M5	Lageplan des Lagers Friedland um 1948	314
M6	Die Caritas im Lager Friedland	315

IV.8. Der Kampf um die Bekenntnisschulen im Bistum Hildesheim von 1954 bis 1965 ... 317

M1	Bischöflicher Aufruf im Hirtenwort über die Schulfrage	318
M2	Der Schulkampf aus Sicht der Zeitschrift „Der Spiegel"	318
M3	Hirtenwort Bischof Machens' vom 3. Oktober 1954	321
M4	Unterzeichnung des Niedersachsenkonkordates am 26. Februar 1965	323

IV.9. Der Mariendom im Wandel des 20. Jahrhunderts ... 325

M1	Der Mariendom vor 1945	326
M2	Der Dom nach der Zerstörung 1945	327
M3	Bericht Hermann Seelands über die Zerstörung der Domburg am 22. März 1945	328
M4	Der Dom nach 1960	331
M5	Der Innenraum des Domes nach Osten vor der Sanierung	332

Abbildungsnachweis ... 335

Vorwort

Eigentlich war ja nur ein kleines, schmales Büchlein mit einigen besonders wichtigen Quellen zur Geschichte des Bistums Hildesheim geplant, vielleicht 20 Texte und 20 Bilder zuzüglich kurzer Erläuterungen zur historischen Einordnung und möglichen Verwendung im schulischen Unterricht… Herausgekommen ist allerdings erheblich mehr: nämlich ein rund 350 Seiten umfassendes Buch mit sorgfältig ausgewählten Quellen – Texten wie Bildern – aus der inzwischen 1200-jährigen Geschichte des Bistums Hildesheim, denen stets eine fundierte historische Hinführung und Verständnishilfe vorangestellt und mögliche Aufgabenstellungen sowie Einsatzmöglichkeiten resp. methodische Hinweise beigegeben worden sind; zuzüglich einer CD mit allen im Buch enthaltenen Quellen.

Diese „Bistumsgeschichte für Schulen" ist etwas Neues, in keinem anderen deutschen Bistum gibt es etwas Vergleichbares – wofür wir an dieser Stelle sehr herzlich danken. Unser Dank gilt zuvörderst dem Redaktionsteam Julia-Carolin Boes, Stefanie Troja (beide Gymnasium Marienschule Hildesheim), Torsten Memmert und Martin Strauß (beide Bischöfliches Gymnasium Josephinum Hildesheim): sie haben in zahlreichen Arbeitssitzungen mit Manfred Köhler, Schulrat in der Hauptabteilung Bildung des Bischöflichen Generalvikariats Hildesheim, und Dr. Thomas Scharf-Wrede, Direktor des Bistumsarchivs Hildesheim und Vorsitzender des diözesangeschichtlichen Vereins, das Konzept dieses Buches entwickelt und zudem die Quellen des jeweiligen Zeitabschnittes ausgesucht und didaktisch aufbereitet, wie sie auch die „zeitgeschichtlichen Hintergründe" erforscht und aufgezeigt haben; eine wirklich außerordentlich aufwändige, schwierige Arbeit. Herr Memmert verantwortet das Kapitel „Das Mittelalter", Frau Troja das Kapitel „Die Frühe Neuzeit", Frau Boes das Kapitel „Das 19. Jahrhundert" und Herr Strauß das Kapitel „Das 20. Jahrhundert".

Unser Dank gilt zudem den Mitgliedern der Arbeitsgruppen für ihre intensiven Überlegungen und „Schultauglichkeitsuntersuchungen" bezüglich der in diesem Buch veröffentlichten Quellen: Heinz Balling (Bischöfliches Gymnasium Josephinum Hildesheim), Claudia Bögershausen (St.-Augustinus-Schule Hildesheim), Mark Ebner (Gymnasium Marienschule Hildesheim), Peter Goertz (St.-Augustinus-Schule Hildesheim), Joachim Leesch (Bischöfliches Gymnasium Josephinum Hildesheim), Dr. Knut Lohman (Albertus-Magnus-Schule Hildesheim), Brigitte Meyer-Lamp (Albertus-Magnus-Schule Hildesheim), Wolfgang

Perschke (Ludwig-Windthorst-Schule Hannover), Susanne Philipps (Albertus-Magnus-Schule Hildesheim) und Stephan Schütte (St.-Augustinus-Schule Hildesheim).

Dem Bonifatiuswerk in Paderborn, der Klosterkammer Hannover und dem Verein für Geschichte und Kunst im Bistum Hildesheim danken wir für die finanzielle Unterstützung der Drucklegung dieses Buches, ohne die das Ergebnis der fast vierjährigen Arbeit deutlich „bescheidener" ausgefallen wäre.

Leitendes Kriterium bei der konkreten Quellenauswahl war, dass man alle Text- und Bildquellen gut und vergleichsweise einfach im alltäglichen Schulunterricht einsetzen kann: in einer Unterrichtsreihe oder in einer Einzelstunde – und auch ohne einschlägige Kenntnisse der Hildesheimer Geschichte seitens der jeweiligen Lehrkraft. Dass man auch andere Quellen hätte auswählen können, ist uns bewusst: 1200 Jahre Bistum Hildesheim sind schließlich eine lange Zeit, aber Ziel der Autoren und Redakteure war eben kein „möglichst viel", sondern eine Exemplifizierung und „Verdichtung" dieser zwölf Jahrhunderte. Der Titel „Einblicke" will eben dies ausdrücken.

Über den schulischen Bereich hinaus kann die vorliegende Quellensammlung auch im Hochschulstudium und in der Erwachsenenbildung eingesetzt werden, wie sich die Lektüre darüber hinaus natürlich auch für alle Interessierten lohnt: einen leichteren Zugang zu Quellen aus der Geschichte des Bistums Hildesheim wird man schwerlich finden können.

        Thomas Scharf-Wrede   Jörg-Dieter Wächter

Einführung zum Schulbuchprojekt – 1200 Jahre Bistum Hildesheim

Die „Ur-Idee" einer gemeinsamen Quellensammlung zur Geschichte des Bistums Hildesheim zur Verwendung im Schulunterricht stammt von Julius Seiters, langjähriger Leiter des Gymnasiums Josephinum in Hildesheim und etliche Jahre Vorsitzender des Vereins für Geschichte und Kunst im Bistum Hildesheim. Wirklich angegangen und letztlich realisiert werden konnte diese Idee jedoch erst jetzt: durch das Zusammenfinden der Hauptabteilung Bildung im Bischöflichen Generalvikariat Hildesheim, des Bistumsarchivs Hildesheim und des Vereins für Geschichte und Kunst im Bistum Hildesheim.
Mit Blick auf das 1200-jährige Jubiläum des Bistums Hildesheim überlegten Manfred Köhler – bis 2013 Schulrat im Dienst des Bistums Hildesheim und zuständig für die katholischen Schulen im Sekundarbereich I in der Trägerschaft des Bistums – und Dr. Thomas Scharf-Wrede – Leiter des Bistumsarchivs und Vorsitzender des diözesanhistorischen Vereins –, ob und wie durch die Beschäftigung mit historischem Material die Schülerinnen und Schüler der Bistumsschulen über ihre eigene Schule hinaus eine größere Identifikation mit dem für sie doch etwas abstrakten Gebilde „Bistum Hildesheim" erreichen könnten.
Derartige Bemühungen hat es für die Schülerschaften der teilweise weit auseinander liegenden Schulen in Bremerhaven, Hannover, Wolfsburg, Hildesheim, Göttingen und Duderstadt in der Vergangenheit natürlich immer wieder gegeben: etwa durch gemeinsame kulturelle Veranstaltungen, durch einen „Bistumstag" der früheren Orientierungsstufenschüler mit einem Besuchsprogramm in Hildesheim oder durch gemeinsame Sportveranstaltungen wie etwa das Bistumssportfest.
Das Projekt einer Quellensammlung zur Hildesheimer Bistumsgeschichte setzt an einer anderen Stelle an: es will für Schülerinnen und Schüler Brücken aus einer eher unbekannten Vergangenheit zur Gegenwart bauen. Dabei war von vornherein klar, dass es nicht darum gehen konnte, Unterrichtsmaterial zu schaffen, das die Lehrkräfte zusätzlich zu ihrem normalen Curriculum einsetzen sollten. Dies wäre auf jeden Fall eine Überforderung der Lehrkräfte und der Schülerinnen und Schüler gewesen. Die Idee war eine andere: Wie wäre es, wenn man Unterrichtsmaterial zur Verfügung stellte, das ersatzweise für ganz normale Unterrichtsthemen eingesetzt werden könnte? Ein Beispiel: Statt allgemein das Thema „Mittelalter" im Geschichtsunterricht zu behandeln, könnte nach einer kurzen allgemeinen Einführung die „Entwicklung der Hildesheimer Kirche nach der Gründungslegende" oder

auch die Erziehung und Entwicklung Bernwards nach der „Vita Bernwardi" als eine bestimmende Handlungsfigur des beginnenden Hochmittelalters in Szene gesetzt werden. Am Beispiel Bernwards lassen sich wesentliche Aspekte der mittelalterlichen Gesellschaft gut veranschaulichen. Ein zweites Beispiel: Statt „Reformation und Gegenreformation" im Geschichts- und Religionsunterricht in allgemeiner Form zu behandeln, bieten die hier vorliegenden Materialien die Möglichkeit, die Reformation „hautnah" durch das Agieren von Johannes Bugenhagen in Hildesheim und durch den „Fall Bissendorf" den Schülerinnen und Schülern vor Augen zu führen. Das 19. Jahrhundert ist durch diverse Themen vertreten: Säkularisation in Hildesheim, Armuts-Auswanderung nach Amerika (Bremerhaven!), Industrialisierung und Soziale Frage am Beispiel von Bittschriften an den Hildesheimer Bischof und der Situation Eichsfelder Wanderarbeiter, Auswirkungen des Kulturkampfes unter anderem mit Schließung des Hildesheimer Priesterseminars, deutsch-französischer Krieg von 1870/71. Schließlich ist das 20. Jahrhundert mit insgesamt neun Themen vertreten: Vom Besuch Kaiser Wilhelms im Hildesheimer Dom über Bischof Joseph Ernst als „Fundraiser" seiner Diözese und Bischof Joseph Godehard Machens mit seinen aufsehenerregenden Predigten gegen die Euthanasie bis zu Pfarrer Antonius Holling als Seelsorger in der „Stadt ohne Kirchen" (Wolfsburg), dem Kampf um die Bekenntnisschulen in den 1950er Jahren und dem Abschluss des Niedersachsenkonkordates 1965 in der Amtszeit von Bischof Heinrich Maria Janssen.

Um diese Ideen in die Tat umsetzen zu können, war die Mitarbeit von engagierten Lehrkräften (vor allem mit den Fächern Geschichte und Religion) unbedingt erforderlich. Als Kernmannschaft kristallisierten sich bald vier Lehrkräfte heraus, die während der etwa vier Jahre andauernden Entstehungszeit des Buches die wesentlichen Vorarbeiten leisteten und auch die einzelnen Arbeitsgruppen betreuten. Frau Julia-Carolin Boes bearbeitete das 19. Jahrhundert und Frau Stefanie Troja die Frühe Neuzeit (beide Marienschule Hildesheim), Herr Torsten Memmert zeichnete für das Mittelalter verantwortlich und Herr Martin Strauß für das 20. Jahrhundert (beide Bischöfliches Gymnasium Josephinum). Diese Lehrkräfte haben sich mit immens großem zeitlichen und persönlichen Einsatz für die Realisierung des Buches eingesetzt – dafür ein ganz besonders herzliches Dankeschön.

Im Jahre 2010 wurde die Grobstruktur des Unterrichtswerkes geplant und gleichzeitig die weitere Durchführung des Projektes überlegt. Im Rahmen der „Studientage der katholischen Schulen des Bistums Hildesheim" fand am 25. Oktober 2010 eine Veranstaltung zum Thema „Bistumsgeschichte" statt. Aus dem Teilnehmerkreis dieses Studientags stellten sich zu den verschiedenen Workshops fast 20 Lehrkräfte aller Lehrämter für die weitere Arbeit an dem Buch zur Verfügung. Neben Josephi-

Einführung

num und Marienschule waren auch die St.-Augustinus-Schule, die Albertus-Magnus-Schule, die Don-Bosco-Schule und die Ludwig-Windthorst-Schule beteiligt. Dem engagierten Einsatz dieser Lehrerinnen und Lehrer in den vier Arbeitstreffen von Juni 2011 bis Juli 2012 sei auch von dieser Stelle noch einmal von Herzen gedankt!

Damit ist gleich eine weitere Frage nach dem Einsatz des Lehrbuches angesprochen: Für welche Schulform ist dieses Lehrbuch eigentlich gemacht? Die Antwort ergibt sich aus der Zusammensetzung der Arbeitsgruppe: Grundsätzlich kann und soll das Quellenbuch für alle Schulformen im Sekundarbereich I und vielleicht auch II eingesetzt werden. Die Autoren haben darauf verzichtet, besondere Arbeitsaufgaben für einzelne Schulformen auszuweisen. Die Hinweise auf die Schulbücher der verschiedenen Schulformen zeigen aber an, dass in allen Schulformen an die Themen angeknüpft werden kann. Es liegt am Geschick der einzelnen Religions- oder Geschichtslehrer und der Fachkonferenzen, die Themen und Aufgaben für die jeweilige Lerngruppe auszuwählen und sachgerecht anzupassen. Ziel soll sein, die Schülerschaft stärker als bisher mit der Geschichte des Bistums vertraut zu machen.

Während der Arbeiten an der Erstellung des Gesamtwerkes wurde deutlich, dass sich diese Quellensammlung nicht nur für Schulen eignet, sondern auch für geschichtsinteressierte Leserinnen und Leser von hohem Interesse sein würde. Eine solche gleichermaßen kompakte wie facettenreiche Zusammenstellung von bistums- und kirchengeschichtlichen Texten und Bildern über einen Zeitraum von 1200 Jahren hat es in dieser Form bisher nicht gegeben.

Trotz äußerst intensiver und kontinuierlicher Absprachen im redaktionellen Team bestand auf der Zielgeraden des Buchprojekts noch erheblicher inhaltlicher, struktureller und graphischer Überarbeitungsbedarf. Diese Aufgabe oblag im Wesentlichen Frau Michaela Düllmann (Bistumsarchiv Hildesheim), der an dieser Stelle für ihre konzentrierte und zeitaufwändige Überarbeitung gedankt sei.

Zum Schluss möchte ich alle Geschichts- und Religionslehrkräfte der katholischen und natürlich auch der staatlichen Schulen ermutigen, tüchtig von dem angebotenen Material Gebrauch zu machen. Damit der Einsatz im Unterricht leichter ist, liegen die Quellentexte auch in digitalisierter Form vor. Zwar ist diese Quellensammlung mit dem Zieldatum Bistumsjubiläum geschaffen worden, aber selbstverständlich kann und soll sie darüber hinaus weiterhin genutzt werden.

Allen historisch Interessierten mögen die Quellen und die Einführungen dazu verhelfen, ihr Geschichtsbild der letzten 1200 Jahr über das Bistum (und die Stadt!) Hildesheim zu erweitern und zu vertiefen.

Manfred Köhler

I. Das Mittelalter

Das Bistum Hildesheim spielte in der mittelalterlichen Geschichte des Heiligen Römischen Reiches Deutscher Nation eine bedeutende Rolle. Die sorgfältig ausgesuchten Quellen werden im Folgenden dem Original möglichst nahe und didaktisch behutsam aufgearbeitet der Leserschaft präsentiert. Wenn vorhanden, wurde sich auf neueste Übersetzungen der lateinischen Originalvorlagen bezogen, ansonsten mussten in Ermangelung dieser auch ältere Übertragungen integriert werden. Die vorgeschlagenen Arbeitsaufträge beziehen sich auf die aktuelle Operatorenliste der Kerncurricula und verstehen sich als Möglichkeiten einer schülergemäßen Quellenannäherung, wobei auch darauf Wert gelegt wurde, handlungs- und produktionsorientierte Methoden mit einzubeziehen. Die Quellen wurden der neuen Rechtschreibung angeglichen und bei sprachlichen Unklarheiten auch behutsam korrigiert. Der jeweilige umfassende Quellenbestand wurde in reduzierte didaktisch besser handhabbare Einzelquellen aufgeteilt, mit denen dann auch kleinere Unterrichtseinheiten gestaltet werden können. Nach den Quellentexten erklären Annotationen Fachbegriffe und geben, wo notwendig, historische Erläuterungen. Diese beziehen sich dann auf die gesamte Quelle und nicht nur auf das jeweilige Material, um Wiederholungen zu vermeiden.

Die vorliegende Quellensammlung berücksichtigt zentrale Zeugnisse, die aussagekräftige Informationen zur mittelalterlichen Bistumsgeschichte bieten. Hierbei leitet die „Fundatio ecclesiae Hildensemenis" (I.1.) aus dem späten 11. Jahrhundert rückblickend den Beginn der Bistumsgründung in Hildesheim um Kaiser Ludwig den Frommen ein. Ihr folgt der geradezu abenteuerliche Bericht von der Übertragung der Reliquien des hl. Epiphanius aus Pavia nach Hildesheim in der „Translatio sancti Epiphanii" (I.2.) aus dem späten 15. Jahrhundert. Das sächsische Königsgeschlecht steht dann in der „Vita Bernwardi" (I.3.) des zeitgenössischen Klerikers Thangmar aus dem 11. Jahrhundert im Mittelpunkt der Betrachtungen, die das ottonische Reichskirchensystem vertiefen und die zentrale Rolle des Bistums in der Reichspolitik unterstreichen. Diese Bedeutung erfährt eine Kontinuität in der Zeit Bischof Godehards, der in der im 11. Jahrhundert entstandenen „Vita Godehardi" (I.4.) des Chronisten Wolfher gewürdigt wird.

Bei hagiographischen Darstellungen ist in besonderer Weise daran zu denken, dass diese vor dem geschichtlichen Hintergrund quellenkritisch gedeutet werden müssen. Dies erscheint den Bearbeitern hier im Besonderen erwähnenswert, da Heiligenbeschreibungen von vorbildhaften, wundertätigen Menschen berichten, die mit ihren irdischen Taten ein herausragendes gottgefälliges Leben geführt haben, das es zu überhöhen galt. So spiegeln diese Viten nicht in erster Linie historische „Wahrheit" wieder, sondern müssen entsprechend ihres historischen Gehaltes erst kritisch gefiltert werden. Dennoch verbirgt sich in den abgedruckten Viten viel historisch Relevantes, das es zu entdecken gilt.

I.1. Die Entwicklung der Hildesheimer Kirche nach der „Fundatio ecclesiae Hildensemensis" von ihrer Gründung bis ins 11. Jahrhundert

Einführung

Die „Fundatio" schildert die Gründungslegende Hildesheims aus der Sicht des späten 11. Jahrhunderts.[1] Der Verfasser der handschriftlich überlieferten

---

[1] Klaus Naß (Hg.), Mittelalterliche Quellen zur Geschichte Hildesheims, (Quellen und Dokumentationen zur Stadtgeschichte Hildesheims Band 16), Hildesheim 2006, S. 27–39.

Quelle ist nicht eindeutig überliefert, eventuell handelt es sich um Bernhard von Hildesheim, der 1072/76 vom Hildesheimer Bischof Hezilo zum Leiter der Domschule in Hildesheim ernannt worden war.

Die Quelle betont das Wirken Gottes bei der Gründung der Hildesheimer Kirche und erläutert die Verlegung des Bistums von Elze nach Hildesheim als Folge eines Wunders, das später zur Gründungslegende mit dem 1000-jährigen Rosenstock ausgeschmückt wurde.

Es wird die Geschichte des jungen Bistums und der ersten Bischöfe Gunthar, Altfrid, Reinbert und Ebo beschrieben. Besonders hervorgehoben wird Altfrid, der auf ein frommes Leben der Geistlichkeit Wert legt – genauso wie seine Nachfolger Markward, Wigbert, Waltbert, Sehard, Thiethard, Othwin, Osdag, Gerdag, Bernward, Godehard, Thietmar. Während der Amtszeit von Bischof Azelin brennt 1046 der Dom nieder, der daraufhin einen deutlich größeren Neubau angeht, der jedoch misslingt. Unter Leitung seines Nachfolgers auf dem Hildesheimer Bischofsstuhl Bischof Hezilo (1054–1079) wird der Dom auf den Fundamenten des vormaligen Altfrid-Domes wiedererrichtet, der in seinen Grundformen bis heute Bestand hat.

M1   Die Anfänge des Bistums Hildesheim unter Kaiser Karl dem Großen: Das Missionsbistum Elze

Nachdem Kaiser Karl*, der zweite dieses Namens, mit Beinamen der Große, Enkel des ersten Karl*, Sohn aber des zweiten Pippin*, einige Zeit lang dem ungezähmten und damals noch heidnischen, am Ende aber durch einen langwierigen Krieg* zermürbten Sachsen das Siegel des christlichen Glaubens aufgedrückt hatte, hielt er unter den übrigen Orten Sachsens, die er durch Bischofssitze zu erhöhen beschlossen hatte, das Dorf Elze* - benannt nach dem Königshof, der den Ort ziert, und dort gelegen, wo der kleine, aber fischreiche Fluss Saale* in die Leine, die Mutter der edleren Hechte, mündet - eines Bistumssitzes für würdig, und zwar wegen der reizenden Lage dieses Ortes und wegen der zusammentreffenden Handelsvorteile, denn Frieslands Schiffe, die von der Weser kommend auf der Aller und dann auf der Leine hinauffahren, könnten diesen Ort reich machen und der öffentliche und vielbenutzte Straßenübergang ihn stark bevölkern. Nach diesem Beschluss legte Karl selbst den ersten Grundstein der Elzer Kirche und weihte sie gleichsam als Erstlingsgabe

Sachsens und zum Zeichen des durch Christus errungenen Sieges dem Schlüsselträger des Himmels*, der auf dem Felsen Christus fest gegründet ist. Und als sich der fromme Kaiser später dort aufhielt, wuchs die Mauer dieser Kirche zunächst bis zur Höhe des Maurers heran. Weil Karl aber zu seinen Lebzeiten durch Kriege und mangelnde Güter daran gehindert wurde, diese und andere Kirchen Sachsens, die er erbaut hatte, zu Bistümern zu erheben und einzurichten, wurde die Elzer Kirche von Priestern geleitet, die von ihrem Erbauer entsandt und eingesetzt worden waren und die Sachsen, das damals noch keine festere Nahrung aufnehmen konnte, mit der Milch der Kirche nährten. Durch diese, ich wiederhole es, wurde sie geleitet und war für das umliegende Land die Lehrerin des kirchlichen Gesetzes und das leuchtende Vorbild des christlichen Glaubens in der Gegend, die jetzt die Hildesheimer Kirche erleuchtet, die damals aber noch unzugänglich, im Innern von Sümpfen überzogen, mit Wäldern dicht bedeckt und nur zur Jagd gut war.

Zit. nach Klaus NAß (Hg.), Mittelalterliche Quellen zur Geschichte Hildesheims, (Quellen und Dokumentationen zur Stadtgeschichte Hildesheims Band 16), Hildesheim 2006, S. 27-39, hier S. 31.

Annotationen
*Karl der Große - König der Franken von 768 bis 814, Kaiser seit 800.
*Karl Martell - fränkischer Hausmeier von 718 bis 741. Das Amt des Hausmeiers beinhaltete die gesamte Regierungsgewalt und Führung des Adels.
*Pippin der Jüngere - König der Franken von 751 bis 768.
*Krieg - hier der Krieg der Franken gegen die Sachsen.
*Elze - Stadt südwestlich von Hildesheim.
*Saale - linker Nebenfluss der Leine.
*Schlüsselträger des Himmels - Apostel Petrus.

Mögliche Aufgaben
- Beschreibe den Gründungsvorgang des geplanten Bistums in Elze. Erläutere dabei die Ortswahl für ein Missionsbistum.
- Stelle die Funktion der Bistumsgründungen unter Karl dem Großen dar.

Weitere Einsatzmöglichkeiten und methodische Vorschläge
- Geschichtsunterricht, Thema Mittelalter.
- Erdkundeunterricht, Atlasarbeit.

M2 Die Gründung des Bistums Hildesheim durch Kaiser Ludwig den Frommen

Nach dem Ende von Karls Herrschaft und Leben war Ludwig*, Erbe der Frömmigkeit und Macht des Vaters, ganz damit beschäftigt, die Elzer Kirche zum Haupt und Sitz eines Bistums zu erheben. Und als er deswegen diesen Ort häufiger besuchte, trug es sich zu, dass er aus Jagdleidenschaft die Leine überschritt und an der Stelle, wo jetzt die Hildesheimer Kirche steht, das Zelt aufschlug und dort die Messe hörte, wohin man die Reliquien* der königlichen Kapelle gebracht hatte. Durch göttliche Fügung waren dies aber Reliquien der heiligen Gottesmutter Maria. Als der Kaiser hierauf von der Jagd nach Elze zurückgekehrt war und dort wieder die Messe hören wollte, da erinnerte sich der Kapellan* erst, als er die Reliquien auf den Altar stellen wollte, dass er sie dort vergessen hatte, wo tags zuvor die Messe gefeiert worden war. Von Sorge getrieben ging er zurück und fand sie auch dort, wo er sie aufgehängt hatte, nämlich am Ast eines Baumes, der eine sehr klare Quelle beschattete. Froh eilte er darauf zu und - oh große Wunderwerke Gottes, oh tiefer Abgrund göttlicher Fügung - konnte die Reliquien, die er mit leichter Hand aufgehängt hatte, mit keiner Anstrengung abnehmen. Er kehrte zurück, um dem Kaiser das Wunder zu berichten. Dieser war begierig, das Gehörte mit eigenen Augen zu sehen, kam schnell mit vielen Begleitern herbei und sah, dass sich die Reliquien von dem Baum, an dem sie einmal hingen, nicht abnehmen ließen. Belehrt, dass dies Gottes Wille sei, errichtete er dort schnell eine Kapelle für die Muttergottes, wobei der Altar und die aufgehängten Reliquien ein und denselben Platz bekamen. Diesen Ort, der durch das überraschende Wunder verherrlicht und von dem erwiesen war, dass er der Gottesmutter so sehr gefiel, begann der Kaiser mit allem Eifer besonders zu fördern und verlegte den Hauptsitz des Bistums, den er vorher bei der von seinem Vater gegründeten und von ihm so hoch gepriesenen Kirche von Elze dem Apostelfürsten zu Ehren hatte errichten wollen, an die Kapelle der Gottesmutter und stellte ihr den im Glauben bewährten Gunthar* als ersten Bischof voran.

Zit. nach Klaus Naß (Hg.), Mittelalterliche Quellen zur Geschichte Hildesheims, (Quellen und Dokumentationen zur Stadtgeschichte Hildesheims Band 16), Hildesheim 2006, S. 27–39, hier S. 31 u. S. 33.

Annotationen

*Ludwig der Fromme - Kaiser von 813 bis 840.
*Reliquien - Überreste der Körper von Heiligen oder von Gegenständen, die mit ihnen in Berührung gekommen sind und die für Gläubige zum Objekt der Verehrung werden.
*Kapellan - Gemeint ist der Kaiserliche Hofkaplan.
*Gunthar - Bischof von Hildesheim von 815 bis 834.

Mögliche Aufgaben

- Skizziere die Verlegung des Bistumssitzes von Elze nach Hildesheim.
- Bewerte den Gründungsvorgang unter Berücksichtigung von M1.
- Die Elzer beschweren sich, dass die Bewohner alle wegziehen. Rechtfertige vor den Einwohnern Elzes die Verlegung des Bistums.

Weitere Einsatzmöglichkeiten und methodische Vorschläge

- Geschichtsunterricht, Thema Mittelalter.
- Religionsunterricht, Thema Heilige.
- Erdkundeunterricht, Atlasarbeit.

M3   Reliquiar Unserer Lieben Frau: Gründungsreliquiar des Bistums Hildesheim

Gründungsreliquiar (Heiligtum Unser Lieben Frau) des Bistums Hildesheim, Silber, frühes 9. Jahrhundert mit hochmittelalterlichen Ergänzungen, Dommuseum Hildesheim.

Wie kunsthistorische Untersuchungen belegen, wurde das Reliquiengefäß wahrscheinlich in der Hofwerkstatt Karls des Großen hergestellt. Bei der Weihe eines neuen Bischofs von Hildesheim wird dieses Marienreliquiar als Symbol der Amtsübernahme feierlich überreicht. Der Reliquieninhalt der Silberkapsel ist bis heute unbekannt.[2]

2 Vgl. Michael BRANDT, Heiligtum Unserer Lieben Frau, in: Michael BRANDT u. Arne EGGEBRECHT (Hg.), Bernward von Hildesheim und das Zeitalter der Ottonen. Katalog der Ausstellung, Band 2, Hildesheim 1993, S. 445-448.

Das Mittelalter

Abb. I.1: Gründungsreliquiar des Bistums Hildesheim

Abb. I.2: Historische Zeichnung des Gründungsreliquiars, 1840

Mögliche Aufgaben
- Jeder Hildesheimer Bischof muss bei seiner Amtseinsetzung das abgebildete Reliquiar berühren. Begründe diese Handlung.

Weitere Einsatzmöglichkeiten und methodische Vorschläge
- Geschichtsunterricht, Thema Mittelalter.
- Religionsunterricht, Thema Heilige.

M4 **Der Dombau unter Bischof Gunthar und der Neubau unter Bischof Altfrid**

Die von Ludwig, Karls Sohn, erbaute und der heiligen Maria geweihte Hildesheimer Kapelle diente der ihr angemessenen Andacht bis Altfrid*, dem vierten Bischof dieser Kirche, ohne dass ein anderes Bauwerk hinzugefügt worden wäre. Denn Gunthar, der erste Bischof dort, erbaute die bischöfliche Kirche, wo die Domgeistlichkeit der Brüder Gott dienen sollte, etwas weiter weg und südlich von der genannten Kapelle mit zwei sehr hohen Türmen und weihte sie vor allem zu Ehren der heiligen Jungfrau Caecilia*. Aber diese Kirche diente dem Gottesdienst der Brüder und dem kanonischen Leben nur unter drei Bischöfen, nämlich unter dem ersten Bischof Gunthar, unter dem zweiten Reinbert* und unter dem dritten Ebo*, der zunächst Erzbischof von Reims, dann Bischof von Hildesheim war. Die Ruine und die zusammengesunkenen Trümmer dieser von Gunthar erbauten Kirche zeigte man noch zur Zeit des fünfzehnten Bischofs Thietmar*.

[...] der Bischof [Altfrid hielt] mit seiner sehr frommen Geistlichkeit ein dreitägiges Fasten ab, wobei er mit inständigem Gebet den Himmel bestürmte und Gott bat, ihm eine Stelle zu zeigen, den der Mittler zwischen Gott und den Menschen für würdig hielt, dass dort zu seiner und seiner Mutter Ehre eine Kirche erbaut werde. Als das Fasten dem Gelübde gemäß beendet worden war, und als der vierte Tag anbrach, da erschienen - gleichsam auf den Ruf des Beters hin und als ob der Angerufene sagen wollte „Hier bin ich" - wie vom Frühlingsreif vorgezeichnet und abgesteckt die Umrisse für das auszuhebende Fundament der Kirche in kunstvollem Rechteck, wobei sie sich von der allerersten Kapelle der heiligen Maria nach Westen erstreckten und der Länge und Breite nach so voneinander entfernt waren, wie es Mauerdicke, Länge und Raum der Kirche erforderten. Außerdem wurde dem Bischof in derselben Nacht, als er das Fasten beendet hatte, durch göttliche Fügung offenbart, dass er in der Krypta*, die er der genannten Kapelle hinzufügen wollte, zwei Altäre weihen sollte, nämlich Johannes dem Täufer* und dem Erzmärtyrer Stephanus*. Der vortreffliche Bischof war froh, dass die göttliche Gnade sein Vorhaben unterstütze, und nachdem er das Fundament so gelegt hatte, wie ihm offenbart worden war, erbaute er eine schöne und feste Kirche und verband sie mit der allerersten Kapelle so, dass der Chor* der von ihm erbauten Kirche darüber gelegt wurde und der Altar der Kapelle unten im äußersten Osten der Krypta lag. Diese Kirche weihte ihr Erbauer Altfrid selbst und fügte ihr ein Klausurgebäude* an, das für das kanonische Leben* sehr geeignet war. Altfrids Kirche mit der Klausur blieb bestehen [...].

Zit. nach Klaus NAß (Hg.), Mittelalterliche Quellen zur Geschichte Hildesheims, (Quellen und Dokumentationen zur Stadtgeschichte Hildesheims Band 16), Hildesheim 2006, S. 27-39, hier S. 33 u. S. 35.

Annotationen
*Altfrid - Bischof von Hildesheim von 851 bis 874.
*Caecilia - frühchristliche römische Märtyrerin, † 230.
*Reinbert - Bischof von Hildesheim von 834 bis 844.
*Ebo - Erzbischof von Reims von 816/ 17 bis 835 und 840/ 41, Bischof von Hildesheim von 845 bis 851.
*Thietmar - Bischof von Hildesheim von 1038 bis 1044.

*Krypta - ursprünglich unterirdische Gewölbe und Grablegen, später Bezeichnung für gewölbte Gottesdiensträume unter dem Chor einer Kirche.
*Johannes der Täufer - prophetischer Bußprediger, Täufer Jesu im Jordan.
*Märtyrer - Menschen, die um ihres Glaubens willen ihr Leben hingegeben haben.
*Stephanus - wurde gesteinigt und ist der erste Märtyrer der Kirche; deswegen „Erzmärtyrer".
*Chor - Kirchenraum mit dem Hochaltar.
*Klausur - abgeschlossener Bereich innerhalb eines Klostergebäudes, das nur den Ordensmitgliedern zugänglich ist.
*Kanoniker - Mitglied einer verfassten Gemeinschaft von Geistlichen einer Kirche.

Mögliche Aufgaben
- Fertige eine Skizze des Domhofes an, die die bauliche Situation verdeutlicht.
- Überprüfe die Notwendigkeit des Domneubaus unter Altfrid.

Weitere Einsatzmöglichkeiten und methodische Vorschläge
- Geschichtsunterricht, Thema Mittelalter.
- Religionsunterricht, Thema Heilige.

M5   Dom Mariä Himmelfahrt zu Hildesheim

Der Sage nach soll ein Reliquienwunder 815 Kaiser Ludwig den Frommen veranlasst haben, auf dem heutigen Domhof eine Marienkapelle zu errichten, diese gilt als der Vorgängerbau des Mariendomes. Der heutige Dombau wurde in den Grundfesten 872 von Bischof Altfried begonnen und 1061 von Bischof Hezilo vollendet. Nach verschiedenen Umbauphasen stellte das Bistum nach schwerer Zerstörung im Zweiten Weltkrieg die Hauptkirche in der alten Grundform wieder her. Zum Bistumsjubiläum 2015 werden weitere Restaurierungsmaßnahmen abgeschlossen sein.

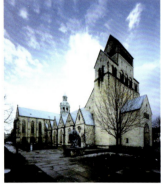

Abb. I.3: Der Hildesheimer Mariendom (Nordwestansicht) nach dem Wiederaufbau, um 1999

Abb. I.4: Karl der Große und Ludwig der Fromme als Gründer des Hildesheimer Bistums, Ansicht aus Lauensteins Historie

Abb. I.5: Domhof und Mariendom, Außenansicht von Süden, Zeichnung vor 1841

Abb. I.6: Mariendom mit dem 1840/41 abgebrochenen Westwerk, Zeichnung vor 1840

Mögliche Aufgaben
- Betrachte die Abbildungen des Hildesheimer Domes genau und beschreibe insbesondere die Veränderungen des Westwerks. Erläutere, warum sich die Bauhistoriker nach der Kriegszerstörung am 22. März 1945 für die Version in Abb. I.3. entschieden haben.

M6 Leben der Kanoniker unter Bischof Altfrid

Unter diesen Bischöfen hat sich die Hildesheimer Geistlichkeit in der von Altfrid erbauten Kirche mit solch strenger Frömmigkeit und solch frommer Strenge dem Gottesdienst gewidmet, dass sie selbst im Kanonikerstand gern mönchische Zucht übte. Denn - um kein Wort darüber zu verlieren, wie streng es bestraft wurde, wenn jemand es gewagt hatte, ohne dringende Not oder Erlaubnis im Chor, am Tisch oder im Schlafsaal, ich sage nicht zu fehlen, sondern zu spät zu erscheinen - selbst diejenigen, die vom Joch des Schulunterrichts befreit waren, wurden im Klausurgebäude an strafferem Zügel gehalten und gezwungen, dem Dekan* ihr tägliches Schreibpensum vorzulegen und das Evangelium mit der Lektion, auch ein Lied, ja sogar die Psalmen* aufzusagen, so dass sie im Klausurgebäude ängstlicher als in der Schule die Hand der Rute hinhielten. Auch kümmerten sie sich so wenig um feinere Kleidung, dass sie Marderpelze, nach dem jetzt die Geistlichkeit brennt, nicht kannten und die Pelzzipfel und Ärmel nicht mit Seidenstoff, sondern mit schwarzem Tuch zierten, die Zipfel aber der Kanonikerobergewänder nicht anders als bei den Reiterröcken zusammenhefteten. So hatten sie also bäuerliche Schlichtheit höfischer Feinheit vorgezogen, indem sie so Glücksgüter für nichts achteten und nichts Teueres erstrebten, als was vom Kloster gereicht wurde, so dass sie äußerlich und innerlich durch klösterliche Zucht eingeschlossen die Welt nicht kannten, obwohl sie der Welt noch nicht entsagt hatten. Man erzählt, dass der Zustand dieser Klausur dem Kaiser Heinrich*, dem Erbauer der Bamberger Kirche, der dort [in Hildesheim] geboren und von seinen Eltern dieser Kirche als Kanoniker versprochen worden war und sich deshalb dort öfter aufhielt, so sehr gefallen habe, dass er davon überzeugt, nach seiner Erfahrung von ihrer bescheidenen Kleidung des äußeren auf die Frömmigkeit des inneren Menschen schließen zu dürfen, seiner Bamberger Kirche neben Lüttichs Wissenschaft auch die Strenge der Hildesheimer Klausur wünschte.

Zit. nach Klaus NAß (Hg.), Mittelalterliche Quellen zur Geschichte Hildesheims, (Quellen und Dokumentationen zur Stadtgeschichte Hildesheims Band 16), Hildesheim 2006, S. 27-39, hier S. 37.

Annotationen

*Dekan - Vorsteher einer Gemeinschaft von Geistlichen oder Ordensangehörigen mit geistlicher und administrativer Aufsichtsfunktion.
*Psalmen - Sammlung von Gedichten und Liedern im Alten Testament.
*Heinrich II. - König von 1002 bis 1024, Kaiser seit 1014.

Mögliche Aufgaben
- Beschreibe das Leben der Kanoniker in Hildesheim und stelle den Vorbildcharakter für andere Bistümer heraus.
- Recherchiere Informationen zu Benedikt von Nursia und seiner Ordensregel.

Weitere Einsatzmöglichkeiten und methodische Vorschläge
- Geschichtsunterricht, Thema Mittelalter.

M7 Von der Amtszeit und dem Dombrand unter Bischof Azelin bis zur Wiedererrichtung des Doms unter Bischof Hezilo

Diese strenge Klausur dauerte bis in Azelins* Zeit, des sechzehnten Bischofs. Denn als dieser Bischof war, schlich sich anspruchsvolle Vornehmheit ein, die - in der Kleidung weicher, in der Kost üppiger, in der ganzen Lebensweise sorgfältiger - lieber gefallen als gefürchtet werden will, und lockerte der Zucht durch gemilderte Strenge die Riegel der Klausur. Dazu kam, dass der Dom und ein zweites Stift, das an dessen Südseite vom heiligen Godehard erbaut worden war, durch ein Feuer, das im heizbaren Raum der Domherren ausgebrochen war, mit ihren Klausurgebäuden niederbrannten. Nachdem ihre Mauern, ausgenommen nur die des Domchores, niedergerissen und dem Erdboden gleichgemacht worden waren, begann Bischof Azelin einen Bau, der größer war als der frühere der Mutterkirche und dessen Chor nach Westen sah, und vollendete ihn beinahe in den äußeren Mauern, wobei seine östliche Wand den Platz einnahm, den die Westseite der früheren Kirche eingenommen hatte. Da aber seine Mauer bald irgendwo einstürzte, bald einzustürzen drohte oder bald eine der Säulen von ihrer senkrechten Stellung abwich, war die auf

Das Mittelalter

das Werk verwendete Mühe vergebens, und wo immerfort Schadhaftes ausgebessert wird, bleibt das Werk unvollendet. Und so war es noch nicht fertig, als der Bauherr starb.

[...] Dann übernahm Hezilo* die Hildesheimer Kirche, der lieber Nutzen stiften als herrschen wollte, Nutzen, der mehr vom Menschen als durch den Menschen kommen sollte, nicht so sehr Bischof als Vater, der seine Blicke nach vorne und hinten richtete. Er gab das Werk seines Vorgängers auf, das keine Aussicht auf Vollendung mehr hatte, und begann alsbald auf den Fundamenten der älteren niedergerissenen Kirche, die dem Altfrid einst durch göttliche Fügung vorgezeichnet worden waren, zu bauen, indem er auf die Mauer des Chores, die, wie wir sagten, noch nicht ganz niedergelegt war, eine neue setzte. Und so vollendete er im sechsten Jahr mit glücklichem Erfolg und andächtiger Liebe eine Kirche, die in ihrer Gestalt bescheiden und in ihrer Bescheidenheit wohlgestaltet war, deckte sie mit Kupfer und weihte sie.

Zit. nach Klaus NAß (Hg.), Mittelalterliche Quellen zur Geschichte Hildesheims, (Quellen und Dokumentationen zur Stadtgeschichte Hildesheims Band 16), Hildesheim 2006, S. 27-39, hier S. 37-39.

Annotationen
*Azelin - Bischof von Hildesheim von 1044 bis 1054.
*Hezilo - Bischof von Hildesheim von 1054 bis 1079.

Mögliche Aufgaben
- Bewerte aus der Sicht eines Zeitgenossen Azelins Lebenswerk.
- Informiere dich über die kirchliche Reformbewegung des 11. Jahrhunderts und stelle einen Zusammenhang zu den Hildesheimer Verhältnissen her.

Weitere Einsatzmöglichkeiten und methodische Vorschläge
- Geschichtsunterricht, Thema Mittelalter.

Schlagworte

- Bischofswahl
- Bistum
- Christianisierung
- Domgründung
- Erzbischof
- Erzbistum
- Klosterleben
- Reisekönigtum
- Sachsenkriege
- Siedlungsgeschichte

Verweise auf Schulbücher

Diercke Drei. Universalatlas, Braunschweig 2001, S. 50 (Karte Heiliges Römisches Reich Deutscher Nation).
Thomas BERGER V. D. HEIDE (Hg.), Entdecken und Verstehen. Geschichte, Band 1, Jg. 5/6 Realschule Niedersachsen: Von der Urgeschichte bis zum Zeitalter der Entdeckungen, Berlin 2008, S. 148ff.
Johannes DERICHS, Melanie EßER u. Wolfgang PANKRATZ (Hg.), Durchblick. Geschichte/Erdkunde, Jg. 5/6 Niedersachsen, Braunschweig 2008, S. 94ff.
Johannes DERICHS u. a., denk|mal Geschichte, Jg. 5/6 Niedersachsen, Braunschweig 2009, S.168ff.
Ralf TIEKE (Hg.), Durchblick. Geschichte, Jg. 5/6 Realschule Niedersachsen, Braunschweig 2008, S. 118ff. u. S. 130ff.
Zeitreise, Band 1 Niedersachsen und Bremen, differenzierende Ausgabe, Stuttgart 2012, S. 110ff.

Verweise auf Fachliteratur

Adolf BERTRAM, Geschichte des Bisthums Hildesheim, Band 1, Hildesheim 1899.
Michael BRANDT, Heiligtum Unserer Lieben Frau, in: Michael BRANDT u. Arne EGGEBRECHT (Hg.), Bernward von Hildesheim und das Zeitalter der Ottonen. Katalog der Ausstellung, Band 2, Hildesheim 1993, S. 445-448.
Klaus NAß (Hg.), Mittelalterliche Quellen zur Geschichte Hildesheims, (Quellen und Dokumentationen zur Stadtgeschichte Hildesheims Band 16), Hildesheim 2006.
Herbert REYER, Kleine Geschichte der Stadt Hildesheim, Hildesheim 1999.

Das Mittelalter

I.2. Die „Translatio Sancti Epiphanii"

Einführung

Die „Translatio sancti Epiphanii", der die nachfolgenden Textquellen (M1 bis M5) entnommen sind, beleuchtet das Leben und Wirken des Hildesheimer Bischofs Othwin in der zweiten Hälfte des 10. Jahrhunderts.[3]

Anschaulich führt die Quelle vor Augen, wie Othwin - während seines Hofdienstes unter Kaiser Otto I. in Italien - Reliquien für seine Domkirche erworben hat. Dies gilt insbesondere für die abenteuerliche Beschaffung der Gebeine des hl. Epiphanius im Jahre 962. Epiphanius war im 5. Jahrhundert Bischof von Pavia und wurde bereits zu Lebzeiten als Heiliger verehrt. Er erzielte in den turbulenten Krisenjahren des zerfallenden Weströmischen Reichs Interessenausgleiche zwischen den damaligen Machthabern, klagte ebenso das Fehlverhalten von einzelnen Amtsträgern an, bemühte sich um die Abschaffung ungerechter Gesetze und linderte durch eine insgesamt wohltätige Politik die Leiden der Bevölkerung.

Die Beschaffung der kostbaren Gebeine dieses Heiligen und deren anschließende Überführung aus Pavia über das Kloster Reichenau nach Hildesheim im Jahre 963 werden in der „Translatio" erzählt. Die Schilderung heilsamer Wunder durch die Reliquien in Hildesheim unterstreicht die herausragende Bedeutung, die der Verfasser den Ereignissen beimisst, und gewährt zugleich einen Einblick in die Fremd- und Eigenartigkeit mittelalterlicher Vorstellungen.

Entstanden ist die „Translatio" nach Othwins Tod im Jahr 984. Der unbekannte Verfasser aus dem Domkapitel in Hildesheim verarbeitet darin nicht nur zeitgenössische Zeugenaussagen zur Reliquienbeschaffung, sondern mindestens auch zwei schriftliche Quellen zum heiligen Epiphanius. Die Endredaktion erfuhr der Text in der zweiten Hälfte des 11. Jahrhunderts. Überliefert ist er in Handschriftensammlungen des späten 15. bzw. frühen 16. Jahrhunderts in der Dombibliothek Hildesheim und im Stadtarchiv Hildesheim.

---

3 Klaus NAß (Hg.), Mittelalterliche Quellen zur Geschichte Hildesheims, (Quellen und Dokumentationen zur Stadtgeschichte Hildesheims Band 16), Hildesheim 2006, S. 11-26; Martina GIESE, Der Transitus sancti Epiphanii und die Translatio sancti Epiphanii. Neue Handschriftenfunde, in: DA 64/2 (2008), S. 519-546.

M1 Bischof Othwin nimmt an der Neuordnung Italiens unter Kaiser Otto I. teil

[...] Als Berengar* mit seinem Sohn Adalbert* die Herrschaft über das Königreich Italien an sich riss und beide die Krone eines einzigen Volkes für sich beanspruchten, erglühte dieser Berengar so vor Habgier, dass er, vom Geld verlockt, überall menschliches und göttliches Recht brach und sich erdreistete, auch ziemlich viele Gebiete des heiligen Petrus gewaltsam an sich zu bringen. Um seine Raserei zu ersticken, wurde der ältere Otto*, König nördlich der Alpen, von den Gesandten des Herrn Papstes Oktavian, auch Johannes* genannt, nach Rom eingeladen, um entweder auf die Würde des Patricius* der Stadt Rom, die ihm von seinen Vorgängern her zustand, zu verzichten oder ihnen in ihrer verzweifelten Lage zu Hilfe zu kommen. Also rüstete sich der kampfeslustige Krieger für die Kirchen und wackere Herrscher auf gemeinsamem Ratschluss seiner Leute gegen den Feind des Papstes, umgeben von der starken und immer unbesiegten Truppe seiner Leute, geschmückt auch durch die Schar der Bischöfe. Unter ihnen leuchtete Herr Othwin* hervor, der Bischof unserer Kirche, der diesem Herrscher ebenso ergeben war wie in Treue erprobt. Nachdem Berengar später in der Burg San Leo* gefasst und mit seiner Ehefrau in die Haft nach Bayern geschickt, dazu Adalbert vertrieben und der Friede für die Kirchen wiederhergestellt worden war, kehrte Kaiser Otto, in Rom durch päpstlichen Segen bereits zum Patricius und Kaiser erhoben, nach Pavia zurück. Die Kirchen in Italien und Tuszien*, die durch die Grausamkeit und Unverschämtheit früherer Herrscher vernachlässigt und aufgegeben worden waren, stellte er nach kirchlichem Recht wieder her und setzte sie in ihren alten Stand.

Zit. nach Klaus NAß (Hg.), Mittelalterliche Quellen zur Geschichte Hildesheims, (Quellen und Dokumentationen zur Stadtgeschichte Hildesheims Band 16). Hildesheim 2006, S. 14-25, hier S. 15.

Annotationen
*Berengar II. - * um 900, † 966, Markgraf von Ivrea von 925 bis 964 und König von Italien von 950 bis 961.
*Adalbert II. - König von Italien von 950 bis 961, † 972/ 75.
*Otto I., der Große - *912, † 973, ab 936 König, ab 962 Kaiser.
*Octavian von Spoleto - *937, † 964, von 955-963 Papst Johannes XII.
*Patricius - Römischer Ehrentitel, der auch als Schutzverpflichtung gegenüber den Römern verstanden wurde.
*Othwin - Bischof von Hildesheim von 954 bis 984.
*Burg San Leo - Berühmte Festung in Norditalien.
*Tuszien - Landschaft in Mittelitalien.

Das Mittelalter

Mögliche Aufgaben
- Analysiere das Verhältnis zwischen weltlicher und geistlicher Macht, indem du ein Schaubild erstellst.

Weitere Einsatzmöglichkeiten und methodische Vorschläge
- Geschichtsunterricht, Thema Herrschaft im Mittelalter.

M2 Othwins Streben nach Reliquien

Zu dieser Zeit bemühte sich der stets wachsame Hirte der Herde des Herrn, Bischof Othwin* […], etwas zu sammeln, von dem er voraussah, dass es seiner Kirche nützen und den Brüdern willkommen sein werde. Vor allem aber, um sich und den Seinen einen sicheren Schutz zu verschaffen, erbat er von den Bischöfen Reliquien von Heiligen, die, wie er bemerkte, dort besonders verehrt wurden, und leicht erhielt er sie. […] Und da er bei diesem Erfolg keineswegs hochmütig wurde, schenkte ihm die göttliche Gnade auf sehr wunderbare Weise die hochheiligen Reliquien des heiligen Epiphanius, des einstigen Bischofs von Pavia*.

Weil dieser ehrwürdige Vater [Othwin] aus Gottesfurcht, von der er immer stark erfüllt war, es gleichsam für einen Frevel hielt, Heiligengebeine zu stehlen oder ohne vorherige Eingebung fortzuschaffen, hielt er seine Entscheidung so in der Schwebe […].

Daher geschah es, dass der ehrwürdige Priester, unser Mitbruder [Thangward], den wir weiter oben erwähnt haben, ganz im Eifer für dieses Vorhaben entbrannte […]. Bei diesem Vorhaben fehlte ihm aber keineswegs die Hilfe des Bischofs […].

[…] Als man so die Fastenzeit feierlich begangen hatte, kam, […] der Priester Bischof Landwards* von Minden herbei […] und riet […Thangward], die Reliquien des hochheiligen Vaters Epiphanius […] fortzunehmen. Die kommende Nacht biete sich ihnen hierzu an, und die Sache dulde keinen Aufschub. Sofort stimmte man zu. Und nachdem man tagsüber das für das Vorhaben notwendige Werkzeug besorgt hatte, betraten sie im Schutz der nächtlichen Stille die Kirche. Sie warfen sich zu Boden und klagten, einer so großen Tat nicht gewachsen zu sein. Trotzdem flehten sie um Verzeihung für das verwegene Vorhaben und vertrauten sich dem Schutz [der Heiligen] an, um entweder mit deren Reliquien belohnt zu werden oder, falls sie dessen unwürdig wären, als deren Schützlinge wenigstens ungeschoren von dem Unternehmen davonzukommen. Sie erhoben sich also, mühten sich lange und mit großer Anstrengung, das Grab des heiligen Epiphanius zu öffnen, und mit keinem Kniff gelang es ihnen, obwohl sie allen Eifer daransetzten. [...]

Zit. nach Klaus NAß (Hg.), Mittelalterliche Quellen zur Geschichte Hildesheims, (Quellen und Dokumentationen zur Stadtgeschichte Hildesheims Band 16), Hildesheim 2006, S. 14-25, hier S. 17.

Annotation
*Othwin - Bischof von Hildesheim von 954 bis 984.
*Epiphanius - *439, †496, Bischof von Pavia von 466 bis 496.
*Landward - Bischof von Minden von 958/ 60 bis 969.

Mögliche Aufgaben
- Gib mit eigenen Worten die dargestellte Handlung wieder.
- Nimm Stellung zur Vorgehensweise Bischof Othwins.

Weitere Einsatzmöglichkeiten und methodische Vorschläge
- Geschichtsunterricht, Themen Heilige, Reliquien, Volksfrömmigkeit.
- Religionsunterricht, Themen Heilige, Frömmigkeit im Mittelalter.
- Politikunterricht, Thema Städtepartnerschaften, z. B. Hildesheim und Pavia.
- Kunstunterricht, Thema Kirche und Kunst (mit Bezug auf Epiphanius), Illustrationen und zeichnerische Umsetzung zur Translatio.

M3 Der zweite Versuch: Das Wunder göttlicher Güte

Aber als später fast alle Hoffnung unseres Bruders, in der er darauf brannte, den heiligen Epiphanius zu gewinnen, erloschen war und es keinen Trost eines weiteren Versuchs mehr gab, da nahm er abermals Zuflucht zu Gebet und Fasten.

[...] Kühner geworden und im Vertrauen auf das Fasten und Gebet, ging er bei günstiger Nachtzeit mit Leuten, die sich für eine solche Aufgabe empfahlen, zur Kirche des heiligen Epiphanius. Als er sich der Tür näherte, die sich ihm wegen des früheren Erfolgs gewissermaßen anbot, wurde er von Wächtern verjagt und verfolgt. Durch Zufall stieß er auf eine kleine Tür, die ihm vorher unbekannt und wie ein Fenster nicht größer als zwei Fuß war. Er schlüpfte hinein, entkam den anstürmenden Verfolgern und narrte ihren Eifer. Durch ungewohnte Zuversicht bestärkt - er war nämlich schlichteren Gemüts -, führte er die Begleiter hinein, ging als erster ans Werk und spornte auch die anderen an. Zuerst untersuchten sie überall sehr genau die Grabstätte des heiligen Vaters, sahen, dass der Sarkophag in einem unterirdischen Hohlraum - wie sich später erwies - fünf Fuß tief eingegraben war. Von oben war er durch Marmor versperrt, oben darauf außerdem durch eine viereckige Mauer. Eine gleichfalls marmorne Säule, wie ein Altar der Ehre und dem Namen des Epiphanius gewidmet, war am Kopfende aufgerichtet, wobei der Sockel den Sarkophag zum Teil bedeckte, um einem doppelten Zweck zu dienen, nämlich der Zierde und dem Schutz. Als man alles soweit wie möglich erledigt hatte und alle sagten, es sei besser, der Zeit und Anstrengung zu weichen, da machte sich unser Bruder als erster an die Arbeit und trieb die anderen an.

Und so verließen sie sich durch Gottes Gnade auf ihren Mut, rissen sehr leicht Teile der Mauer nieder. Wunderbarerweise schafften nur sehr wenige Leute den ungeheuer schweren Marmor beiseite. Sie säuberten den heiligen Ort und fanden endlich das Grab. Als sie sich abmühten, es zu öffnen, machte ihnen die Säule sehr große Schwierigkeit. Die war nämlich, wie ich gesagt habe, mit einem Teil des Fußes darübergebaut und griff derart auf den Sarkophag über, dass beim Versuch, ihn zu öffnen, aller Eifer und jeder Einfall vereitelt wurde.

Als schon alle verzweifelt waren, Rat und Tat lange ausblieben, da erstrahlte ein deutliches Wunder göttlicher Güte. Denn plötzlich zerbrach zum Erstaunen aller Anwesenden die Säule, die das Grab zum Teil bedeckte, während eine andere den unbeschädigten Altar fest stützte. Durch die Wucht wurde sie weiter weg vom Rand des Grabes gerollt und gab ihnen die Möglichkeit, das begonnene Werk schnell zu vollenden. Als die Sache nach Wunsch verlaufen war, vereitelte nichts mehr das Werk. Und nachdem man den Sarkophag ohne Gewalt geöffnet hatte, verbreitete sich ein so großer Wohlgeruch, dass er Gewürzen glich und sie an Süße noch übertraf.

Zit. nach Klaus NAß (Hg.), Mittelalterliche Quellen zur Geschichte Hildesheims, (Quellen und Dokumentationen zur Stadtgeschichte Hildesheims Band 16), Hildesheim 2006, S. 14-25, hier S. 19.

Mögliche Aufgaben
- Zeichne unter Berücksichtigung von M2 eine Bildergeschichte mit Sprechblasen und fülle diese aus.

Weitere Einsatzmöglichkeiten und methodische Vorschläge
- Geschichtsunterricht, Themen Heilige, Reliquien, Volksfrömmigkeit.
- Religionsunterricht, Themen Heilige, Frömmigkeit im Mittelalter.
- Politikunterricht, Thema Städtepartnerschaften, z. B. Hildesheim und Pavia.
- Kunstunterricht, Thema Kirche und Kunst (mit Bezug auf Epiphanius), Illustrationen und zeichnerische Umsetzung zur Translatio.

M4 Die Überführung nach Hildesheim

Als man deshalb Gott gemeinsam gepriesen hatte, erhob sich der oft genannte Bruder von der Erde, warf sich vor dem Grab zwei- oder dreimal nieder, sammelte gewissenhaft und mit größter Demut den sehr kostbaren himmlischen Schatz, den vollständigen Leib des heiligen Vaters Epiphanius, wickelte ihn in ein sauberes und zu diesem Zweck vorbereitetes Leinentuch und brachte das ersehnte Geschenk unserem ehrwürdigen Bischof Othwin, der wegen der Abwesenheit des Bruders schon sehr besorgt war. Er wartete auf ihn im Bett liegend, um die anderen zu täuschen, bis ungefähr zur dritten Nachtwache*. Was er sehr ehrfürchtig empfangen hatte, legte er so, wie es eingehüllt war, in der Kapelle des heiligen Michael, neben der er untergebracht war, auf dem Altar nieder. Dann dankte er auf dem Boden liegend Gott in großer Zerknirschung mit langen Hymnengesängen, und er stand auf, versiegelte das, was er in einem hierzu beschafften Schrein gelegt hatte, sehr sorgfältig mit seinem Ring, schickte es auf die Insel Reichenau* voraus, wo er einst selbst als Mönch nach der Klosterregel erzogen worden war und gelebt hatte, und gab es dem Abt*, der damals das Kloster leitete, zur Aufbewahrung.

Später aber wurde über diesen Vorfall eine Untersuchung durchgeführt und der Kaiser war darüber sehr aufgebracht. Geistlichkeit und Volk [Pavias*] klagten einmütig, der Lenker der Stadt, der Verteidiger des Landes* sei ihnen weggenommen worden - denn nach dem heiligen Syrus*, dessen Wohltaten dort besonders hervorsprossen, verließen sie sich auf den Schutz

Das Mittelalter

dieses Heiligen und auf Befehl wurden die Geistlichen aller Bischöfe überprüft. Aber nachdem sich dieser Schrecken, wie ich glaube, durch göttliche Fügung gelegt und sich alle beruhigt hatten, beschloss der fromme Vater Othwin aus Sorge um das ihm anvertraute Volk [Hildesheims], das er fast zwei Jahre lang, wenn auch widerwillig, für den Hofdienst verlassen hatte, seine Kirche wiederzusehen. Und nachdem er hierzu die kaiserliche Erlaubnis erhalten hatte, offenbarte der Bischof in einem sehr vertraulichen Gespräch mit dem Kaiser das Geheimnis der Reliquien des heiligen Epiphanius als Pfand der Treue. Und so eilte er im Vertrauen auf dessen Unterstützung in Richtung Alpen, überquerte sie und erreichte wohlbehalten die Insel Reichenau. Dort hielt er sich geraume Zeit auf und war den Brüdern nicht weniger gehorsam, als er es einst als junger Mann gewohnt war. Nachdem er den Segen empfangen hatte und bereichert mit seinem höchsten Schutzherrn, brach er auf, wobei Mönche den Reliquien das Geleit gaben, setzte die Reise glücklich fort und brachte nach einigen Tagen den unversehrten Schatz, die Reliquien des hochheiligen Vaters Epiphanius und mehrerer anderer Heiliger, zu unserer Kirche*.

Wer könnte schildern, wie groß damals die Freude des Volkes, wie groß der Jubel der Mütter oder wie groß die Demut der Geistlichen war, die einem solchen Vater entgegeneilten? Wer hätte dort die Freudentränen zurückhalten können, als Italiens Zierde unser Land erglänzen ließ, als der neue Stern über unseren Landsleuten erstrahlte? Aus dem Grab gehoben wurde der Leib des heiligen Vaters [Epiphanius] von unserem Bruder [Thangward] am 22. November*, aber mit Gottes Hilfe zu uns gebracht durch unseren Herrn, den Bischof Othwin seligen Gedenkens, wurde er am 22. Februar* und vor einer sehr großen Volksmenge und unter dem Jubel der gesamten Geistlichkeit in der Kirche niedergelegt.

Zit. nach Klaus NAß (Hg.), Mittelalterliche Quellen zur Geschichte Hildesheims, (Quellen und Dokumentationen zur Stadtgeschichte Hildesheims Band 16), Hildesheim 2006, S. 14-25, hier S. 19 u. S. 21.

Annotationen
*Dritte Nachtwache - Sechste bis neunte Nachtstunde.
*Insel Reichenau - Benediktinerkloster auf der Insel Reichenau im Bodensee.
*Abt Eggehard I. von Reichenau - Abt von 958 bis 972.
*Pavia - Stadt in Norditalien in der Nähe von Mailand.
*„Lenker der Stadt, Verteidiger des Landes" - gemeint ist Epiphanius,

*439, †496, Bischof von Pavia von 466 bis 496.
*Syrus - Erster Bischof von Pavia, zu Beginn des 4. Jahrhunderts.
*„Zu unserer Kirche" - In Hildesheim.
*22. November - Im Jahr 962.
*22. Februar - Im Jahr 963.

Mögliche Aufgaben
- Die zeitgenössische Reaktion auf diesen Vorfall war eindeutig, wie folgendes Zitat belegt: „Später aber wurde über diesen Vorfall eine Untersuchung durchgeführt und der Kaiser war darüber sehr aufgebracht."
- Teilt die Klasse in Ankläger und Verteidiger und simuliert eine Gerichtsverhandlung, die in dem dargestellten Fall Recht sprechen soll.
- Formuliert das Urteil schriftlich.

Weitere Einsatzmöglichkeiten und methodische Vorschläge
- Geschichtsunterricht, Themen Heilige, Herrschaft im Mittelalter, Reliquien, Volksfrömmigkeit.
- Religionsunterricht, Themen Heilige, Frömmigkeit im Mittelalter, Epiphanius als Schutzpatron Hildesheims.
- Politikunterricht, Thema Städtepartnerschaften, z. B. Hildesheim und Pavia.
- Kunstunterricht, Thema Kirche und Kunst (mit Bezug auf Epiphanius), Illustrationen und zeichnerische Umsetzung zur Translatio.

M5   Die wundertätige Reliquie

Über die Wunder dieses heiligen Vaters. Ich meine, mit gewissenhafter Ehrfurcht auch anfügen zu müssen, wie die Macht dieses bedeutenden Vaters gleich zu Beginn des hochheiligen Einzugs durch Wunderzeichen hervorleuchtete. Denn an dem Tag, an dem die heiligen Reliquien zu unserer Kirche gebracht wurden, liefen auf dem Weg viele Menschen beiderlei Geschlechts zusammen, um diesem so großen Vater zu dienen. Ihnen folgte mit schleppendem Schritt und schon erschlafften Muskeln, mehr auf den Stock gestützt als auf natürliche Weise einer, der an chronischer Gicht litt. Als nun die Reliquien näherkamen und jeder, wie es in solchen Fällen üblich ist, den anderen im Laufschritt überholen wollte, da wurde er plötzlich von seinen Begleitern zurückgelassen, stützte sich mit aller Anstrengung auf den Stock, vergaß sozusagen den Schmerz, floh vor der nachdrängenden Menge, um nicht niedergerissen zu werden, folgte seinen Leuten und rief beharrlich die Verdienste des heiligen Vaters an, wobei der Name dem Bauern allerdings unbekannt war. Als sich da der Gichtsaft langsam zurückzog, wurden die strömenden Arterien gestärkt, und die Füße taugten allmählich zum Laufen. Und obgleich er doch nicht gekommen war, um voller Vertrauen seine Heilung zu erbitten, glaubte er, sie auf der Stelle erhalten zu haben. Er stützte sich aber sehr vorsichtig auf, während er sich am ganzen Körper stärker aufrichtete, zerbrach den Stock und wurde mit seinem ganzen Körper auf den Boden gestoßen. Er versuchte, sich mit den Armen aufzurichten, und während er zu gehen versuchte, betastete er vorsichtig die Füße, die zuvor durch Geschwulst verhärtet waren, und fand sie vollständig geheilt. Und er sprang auf und begleitete die heiligen Reliquien. [...]

Wie sehr nämlich die Zeichen seiner Verdienste seit dem hochheiligen Einzug der Reliquien durch die täglich wachsende Wunderkraft hervorleuchteten, darüber sprechen die Ereignisse klarer als Worte. Denn wie oft verhinderten wir Unwetter oder den Schmutz einer ausgebrochenen Seuche, indem wir mit seinen Reliquien um unsere Domburg zogen. Oft haben wir auch bei anhaltender Trockenheit, wenn das Ackerland verdorrte, die Reliquien herumgetragen und wie durch Befehl Regen herbeigelockt. Wer hatte sich, bedrückt durch irgendeine Last, jemals vor der Bahre dieses Heiligen niedergeworfen und wurde nicht sogleich aufgerichtet, ahnte während des Gebets nicht seine nahende Hilfe? Dies scheint einigen aber vielleicht überflüssig zu sein. Sie sind aber dennoch deutliche Zeichen seiner Verdienste und ein sicherer Trost für die Zukunft.

Dies habe ich über die Wohltaten, die wir von Gott durch den heiligen und großartigen Bischof Epiphanius erfahren haben, nur nach meinem mittelmäßigen Verstand kurz erzählt. Das kühn begonnene und meine Kräfte übersteigende Vorhaben habe ich aus doppeltem Grund auf mich genommen: aus Demut nämlich und aus Pflichtgefühl, um die Werke Gottes, die, wie es geschrieben steht, zu offenbaren und zu bekennen ehrenvoll ist, auch der Aufmerksamkeit der Brüder in der Zukunft zum Nachlesen demütigst vorzulegen. Auch wollte ich unserer Zeit durch meinen Eifer den Vorwurf ersparen, leichtfertig und träge gewesen zu sein, weil sie es versäumt habe, so hervorragende Taten Gottes für die Nachwelt aufzuzeichnen.

Zit. nach Klaus Naß (Hg.), Mittelalterliche Quellen zur Geschichte Hildesheims, (Quellen und Dokumentationen zur Stadtgeschichte Hildesheims Band 16), Hildesheim 2006, S. 14-25, hier S. 21 u. S. 25.

Mögliche Aufgaben
- Arbeite die Funktion und die Bedeutung der Reliquien für den mittelalterlichen Gläubigen heraus.
- Zeichne die Bildergeschichte von M3 weiter, indem du die Handlung von M4 und M5 ergänzend berücksichtigst.

Weitere Einsatzmöglichkeiten und methodische Vorschläge
- Geschichtsunterricht, Themen Alltagsgeschichte, Heilige, Reliquien, Volksfrömmigkeit.
- Religionsunterricht, Themen Heilige, Frömmigkeit im Mittelalter, Epiphanius als Schutzpatron Hildesheims.

M6   Epiphanius-Schrein

Epiphaniusschrein (Höhe: 67 cm; Breite: 49 cm; Länge: 130 cm), Dom Hildesheim, 12. Jahrhundert, wahrscheinlich in einer Hildesheimer Goldschmiede gefertigt, vergoldete Silber- und Kupferplatten auf einem Eichenholzsarg. Der Schrein besteht aus einem Kasten mit Deckel, die vier Seiten des Behälters sind mit Figuren verziert. Die repräsentative Schauseite des Sarges zeigt das Gleichnis von den klugen und den törichten Jungfrauen (Mt. 25,1–13). Die zweite Langseite präsentiert das Gleichnis von dem Herrn, der seine Güter an seine Knechte austeilt und nachher Rechenschaft von ihnen fordert (Mt. 25,14–30).

Der Schrein ist mehrfach geöffnet worden. Eine Restaurierung fand in den Jahren 1959/60 statt.

Die Übersetzung der Gleichnis-Inschriften lautet:

„Ihr, deren Werk leuchtet, ihr fünf Klugen, kommt! Ihr, die ihr nach eitlem Lob der Menschen gesucht habt, weichet!"

„Diesen vertraut der Herr ein, zwei, fünf Talente an. Diese bringen das Doppelte, der Faule verliert, was er hatte."[4]

---

[4] Vgl. Christine WULF, DI 58, Nr. 41, in: www.inschriften.net, urn:nbn:de:0238-di058g010k0004108 [Stand 27.08.2013).]

Das Mittelalter

Abb. I.7a u. I.7b: Schrein der Dompatrone, sog. Epiphaniusschrein

Mögliche Aufgaben
- Die Gebeine des heiligen Epiphanius werden in diesem Schrein aufbewahrt. Recherchiere den Lebenslauf des Bischofs von Pavia und stelle seine historische Bedeutung heraus.

Weitere Einsatzmöglichkeiten und methodische Vorschläge
- Geschichtsunterricht, Themen Heilige, Reliquien, Volksfrömmigkeit.
- Religionsunterricht, Themen Heilige, Frömmigkeit im Mittelalter, Epiphanius als Schutzpatron Hildesheims.
- Kunstunterricht, Thema Kirche und Kunst (mit Bezug auf Epiphanius).

Schlagworte

- Bischof
- Domkapitel
- Frömmigkeit
- Heilige
- Hofdienst
- Italienpolitik
- Kaiser
- Kloster
- Königtum
- Lehnswesen
- Mentalität
- Reisekönigtum
- Reliquien
- Ständegesellschaft
- Wundertaten

Verweise auf Schulbücher

Elisabeth FUCHSHUBER-WEIß, Heinrich HIRSCHFELDER u. Alfons NEUDECKER, Von der Attischen Demokratie bis zum aufgeklärten Absolutismus, (Buchners Kolleg Geschichte), 3. Aufl., Bamberg 2010, S. 137-180.
Martin GROHMANN u Wolfgang JÄGER, Kursheft Geschichte: Das Mittelalter. Materialien zur Geschichte und Geschichtskultur einer Epoche, Berlin 2007, S. 54-61 u. S. 115-121.
Hans-Otto REGENHARDT (Hg.), Forum Geschichte. Jg. 5/6 Niedersachsen: Von der Vorgeschichte bis zum Frühmittelalter, Berlin 2008, S. 226-234.
Hans-Otto REGENHARDT (Hg.), Forum Geschichte. Jg. 7 Niedersachsen: Vom Hochmittelalter bis zum Dreißigjährigen Krieg, Berlin 2009, S. 26-37 u. S. 88-93.
Michael SAUER (Hg.), Geschichte und Geschehen, Band 1/2 Bremen und Niedersachsen, Stuttgart, Leipzig 2008, S. 236-250.
Michael SAUER (Hg.), Geschichte und Geschehen, Band 3 Bremen und Niedersachsen, Stuttgart, Leipzig 2009, S. 19-73.

Verweise auf Fachliteratur

Bernhard GALLISTL, Epiphanius von Pavia, Schutzheiliger des Bistums Hildesheim, Hildesheim 2000.
Bernhard GALLISTL, Ein neuer Textfund zur Translatio S. Epiphanii in der Hildesheimer Dombibliothek, in: Jahrbuch für Geschichte und Kunst im Bistum Hildesheim 74 (2006), S. 123-167.

Martina GIESE, Der Transitus sancti Epiphanii und die Translatio sancti Epiphanii. Neue Handschriftenfunde, in: DA 64/2 (2008), S. 519-546.

Klaus NAß, Mittelalterliche Quellen zur Geschichte Hildesheims, (Quellen und Dokumentationen zur Stadtgeschichte Hildesheims Band 16), Hildesheim 2006, S. 14-25.

I.3. Die „Vita Bernwardi" nach Thangmar

Einführung

Die Vita Bernwardi gibt uns aus der Perspektive des Klerikers und ehemaligen Lehrers des berühmten Bischof Bernwards (Bischof von 993 bis 1022), Thangmar (*ca. 940/950, † 25. Mai vor 1007), ein relativ dezidiertes Bild der Lebensumstände sowie der Reichs- und Kirchengeschichte um die erste Jahrtausendwende.

Auslöser für diese gute Quellenlage ist die Heiligsprechung Bernwards im Jahre 1193, 170 Jahre nach seinem Tod. In diesem Zusammenhang sollte das ungewöhnliche und herausragende Wirken Bernwards schriftlich fixiert werden, um die Heiligsprechung vorzubereiten. Diese Arbeit übernahmen Mönche des von Bernward gestifteten Hildesheimer Klosters St. Michael, das auch als Grablege dient, wobei wohl ältere Schriftquellen mit berücksichtigt wurden. Inwiefern die Vita des Schreibers Thangmar als noch zu Lebzeiten angefertigte Auftragsarbeit seines berühmten Schülers bewertet werden muss, ist umstritten, kann aber nicht ganz ausgeschlossen werden. Sicher hingegen ist, dass die Textvorlage mehrfach von verschiedenen Autoren verändert wurde.

Geboren um 960, machte Bernward als Sohn einer sächsischen Adelsfamilie rasch Karriere, die ihn direkt an den Königshof der Ottonen führte, wo er ab 988 als Erzieher, Lehrer und Ratgeber des späteren Kaisers Otto III. tätig war. Ab 993 wurde Bernward mit der Ernennung zum Bischof dann auch wichtiger Gestalter der Kirche von Hildesheim, die er maßgeblich durch seine Bau- und Lehrtätigkeit bis zu seinem Todesjahr 1022 und darüber hinaus prägte.[5]

---
5 Vgl. Martina GIESE, Die Textfassungen der Lebensbeschreibung Bischof Bernwards von Hildesheim, Hannover 2006; Christine WULF, Bernward von Hildesheim. Ein Bischof auf dem Weg zur Heiligkeit, in: Concilium Medii Aevi 11 (2008), S. 1-19 und Hans Jakob SCHUFFELS, Bernward Bischof von Hildesheim. Eine biographische Skizze, in: Michael BRANDT u. Arne EGGEBRECHT (Hg.), Bernward von Hildesheim und das Zeitalter der Ottonen. Katalog der Ausstellung, Band 1, Hildesheim 1993, S. 29-43.

M1 Erziehung und Bildung des jungen Bernward an der Hildesheimer Domschule

Geboren [um 960] aus adeligem Blut unseres Volkes, nämlich der Tochter des Pfalzgrafen Adalbero*, und mit vorzüglichen Anlagen begabt, wurde der junge Bernward von seinem Onkel Folkmar*, dem frommen Diakon und späteren Bischof von Utrecht, unserem Bischof Osdag* übergeben und von diesen beiden in gewissenhafter Sorge meiner Wenigkeit*, der ich Vorsteher der Knabenschule* war, zum Unterricht und zur Erziehung anvertraut. [...]

Den einzelnen Lektionen, die ich in der Schule aus verschiedenen Büchern vortrug, folgte er von seinem entfernten Platz aus mit gespannter Aufmerksamkeit und nahm alles wie die kluge Biene in sich auf, um hernach alles, was er glücklich von mir erbeutet hatte, seinen Kameraden in vollendeter Weise vorzudozieren und ihrem Gedächtnis einzuprägen. Ich sah es natürlich mit Vergnügen, wie sich der Knabe um glückliche Diebesbeute aus meinem Unterricht bemühte, und war von da an um so mehr darauf bedacht, seinen Geist zur Erkenntnis der wahren Weisheit anzuhalten. Und daher weihte ihn auch der ehrwürdige Herr Osdag, der seine Verdienste irgendwie vorausahnte und seine künftige Größe schon voraussah, zum Exorzisten* und legte mir eindringlich ans Herz, immer und immer auf ihn achtzugeben. [...]

Mit so großer Bereitwilligkeit folgte mir also sein wissbegieriger Geist. Fast keine Stunde, auch nicht die Stunde der Rekreation*, konnte ihn der Untätigkeit zeihen. Und obwohl er am wärmsten für alle Zweige der ‚freien Wissenschaften'* brannte, so bezog er doch auch die niederen Künste, die man die mechanischen nennt, in seine Studien ein. Im Schreiben war er hervorragend, auch im Malen übte er sich mit großem Geschick. In der Schmiede- und Schlosserkunst sowie auf dem gesamten Gebiet der Baukunst tat er sich in erstaunlicher Weise hervor. Das zeigte sich später an zahlreichen Bauten, die er in prachtvoller Schönheit schuf. In den Geschäften des Haushalts und der Güterverwaltung bewies er höchste Tatkraft, so als ob er von Kindheit an dazu angehalten worden wäre. Durch diese Gott wohlgefällige und den Mitmenschen angenehme Eigenschaften erwarb er sich die Hochachtung und das Vertrauen des Bischofs, bei dem er lebte, und der ganzen Gemeinschaft. Auch seine Verwandten hatten ihn am allerliebsten. Als daher dieser edle junge Mensch in die ersten Mannesjahre trat, nahm ihn sein Großvater, Pfalzgraf Adalbero, ein Mann, der des höchsten Tugendlobes würdig ist und der sein Amt mehr aus Pflichtbewusstsein als aus Vergnügen übte, wie einen Sohn zu sich, obwohl er

Das Mittelalter

selber mit Nachkommen beiderlei Geschlechts reich gesegnet war. Und da er in ihm einen vortrefflichen Ratgeber fand, zog er ihn in sein engstes Vertrauen und unternahm nicht das Geringste, ohne ihn um seinen Rat zu fragen.

Zit. nach Hatto KALLFELZ, Lebensbeschreibungen einiger Bischöfe des 10.-12. Jahrhunderts, (Freiherr vom Stein Gedächtnisausgabe, Ausgewählte Quellen zur deutschen Geschichte des Mittelalters Band XXII), Darmstadt 1986, S. 275-277.

Annotationen
*Adalbero - Pfalzgraf von Sachsen, † um 982.
*Folkmar - Bernwards Onkel mütterlicherseits, Bischof von Utrecht von 976 bis 990.
*Osdag - Hier ist wohl Bischof Othwin, Bischof von 954 bis 984 gemeint.
*„Meiner Wenigkeit" - hier Thangmar um *945, † vor 1007.
*Knabenschule - Thangmar bezieht sich hier auf die Domschule, aus der später das Bischöfliche Gymnasium Josephinum hervorgegangen ist.
*Exorzisten - Befähigung zur Verrichtung geistlicher Funktionen, zu den niederen Weihegraden gehörend.
* Stunde der Rekreation - Phase der Ruhe und Erholung im Tagesablauf.
*„Freie Wissenschaften" - Grundlegende universitäre Bildung des Mittelalters („septem artes liberales").

Mögliche Aufgaben
- Beschreibe die Haupteigenschaften des jungen Bernward. Belege zentrale Aussagen am Text.
- Vergleiche die Charaktereigenschaften Bernwards mit denen Bischof Godehards (siehe Kapitel I.4.).

Weitere Einsatzmöglichkeiten und methodische Vorschläge
- Religionsunterricht, Thema Heiligenviten.

M2 Bernwards Weg an den Kaiserhof Ottos III.

Die Subdiakonatsweihe* empfing er von dem ehrwürdigen Erzbischof Willigis*. Danach blieb er noch eine Zeitlang in seiner Umgebung, und da der Erzbischof an seiner Sittenreinheit und seinem untadeligen Wandel den Fortschritt seines religiösen Lebens sah, weihte er ihn auch zum Diakon*. Nicht lange danach erhob er ihn zur Ehre des Priestertums. Dann kehrte Bernward zum Pfalzgrafen, seinem Großvater, zurück. Dieser nahm ihn mit herzlicher Zuneigung auf und bat ihn inständig, er möge doch bei ihm bleiben. Bernward gab gerne seine Einwilligung und diente seinem Großvater mit der größten Hingabe und Ausdauer. [...]

Häufig verkehrte er auch als Bote zwischen dem Vater und dem Sohn, dem Bischof*, und sorgte für ein herzliches Einvernehmen zwischen beiden. Dieser Bischof fand solchen Gefallen an ihm, dass er ihn an seiner statt dem Kloster Deventer vorsetzen wollte. Und so erhob sich zwischen dem Bischof und dem Grafen ein edler Wettstreit um den hochbegabten jungen Mann, da jeder von beiden ihn wegen seines angenehmen Wesens ganz bei sich zu behalten wünschte. Bernward aber wollte lieber bei seinem kranken und altersschwachen Großvater ausharren, als sein Vergnügen am Hof des Bischofs suchen. So hielt er bei ihm bis zu seinem Tod in treuer Ergebenheit aus.

Als dann sein Großvater gestorben war, ging er an den Kaiserhof, in den Dienst Kaiser Ottos III., der, damals noch ein Knabe von sieben Jahren*, gemeinsam mit seiner ehrwürdigen und weisen Mutter, der Herrin und Kaiserin Theophanu*, das Reich regierte. Bei ihr fand der junge Geistliche wohlwollende Aufnahme. In kurzer Zeit hatte er ihr höchstes Vertrauen erworben, so sehr, dass die Kaiserin mit Zustimmung aller Großen den Unterricht und die Erziehung des Königs in seine Hände legte. Diese Aufgabe erfüllte er, obwohl er unter der Anfeindung gewisser Leute zu leiden hatte, so vorzüglich, dass der junge Kaiser erstaunliche Fortschritte im Lernen machte und gleichwohl noch reichlich Zeit hatte, sich mit äußeren Obliegenheiten zu befassen. Die andern waren dem Königskind schmeichlerisch zu Willen, ja, verführten es zu Tändeleien und anderen Dingen, die ihm bei seinem zarten Alter gut gefielen. Selbst die Kaiserin ging aus Furcht, die Liebe ihres Kindes zu verlieren, in ihrer Nachgiebigkeit so weit, dass sie zu allem, wonach ihm sein jugendlicher Sinn stand, bereitwilligst ja sagte. Nur Bernward verstand es, ihn durch Strenge von dem, was er nicht tun durfte, abzuhalten und dennoch seine Zuneigung in vollem Maß zu gewinnen.

Das Mittelalter

Unterdessen schied die Herrin und Kaiserin Theophanu zum größten Schmerz des ganzen Reiches in Nimwegen aus dem Leben. Seiner beiden Eltern beraubt, vertraute sich der König gänzlich der Führung seines treuesten Lehrers an. Auf seinen Rat hin prüfte er alles, was ihm die andern an Schmeicheleien einredeten. Denn obwohl er noch in den Jahren der unbekümmerten Jugend stand, vermochte er doch durch eine höhere Geisteskraft die Heuchelei mancher Leute zu durchschauen. So hing er mit ganz besonderer Liebe an seinem Lehrer und ließ sich von keinem Geringeren mehr leiten als ihm, den er als Zierde aller Tugenden verehrte.

Zit. nach Hatto KALLFELZ, Lebensbeschreibungen einiger Bischöfe des 10.-12. Jahrhunderts, (Freiherr vom Stein Gedächtnisausgabe, Ausgewählte Quellen zur deutschen Geschichte des Mittelalters Band XXII), Darmstadt 1986, S. 277-279.

Annotationen
*Subdiakonatsweihe - Weihegrad auf dem Weg zur Priesterweihe.
*Erzbischof Willigis - Erzbischof von Mainz von 975 bis 1011.
*Diakon - Weihegrad direkt vor der Priesterweihe.
*„Dem Bischof" - hier Folkmar, Bischof von Utrecht von 976 bis 990.
*„damals noch ein Knabe von sieben Jahren" - Im Jahr 987.
*Kaiserin Theophanu - Byzantinische Prinzessin ca. *955/60, † 991, Ehefrau Ottos II. von 972 bis 983.

Mögliche Aufgaben
- Skizziere die Karriere Bernwards stichwortartig.
- Zeichne einen Stammbaum der Ottonen und recherchiere weitere Informationen zu diesem Herrschergeschlecht.

Weitere Einsatzmöglichkeiten und methodische Vorschläge
- Religionsunterricht, Thema Heiligenviten.

M3   Bernwards Bischofsweihe und seine besondere Begabung

Als nun zu dieser Zeit der ehrwürdige Bischof Gerdag* starb, wurde dieser fromme junge Mann, Bernward, mit den Stimmen aller zum Oberhirten gewählt. Und obwohl nicht wenige Geistliche von hohem Adel, die schon lange Zeit am Hof gedient hatten, sich selbst eine Berufung gewünscht hätten, gaben doch alle diesem von Gott erwählten Mann ihre Zustimmung. So wurde er nach einmütiger Wahl vom Erzbischof Willigis* zum Bischof der heiligen Hildesheimer Kirche geweiht, im Jahre 993 nach der Geburt des Herrn, im 6. Jahr der Indiktion*, am 15. Januar.

Mit unvorstellbarer Selbstbeherrschung zwang er, nachdem er das Hirtenamt erlangt hatte, seinen jungen Leib hinauf zu den Gipfeln der Tugend. Ganz besonders war er darauf bedacht, in allen Dingen das rechte Maß zu halten, nach dem bekannten Wort des Weisen: „Nichts im Übermaß!"* [...]

Danach ging er an die öffentlichen Aufgaben und überprüfte in Kürze die Gerichtssachen und die Anliegen von Unterdrückten. Diese Dinge beherrschte er durch seinen natürlichen Scharfsinn und seine Beredsamkeit von Grund auf. Dann erwartete er den Kleriker, der die Verteilung der Almosen und die Armen unter sich hatte. Der gewaltigen Zahl der Armen - es waren hundert und mehr - ließ er täglich Speise in reicher Fülle austeilen. Vielen half er auch mit Geld und andern Zuwendungen, soweit es seine Mittel erlaubten. Dann unternahm er einen Rundgang durch die Werkstätten, wo Metalle in der verschiedensten Weise bearbeitet wurden, und überprüfte die einzelnen Arbeiten. [...]

Auch im Bereich der Kunst gab es nichts, worin er sich nicht versucht hätte, auch wenn er es nicht bis zur letzten Vollendung bringen konnte. So betrieb er auch Schreibstuben nicht allein im Münster*, sondern auch an verschiedenen andern Stellen und erwarb sich hierdurch eine reichhaltige Bibliothek religiöser und philosophischer Schriften. Nie duldete er, dass die Malkunst, die Bildhauerei, die Schmiede- und Schlosserkunst oder sonst irgendeine künstlerische Betätigung, die er sich ausgedacht hatte, vernachlässigt würden. Als einmal dem König überseeische, aus Irland stammende Vasen als ganz besondere Rarität zum Geschenk gemacht wurden, versäumte er nicht, das, was er an ihnen ungewöhnlich und besonders wertvoll fand, für sich auszuwerten. Denn er hatte, wenn er an den Hof oder auf längere Reisen ging, stets talentierte und überdurchschnittlich begabte Diener in seiner Begleitung, die alles, was ihnen im Bereich irgendeiner Kunst an Wertvollem auffiel, genau studieren mussten. Mit Vorliebe befasste er sich auch mit Mosaikarbeiten zur Verzierung von Fußböden; ebenso fügte er nach eigener Erfindung, ohne dass es ihm jemand vorgemacht hätte, Ziegelsteine zu einem Dach zusammen. Um mich kurz zu fassen: Er war keinen Augenblick untätig, sondern zeigte sich als zuverlässiger Verwalter der Familie des Herrn und verschaffte seinen Mitknechten getreulich alles, was sie brauchten. Und obwohl er treulich und gehorsam in die Schatzkammer Christi sammelte, was immer ihm geeignet schien, so gab er doch nicht minder dem Kaiser das Seine, wie es das Evangelium verlangt*. Dem Kaiser Otto III. diente er in aufrichtiger Liebe nach bestem Wissen und Vermögen. Dadurch zog er sich aber die Feindschaft vieler zu, die es nicht gerne sahen, dass er sich so wachsam der Staatsgeschäfte annahm.

Zit. nach Hatto KALLFELZ, Lebensbeschreibungen einiger Bischöfe des 10.-12. Jahrhunderts, (Freiherr vom Stein Gedächtnisausgabe, Ausgewählte Quellen zur deutschen Geschichte des Mittelalters Band XXII), Darmstadt 1986, S. 281-283.

Annotationen
*Bischof Gerdag - Bischof von Hildesheim, † 7.Dezember 992.
*Erzbischof Willigis - Erzbischof von Mainz von 975 bis 1011.
*Jahr der Indiktion - Herrschaftsjahr.
*„Nichts im Übermaß!" - Terenz, Andria I, 1, 34.
*Münster - Gemeint ist hier der unmittelbare Dombezirk.
*„wie es das Evangelium verlangt" - Vgl. Mt. 22,21.

Mögliche Aufgaben
- Erstelle eine Mindmap, welche die Eigenschaften und Fertigkeiten Bernwards visualisiert.
- Beschreibe seine Leistungen und bewerte diese.

Weitere Einsatzmöglichkeiten und methodische Vorschläge
- Religionsunterricht, Themen Heiligenviten, Bistumsorganisation.
- Kunstunterricht, Thema ottonische Kunst.

M4 Bernwards Bemühen um eine Sicherung der Grenzen des Bistums Hildesheim

Damals wurden weite Teile Sachsens von wilden Seeräubern und Barbaren verheert und standen ihren unaufhörlichen Raubzügen offen. Diese Landplage zu vertreiben, war Bernward unter schwerer Gefahr für sich und die Seinen ohne Unterlass bemüht. Indem er bald gemeinsam mit andern, bald allein mit seinen Leuten über sie herfiel, setzte er ihnen hart zu. Weil aber die Barbaren beide Elbufer und sämtliche Schiffe in ihrer Hand hatten und sich auf dem Wasserweg mit Leichtigkeit über ganz Sachsen ergießen konnten, scheiterten alle Versuche, der Eindringlinge Herr zu werden. Daher sann der wachsame Priester Gottes, erfüllt von der Sorge für das ihm anvertraute Volk, unermüdlich darüber nach, wie er das Volk Gottes vor der Wut der Barbaren retten könne. Denn ihre wilden Vorstöße richteten sich schon fast auf Hildesheim, und sie versprachen sich diese heilige Stätte schon zur Beute. Daher erbaute Bernward durch göttliche Eingebung fast am äußersten Rand seines Bistums, dort wo Aller und Oker zusammenfließen*, eine kleine, aber bestens befestigte Burg, legte eine Besatzung hinein und schlug so den Angriff der Barbaren ab. So befreite er das Gottesvolk aus der Gewalt der Feinde. Durch Gottes Gnade schenkte er dieser Gegend ein Höchstmaß an Sicherheit und Frieden, so dass man hier in Zukunft keinerlei Schaden und Bedrängnis seitens der Barbaren mehr erlitt. Nachdem durch die Tatkraft des Priesters Christi dem Treiben der Barbaren in dieser Gegend ein Ende gemacht war, hausten sie umso schlimmer in den benachbarten Orten. Daher warf sich der wachsame Hirte der göttlichen Herde nach dem Vorbild Christi, seines Herrn, den Feinden der Kirche entgegen, frohlockend wie ein Held, der seine Bahn betritt. In der Gemarkung namens Wirinholt*, wo die Feinde ihren sichersten Stützpunkt hatten, von dem aus sie ungehindert nach allen Himmelsrichtungen ihre tückischen Raubzüge antraten, baute er eine starke Burg. Er schützte sie aufs vortrefflichste durch Gräben und Wasserrinnen, die von einem Bach gespeist wurden, und legte eine starke, mit Lebensmitteln, Waffen und allem Nötigen wohlversehene Mannschaft hinein. Und so machte er durch Gottes Gnade diesen Ort höchster Bedrohung für das Volk Gottes zu einem Ort des Friedens und der Sicherheit, ja, er beseitigte allen Unflat teuflischen und barbarischen Trugs und machte diesen Höllenschlund feindlicher Überfälle zu einer Stätte des Gebets, indem er dort ein Bethaus zu Ehren des heiligen Bischofs und Märtyrers Lambert* einweihte. Seit diesem Tag genoss die Kirche Christi wieder Frieden, und das Volk Gottes hatte durch die Tatkraft seines eifrigen Lenkers vollkommene Ruhe vor jedem feindlichen Angriff. Durch diese und andere gute Taten, die er aus frommem Antrieb dem Staat und dem gläubigen Volk erwies, zog er sich bei vielen Leuten, am meisten aber bei den Fürsten, Neid und Missgunst zu. So musste er auch von Seiten des Erzbischofs von Mainz* viel Unerfreuliches und offene Anfeindung erleiden [...]. Doch ertrug er die Feindschaft dieses Mannes mit größter Geduld und sorgte voll Güte für die Kirche und für das Reich.

Zit. nach Hatto KALLFELZ, Lebensbeschreibungen einiger Bischöfe des 10.-12. Jahrhunderts, (Freiherr vom Stein Gedächtnisausgabe, Ausgewählte Quellen zur deutschen Geschichte des Mittelalters Band XXII), Darmstadt 1986, S. 283-287.

Annotationen
*„dort wo Aller und Oker zusammenfließen" - Vgl. Karte M17.
*Wirinholt - Wohl Warenholz (Kreis Gifhorn).
*Bischof und Märtyrer Lambert - Bischof Lambert von Tongern/Maastrich † ca. 705.
*Erzbischofs von Mainz - hier Willigis, Erzbischof von Mainz von 975 bis 1011.

Weitere Einsatzmöglichkeiten und methodische Vorschläge
• Religionsunterricht, Themen Heiligenviten, Bistumsorganisation, Frömmigkeit im Mittelalter.

M5   Bernwards Wirken in der Stadt Hildesheim

Und obwohl die äußere Verteidigung gegen die Barbarenhorden Unsummen verschlang, so ist dennoch unbeschreiblich, wieviel er im Innern zum Nutzen seiner Kirche aufgebracht hat. Den Güterbesitz vermehrte er bedeutend. Er kaufte nämlich 30 oder mehr große Höfe mit vorzüglichen Gebäuden samt den Familien der Liten* und Kolonen* und brachte an ungezählten andern Orten jeweils 8 bis 10 Hufen* oder, je nach Gelegenheit, auch mehr oder weniger in den Besitz seiner Kirche. Alte Höfe, die seine Vorgänger besessen hatten, und die er unbewirtschaftet vorfand, zierte er mit vortrefflichen Gebäuden. Einige dieser Bauwerke verzierte er durch verschiedene Mosaiken, indem er nach einem kunstvollen Schema abwechselnd rote und weiße Steine verwendete, und machte sie so zum schönsten Kunstwerk. Und was soll ich erst sagen von seinem Eifer und seinem Ehrgeiz, mit dem er unsere heilige Stadt und die Mutterkirche zu Glanz und Ansehen brachte? Sich selbst und alles, was er haben konnte, hätte er am liebsten für sie dahingegeben. Davon zeugen seine Werke, die als handgreifliche Beweise künftigen Geschlechtern von dem frommen Wunsch seines Herzens Kunde geben. Die Domkirche in wunderbarer Weise zu verschönern, war sein unablässiges Ziel. Ihre Wände und Decken schmückte er mit wundervollen, leuchtenden Gemälden, so dass man das Gefühl hatte, in einer völlig neuen Kirche zu sein. Für die Festprozession an hohen Feiertagen ließ er Evangelienbücher anfertigen, die von Gold und Edelsteinen prangten, auch Rauchfässer von bedeutendem Wert und Gewicht. Ferner schuf er mehrere kunstvolle Kelche, einen davon aus Onyx*, einen anderen aus Kristall. Darüber hinaus schmiedete er einen Kelch zum Gebrauch für den Gottesdienst aus purem Gold, zwanzig Pfund öffentlichen Gewichtes wert. Auch einen Kronleuchter von staunenswerter Größe, der von Gold und Silber funkelte, hängte er vorne in der Domkirche auf. Noch vieles andere vollbrachte er, was ich übergehen will, um nicht durch Weitschweifigkeit Langeweile zu erregen. Mit größter Zielstrebigkeit ging er daran, unsre ehrwürdige Stadt mit einem Mauerring zu umgeben. Auf den gesamten Umkreis verteilte er Türme und legte das Werk mit solcher Klugheit an, dass, wie sich heute zeigt, in ganz Sachsen nichts zu finden ist, was ihm an Schönheit und zugleich an Festigkeit gleichkäme. Auch erbaute er außerhalb der Mauern eine prächtige Kapelle zu Ehren des lebensspendenden Kreuzes. Eine Partikel dieses Kreuzes, die ihm sein kaiserlicher Herr, Otto III., geschenkt hatte, legte er, eingefasst in funkelnde Edelsteine und reines Gold, in dieser Kapelle zur Verwahrung nieder. Und hier gab der gütige Gott durch die Kraft dieses heiligen Kreuzes durch unleugbare Zeichen und Wunder ungezählte Beweise seiner Huld.

Zit. nach Hatto KALLFELZ, Lebensbeschreibungen einiger Bischöfe des 10.-12. Jahrhunderts, (Freiherr vom Stein Gedächtnisausgabe, Ausgewählte Quellen zur deutschen Geschichte des Mittelalters Band XXII), Darmstadt 1986, S. 287.

Annotationen
*Liten - Von den Adligen abhängige, in einem grundherrlichen Abhängigkeitsverhältnis stehende Grundhörige.
*Kolonen - Unfreie Bauern.
*Hufen - Für die Versorgung einer Familie ausreichende Wirtschaftseinheit von ungefähr 30 Morgen.
*Onyx - Halbedelstein.

Das Mittelalter

Mögliche Aufgaben
- Fertige eine Tabelle an, die überblicksartig die Leistungen Bernwards wiedergibt.
- Erläutere, weshalb die Taten „Neid und Missgunst" bei den Zeitgenossen auslösten.

Weitere Einsatzmöglichkeiten und methodische Vorschläge
- Religionsunterricht, Themen Heiligenviten, Bistumsorganisation.
- Kunstunterricht, Themen Kirchenbaukunst der Romanik, ottonische Kunst.

M6 Das Bernwardkreuz

Von diesen Wundern will ich nur ein einziges erwähnen, durch das der Herr unsern frommen Bischof zu erfreuen sich herabließ. Der ehrwürdige Bischof Bernward arbeitete nämlich an einer kunstvollen Kapsel von Gold und edlem Gestein, um darin das lebensspendende Holz einzuschließen. Da er nach allen vier Seiten hinein Teilchen legen wollte, versuchte er, aus drei Teilen des heiligen Holzes womöglich ein viertes herauszuschneiden. Aber die Dünne und Feinheit der Teilchen ließ das nicht zu. Während nun der demütige Diener Gottes hin und her überlegte, siehe, da lag plötzlich das vierte Teilchen des hochheiligen Holzes unter den Händen des Bischofs, wie anzunehmen ist, von einem Engel dorthin gebracht. Bald hatte der Bischof voll Freude das heilige Holz in alle vier Rundungen gelegt. O, wie viele haben sich daran gelabt und Linderung in heißer Fieberglut erfahren! Mehr als einmal haben die Gläubigen, wenn durch schlechte Witterung Seuchen ausgebrochen waren, sich und das Ihre an diesem lebensspendenden Kreuz gereinigt und so die Seuche vertrieben. Auch schwere Trockenheit haben wir schon abgewendet, indem wir dieses einzigartige Holz hinaus ins Freie trugen, so als hätten wir Gewalt über den Regen. Täglich geschehen dort viele Gnadenerweise durch die Kraft dieses heiligen Siegeszeichen, da ein jeder, der sich dort in seiner Trübsal niederwirft, alsbald Trost empfängt. [...]

Zit. nach Hatto KALLFELZ, *Lebensbeschreibungen einiger Bischöfe des 10.-12. Jahrhunderts*, (Freiherr vom Stein Gedächtnisausgabe, Ausgewählte Quellen zur deutschen Geschichte des Mittelalters Band XXII), Darmstadt 1986, S. 287-289.

Mögliche Aufgaben
- Gleiche den Quellentext mit der Abbildung M7 ab. Weise Gemeinsamkeiten und Unterschiede nach.

 Weitere Einsatzmöglichkeiten und methodische Vorschläge
- Religionsunterricht, Themen Heiligenviten, Frömmigkeit im Mittelalter.
- Kunstunterricht, Thema ottonische Kunst.

M7 Bernwardkreuz

Bernwardkreuz (Höhe: 48 cm), Dommuseum Hildesheim, bernwardinisch (um 1000), mit Ergänzungen aus der Mitte des 12. Jahrhunderts, Gold, Edelsteine, Perlen, Kristalle.

Der ursprüngliche Standort war wohl der Kreuzaltar am östlichen Ende des Langschiffs von St. Michael. Das Bernwardkreuz entstand als Schaugefäß für Überreste des Kreuzigungskreuzes, sie befinden sich unter dem zentralen großen Bergkristall. Diese Kreuzreliquien zählen zu den kostbarsten Reliquien der Christenheit. Deshalb wurde Bernwards Prunkkreuz um 1130/40 noch einmal reichhaltig ausgeschmückt. Der hier abgebildete 48 cm hohe Gegenstand ist als das „Große Bernwardkreuz" bekannt. Aber nur das kleine unter einem Bergkristall sichtbare Kreuz stammt vermutlich aus dem Besitz Bernwards.[6]

---

6 Vgl. Bernhard GALLISTL, Bischof Bernwards Stiftung St. Michael in Hildesheim: Liturgie und Legende, in: Concilium Medii Aevi 14 (2011), S. 239–287.

Das Mittelalter

Abb. I.8: Sog. Großes Bernwardkreuz

Mögliche Aufgaben
• Beschreibe die Kraft der Reliquien mit den in der schriftlichen Quelle genannten Beispielen. Überlege dabei, wodurch in der schriftlichen Quelle die Echtheit der Kreuzreliqiue „nachgewiesen" wird.

Weitere Einsatzmöglichkeiten und methodische Vorschläge
• Religionsunterricht, Thema Frömmigkeit im Mittelalter.
• Kunstunterricht, Thema ottonische Kunst.

M8 Bernwards Romreise

Im Jahr 1000 nach der Geburt des Herrn, am 2. November, verließ er zum großen Schmerz des ganzen Kapitels und Volkes das Münster und alle gaben ihm mit großer Anteilnahme das Geleit. Von Gottes Gnade begleitet, betrat er, nachdem alles wunschgemäß verlaufen war, am 4. Januar den Boden Roms. Als der fromme und demütige Kaiser das vernahm, konnte er es vor Sehnsucht nicht mehr abwarten, bis er seinen geliebten Lehrer zu Gesicht bekäme. Weil er ihn aber nicht mehr zu sich bemühen wollte, zog er ihm selber eilends fast zwei Meilen weit bis zur Kirche des heiligen Petrus entgegen, empfing ihn mit größter Liebe, umarmte und küsste ihn wie seinen besten Freund und begleitete ihn in seine Herberge. Dort sprach er noch lange mit ihm und bat ihn, am nächsten Tag in den Palast zu kommen. Und er gab nicht zu, dass der Bischof seinen Unterhalt auch nur zum kleinsten Teil aus der eigenen Tasche bestritt, vielmehr ließ er ihn und sein Gefolge sechs Wochen lang, so lange er bei ihm weilte, reichlich mit allem versorgen, was sie nur brauchten. Am andern Morgen lud der Kaiser den Herrn Papst* ein, um den geliebten Gast zu empfangen. Als dieser sich nahte, traten ihm die beiden in der Vorhalle entgegen und hießen ihn herzlich willkommen. Auch ließ man ihn nicht mehr in die Herberge zurückkehren, sondern der Kaiser stellte ihm unmittelbar neben seinen eigenen Gemächern eine großartige Wohnung zur Verfügung. Dann saßen sie beieinander, bald im Gemach des Kaisers, bald in dem des Bischofs, und sprachen über gerichtliche Streitfälle und über die Anliegen des Staates. Denn über den Erzbischof und die Gandersheimer Ereignisse brauchte er sich nicht mehr des langen und breiten auszulassen, da die Kunde davon schon vorausgeeilt und schon vor seiner Ankunft alles bekanntgeworden war. Daher brauchte er nur noch in Kürze auf einige wenige Fragen des Kaisers zu antworten.

Zit. nach Hatto KALLFELZ, Lebensbeschreibungen einiger Bischöfe des 10.-12. Jahrhunderts, (Freiherr vom Stein Gedächtnisausgabe, Ausgewählte Quellen zur deutschen Geschichte des Mittelalters Band XXII), Darmstadt 1986, S. 309.

Annotationen
*Papst - hier Silvester II. Papst von 999 bis 1003.

Mögliche Aufgaben
- Untersuche das Verhältnis Bernwards zu Otto III. und recherchiere die politische Situation des Jahres 1000.

Weitere Einsatzmöglichkeiten und methodische Vorschläge
- Religionsunterricht, Thema Bistumsorganisation.

M9   Die Belagerung Roms

Nun* aber verschlossen die Römer, unwillig, dass sich der Kaiser mit den Einwohnern Tivolis versöhnt hatte, die Tore ihrer Stadt und versperrten die Wege. Man erlaubte nicht, nach Belieben ein- und auszugehen; auch die freie Ein- und Ausfuhr der Waren wurde untersagt. Einige von den Freunden des Kaisers wurden sogar schmählich ermordet. Die Insassen des kaiserlichen Palastes aber ließen sich von Bischof Bernward heilsam unterweisen, reinigten sich durch die Beichte und stärkten sich während der Feier der heiligen Messe mit der heiligen Wegzehrung. So rüsteten sie sich zum Ausfall und tapferen Angriff auf die Feinde. Bischof Bernward ergriff die heilige Lanze, bezeichnete sich und alle andern mit dem schützenden Zeichen des lebenspendenden Kreuzes und erteilte feierlich den Segen. Während er den andern Mut und Kraft zusprach, rüstete er sich selber, um als Bannerträger mit der heiligen Lanze an der Spitze der Streitmacht auszubrechen. Am nächsten Morgen stärkte der ehrwürdige Bischof Bernward nach dem feierlichen Gottesdienst den Kaiser und seine Leute mit den himmlischen Sakramenten und mit frommen Ermahnungen. Dann zogen sie hinaus zum Kampf, in vorderster Reihe der Bischof selbst. Schreckenerregend funkelte die heilige Lanze in seiner Hand, in seinem Herzen aber erflehte er inständig den Frieden vom Urheber des Friedens. Und wirklich: Auf das Gebet seines frommen Dieners war bald Christus, der Friedensfürst, selber zugegen, er, der schon am Anfang seines Lebens, bei seiner Geburt, die Wonnen des Friedens künden ließ und später in seinem Evangelium die Liebhaber des Friedens Kinder Gottes nennt*. Durch seine Gnade also wurde aller Kampf und Streit beigelegt. Die Feinde baten um Frieden, legten die Waffen nieder und versprachen, am nächsten Tag an den Palast zu kommen. Durch Gottes Gnade waren sie am andern Morgen auch wirklich zur Stelle, baten um Frieden, erneuerten ihren Eid und versprachen dem Kaiser ewige Treue. [...]

Zit. nach Hatto KALLFELZ, Lebensbeschreibungen einiger Bischöfe des 10.-12. Jahrhunderts, (Freiherr vom Stein Gedächtnisausgabe, Ausgewählte Quellen zur deutschen Geschichte des Mittelalters Band XXII), Darmstadt 1986, S. 319.

Annotationen
*„Nun" - Januar 1001.
*„Liebhaber des Friedens Kinder Gottes" - Vgl. Mt. 5,9.

Mögliche Aufgaben
- Interpretiere die Handlung Bernwards in dieser Auseinandersetzung und erkläre die Funktion der „Heiligen Lanze" (Ermittle eine Abbildung zu dieser).

Weitere Einsatzmöglichkeiten und methodische Vorschläge
- Religionsunterricht, Themen Heiligenviten, Frömmigkeit im Mittelalter.

M10   Bernwards Abschied vom Kaiser und die Rückkehr nach Hildesheim

Der Bischof plauderte mit dem Kaiser, wie einst als dieser noch ein Knabe war, bald heiter und fröhlich, bald mit dem Ernst des Lehrers, hielt ihm alles vor Augen, was er tun solle, und zeigte ihm die Laster auf, die er fliehen müsse. Die Eigenarten seiner Mitmenschen solle er auf der Waage der Billigkeit abwägen, in allem solle er sich die Geduld zur vertrautesten Gefährtin wählen, vor allen Dingen aber solle er nichts mit übertriebener Starrheit verfolgen. Danach begleitete der Kaiser seinen geliebten Lehrer zur Herberge und ehrte ihn mit auserlesenen Geschenken. Dann wurde der Papst hinzugerufen und der Segen erteilt. Dann ließen sie unter Küssen und Tränen den geliebten Lehrer mit Gottes Gnade in Frieden ziehen. Der Kaiser gab ihm sogar Reisebegleiter aus den Reihen seiner eigenen Leute mit, die ein Stück Wegs mit ihm ziehen und bei ihrer Rückkehr über das Befinden des Bischofs und den Verlauf seiner Reise berichten sollten.

[...] Durch Gottes Güte beendete er glücklich die Reise und zog unter den größten Freudenkundgebungen der Geistlichkeit und des Volkes am Fest des Herrenmahles in Hildesheim ein. Die Heiligenreliquien, die er bei sich führte, legte er unter großem Ehrerweis im Dom nieder; auch stiftete er unermessliche Gelder für den Altardienst und zum Wohl der Armen. Den ganzen Sommer über beschäftigte er sich nachdrücklich mit dem Bau der Hildesheimer Stadtmauern. Zwischendurch machte ihm ein Magenleiden schwer zu schaffen.[...].

Zit. nach Hatto KALLFELZ, *Lebensbeschreibungen einiger Bischöfe des 10.-12. Jahrhunderts,* (Freiherr vom Stein Gedächtnisausgabe, Ausgewählte Quellen zur deutschen Geschichte des Mittelalters Band XXII), Darmstadt 1986, S. 323-325.

Das Mittelalter

Mögliche Aufgaben
- Charakterisiere den Abschied Bernwards vom Kaiser und die Rückkehr nach Hildesheim.

Weitere Einsatzmöglichkeiten und methodische Vorschläge
- Religionsunterricht, Themen Heiligenviten, Frömmigkeit im Mittelalter.

M11 Die Königswahl Heinrichs II.

Unterdessen gingen die Absichten der Fürsten in die verschiedensten Richtungen. Viele wollten, ohne jede Gottesfurcht, die oberste Reichsgewalt an sich bringen. Einer von ihnen war Bruno.* Dieser wusste sehr wohl, dass der ehrwürdige Bischof Bernward mit unerschütterlicher Treue zu dem hochgeachteten Herzog Heinrich hielt, und fürchtete deshalb, dass sich Bernward ihm widersetzen werde, sobald er seine Pläne in die Tat umsetzen werde. Daher sammelte Bruno eifrig Bewaffnete, wo immer er jemand zum Schaden des Bischofs und zum Verderben der Hildesheimer Kirche auftreiben konnte, und fiel bald da, bald dort raubend und plündernd über die Orte und Leute des Bischofs her. Dieser aber ließ sich in seiner gewohnten Art von seiner Treue nicht abbringen, obwohl er durch viele Gewaltakte immer wieder herausgefordert wurde. Als geschickter Architekt, der er war, legte der kluge Bischof den Grundstein des neuen Königtums zuallererst durch das Gebet. Alle Gemeinschaften geistlicher Brüder und Schwestern, die unter seinem Banner für die göttliche Herrschaft stritten, forderte er nämlich auf, in dieser Stunde der Not in inständigem Gebet nicht zu ermüden. Auch er selber erflehte die Gnade des Herrn durch strenge Enthaltsamkeit, was er jedoch vor den Mitmenschen verborgen hielt. Und so kam es hinsichtlich der Wahl zu einer wundersamen Einmütigkeit, wobei die Wünsche des Volkes den Bemühungen der Großen noch vorausgingen. Denn wo immer eine Volksversammlung gehalten wurde, forderte das Volk wie aus einem Mund, Herr Heinrich solle Kaiser werden, er und kein andrer solle das Reich regieren. Nachdem ihn alle einstimmig erwählt hatten, geleiteten Erzbischof Willigis und Bischof Bernward zusammen mit den andern Großen des Reiches den Herrn Heinrich unter höchsten Ehrenbezeigungen nach Mainz und übergaben ihm am Sonntag nach Pfingsten* zugleich mit der heiligen Lanze die Herrschaft und

Königsgewalt. Nachdem alles dem Brauch gemäß vollzogen war, spendeten sie ihm unter allgemeinem höchsten Jubel mit Gottes Gnade feierlich die Salbung. [...]

Zit. nach Hatto KALLFELZ, Lebensbeschreibungen einiger Bischöfe des 10.-12. Jahrhunderts, (Freiherr vom Stein Gedächtnisausgabe, Ausgewählte Quellen zur deutschen Geschichte des Mittelalters Band XXII), Darmstadt 1986, S. 337.

Annotationen
*Bruno - Graf von Braunschweig.
*Sonntag nach Pfingsten - hier 31. Mai 1002; die feierliche Krönung fand am 6. oder 7. Juni statt.

Mögliche Aufgaben
- Stelle die einzelnen Stationen der Königswahl dar. Berücksichtige insbesondere die Rolle Bernwards.

Weitere Einsatzmöglichkeiten und methodische Vorschläge
- Religionsunterricht, Themen Heiligenviten, Frömmigkeit im Mittelalter.

M12 König Heinrich II. in Hildesheim

Im Jahre 1003 nach der Geburt des Herrn besuchte der König* in frommer Absicht reihum Bischofsstädte und Abteien, heilige Stätten also, wo Knechte und Mägde Gottes mit frommem Eifer dem heiligen Dienst oblagen. Durch ihr Gebet wollte er Schutz für sich selbst und das Reich, das Gott ihm übertragen hatte, erlangen. Sein großer Wunsch war, auch nach Hildesheim zu kommen. Weil das aber aus Scheu vor diesem Ort noch kein König vor ihm gewagt hatte, wandte er sich an Bischof Bernward und fragte ihn, ob er es wohl wagen dürfe, diese heilige Stätte zu besuchen. Bernward erteilte ihm die Erlaubnis, und so kam er vor dem heiligen Palmsonntag* zu unserer Kirche und wurde mit feierlichem Ehrerweis empfangen. Der König spendete auch einen ansehnlichen Geldbetrag für den Altardienst und für den Unterhalt der Brüder und versprach, den Ort bereichern und ehren zu wollen. Das hat er in hohem Maß voll Güte auch ausgeführt.

Drei Jahre danach zog der Kaiser zu Feld gegen die westlichen Gallier*, die sich feindlich gegen das Reich erhoben hatten. Der ehrwürdige Bischof Bernward gab nach dem Gebot des Herrn getreulich Gott, was Gottes, und dem Kaiser, was des Kaisers ist*, und folgte den kaiserlichen Waffen mit einem stattlichen Ritterheer. Mit höchster Aufmerksamkeit leistete er seinen Dienst zum Wohlgefallen des Kaisers. Als der Feldzug beendet war, rüstete er sich, wie er schon vorher im Stillen beschlossen hatte, zu einer Reise zum heiligen Martin*, allerdings nicht ohne die Einwilligung des Königs und die brüderliche Hilfe der Bischöfe. [...]

Und obwohl nach den überaus großen Anstrengungen der weiten Reise alle nichts sehnlicher wünschten, als schnell nach Hause zurückzukehren, obsiegte in ihm dennoch die Liebe, mit der er stets den Herrschern anhing, und daher besuchte er noch den gütigen König, der damals in Aachen weilte*. Der König empfing ihn mit größtem Wohlwollen, da er schon lange mit Ungeduld darauf gewartet hatte, ihn wiederzusehen.

Zit. nach Hatto KALLFELZ, Lebensbeschreibungen einiger Bischöfe des 10.-12. Jahrhunderts, (Freiherr vom Stein Gedächtnisausgabe, Ausgewählte Quellen zur deutschen Geschichte des Mittelalters Band XXII), Darmstadt 1986, S. 339-341.

Annotationen
*König - hier Nachfolger von Otto III. Königskrönung im Juni 1002.
*Palmsonntag - hier, 21. März 1003.
*„zog der Kaiser zu Feld gegen die westlichen Gallier" - Feldzug gegen Balduin von Flandern, Sommer 1007.
*„Gott, was Gottes, und dem Kaiser, was des Kaisers ist" - Mt. 22,21.
*„Heiliger Martin" - Gemeint ist der hl. Martin von Tours.
*Besuch in Aachen - Reichstag im September/ Oktober 1007.

Mögliche Aufgaben
- Beschreibe das Verhältnis zwischen Bischof und König genau. Belege zentrale Aussagen mit Zitaten. Berücksichtige dabei das Lehnsrecht, das beide Personen aneinander bindet.

Weitere Einsatzmöglichkeiten und methodische Vorschläge
- Religionsunterricht, Thema Frömmigkeit im Mittelalter.

M13   Die Gründung und die Ausstattung des Michaelis-Klosters

Unterdessen hatte der ehrwürdige Bischof Bernward, voll Eifer für die Mehrung des Gottesdienstes in seiner Diözese, in der Hoffnung auf künftigen Lohn, Christus zu seinem Erben erwählt. Alles, was er sein eigen nannte, sich selbst nämlich und alle erworbenen und noch zu erwerbenden Güter brachte er, wie er schon lange im Stillen beschlossen hatte, Gott zum Opfer dar. Im Norden der Stadt Hildesheim, auf einem bis dahin unerschlossenen Gelände, wo nur wildlebendes Getier und Ungeziefer hauste, gründete er mit ganzer Hingabe und unter Aufwendung aller erforderlichen Mittel ein Kloster [St. Michaelis]. Er dotierte* es hinreichend mit Gütern, versammelte Mönche und überwies es ihnen zum Dienst Gottes.

Im Jahre der Fleischwerdung des Wortes 1015, im 14. Jahr der Regierung des frommen Kaisers Heinrich, im 23. Jahr der Weihe des ehrwürdigen Bischofs Bernward, im 13. Jahr der Indiktion*, am 29. September, wurde die Krypta* des Klosters, nachdem sie mit Gottes Hilfe in großer Schönheit vollendet worden war, von Bischof Bernward, dem ehrwürdigen Bischof Eggehard von Schleswig und Bischof Dietrich von Münster eingeweiht. [...]

49. Zwei Jahre danach, im Jahre 1022 nach der Menschwerdung des Herrn, im 21. Jahr der Regierung Kaiser Heinrichs, im 30. Jahr der Weihe Bischof Bernwards, im 5. Jahr der Indiktion, am 29. September, war das Kloster, von dem wir oben gesprochen haben, zur Aufnahme der Mönche bereit [...].

Nachdem der fromme Bischof die Kirche des heiligen Michael aufs reichlichste mit Gütern ausgestattet hatte, nahm er sie in Gegenwart eines apostolischen Legaten im Rang eines Kardinals sowie in Beisein von elf Bischöfen und anderer Personen verschiedenen Standes unter den Schutz seines Bannes. [...] wie sehr er selber, von Gottes Gnade berührt, im Guten voranschritt, das wollen wir am besten mit seinen eigenen Worten ausdrücken. [...]

In Anbetracht dessen habe nun ich, Bernward, durch Gottes Erwählung, nicht aus eigenem Verdienst Bischof genannt, lange darüber nachgedacht, durch welches Bauwerk von Verdiensten, durch welche Leistung ich, der gelehrte Schreiber bei Hof, der Lehrer und Urkundenverwahrer Kaiser Ottos III. seligen Andenkens, mir den Himmel verdienen könne. Von Gottes Gnade ergriffen, erschaudernd vor dem Übermaß meiner Sünden und zugleich erfüllt von Sehnsucht nach göttlicher Gnade, erwog ich bald dies, bald das, wodurch ich der ewigen Barmherzigkeit Genugtuung leisten und Rettung für meine Seele erlangen könne. [...]

Das Mittelalter

Jetzt, da ich den Thron der Kirche von Bennopolis* bestiegen hatte, wollte ich in die Tat umsetzen, was ich seit langem im Herzen plante, das heißt, ich wollte meinem Namen ein glückliches Andenken bereiten unter dem Titel, Kirchen erbaut, Gottesdienste in ihnen gestiftet und alle meine Habe dem Herrn geschenkt zu haben.

Nun aber sind Gottes Ratschlüsse zwar verborgen, aber immer gerecht. Ich begann also, mit freudiger Zustimmung der Gläubigen Christi ein neues Gotteshaus zu erbauen, wodurch ich zum Lob und Ruhm des Namens des Herrn sowohl mein eigenes Versprechen erfüllte, als auch dem Besten der Christenheit diente, indem ich gottgeliebte Mönche dort ansetzte. Als aber die Grundmauern des Neubaus gelegt, und die einzelnen Räumlichkeiten im Grundriss schon zu erkennen waren, wurde ich, damit kein Abschweifen auf irdische Geschäfte den Fortgang des Unternehmens verzögern könne, - Lob sei dir Christus! - von Fieber ergriffen und war fünf Jahre lang krank. Weil aber nichts auf Erden ohne Grund geschieht, also glaube und vertraue ich: Der Herr züchtigte mich mit seinen Züchtigungen, doch dem Tod übergab er mich nicht, damit nicht durch meine Abwesenheit das Werk meiner Hoffnung unterbrochen werde.

Diesen Ort, der Gott, dem heiligen Kreuz, der allzeit reinen Jungfrau Maria und dem heiligen Erzengel Michael geweiht wurde, besetzte ich mit Mönchen. Sie vereinte ich hier nach dem Grundsatz, dass sie, so wie sie nach dem Gesetz der Mönche dem Treiben dieser Welt entrückt sind, so auch frei seien von allen Hemmnissen weltlicher Dienstbarkeit. Und daher habe ich mit Zustimmung meines Herrn und Kaisers Heinrich und meines Vorgesetzten, des Erzbischofs Erkenbald, den ich selber zusammen mit meinen Mitbrüdern zum Erzbischof geweiht habe, alles hingegeben, was ich an weltlichem Besitz, Landgütern, Höfen, Ländereien, Feldern, Weiden, Gewässern, Wäldern, Wiesen, Kirchen, Reliquien, Büchern, Gold und Silber, und was es sonst noch sei, zu Erbrecht besaß oder mit meinen privaten Mitteln zu erwerben vermochte. Abgesehen von dem, was ich dem Altar der heiligen Maria im Dom an goldenen Kronen, Kelchen, Leuchtern, Gewändern und sonstigen Paramenten* gestiftet habe, habe ich alles durch die Hand meines Vogtes* Gott und seinen Heiligen übergeben, damit es die Brüder nutzen und nießen*. Ich habe es übergeben zum Seelenheil meiner vorerwähnten Herren und Kaiser, meiner selbst und meiner Nachfolger sowie all derer, deren Erbgüter ich erworben habe, auf dass die Diener Christi von aller irdischen Dienstbarkeit frei, durch Schutz und Schirm meiner Nachfolger gesichert, in Friede und Barmherzigkeit ruhige Zeiten genießen und zum Heil aller Menschen dem Leben frommer Beschaulichkeit sich hingeben können. Sollte aber einer nach mir kommen, er sei Geistlicher wie ich oder Laie, der das anzutasten sucht oder sich gar erkühnt, diese Güter gewaltsam an sich zu reißen, so verbanne ich ihn mit dem Schwert des Wortes Gottes von Gott und seinen Heiligen; aller Fluch soll über ihn hereinbrechen, aller Segen von ihm weichen. So soll er ausgelöscht sein im Himmel und auf Erden und seinen Teil haben mit Judas und mit denen, die den Tempel Gottes als ihr Erbe besitzen wollten. Darüber hinaus sollen mit Gottes und meiner Erlaubnis die Erben versuchen, die Güter wieder in ihre Hand zu bringen, wenn sie einen Eindringling auf ihrem Erbteil hausen sehen. [...]

Zit. nach Hatto KALLFELZ, Lebensbeschreibungen einiger Bischöfe des 10.-12. Jahrhunderts, (Freiherr vom Stein Gedächtnisausgabe, Ausgewählte Quellen zur deutschen Geschichte des Mittelalters Band XXII), Darmstadt 1986, S. 347-355.

Annotationen
*dotierte - stattete es aus, versorgte es wirtschaftlich.
*Indiktion - Regierung.
*Krypta - Die Krypta in St. Michaelis ist der Raum der Grablege des hl. Bernward.
*Bennopolis - Hildesheim.
*Paramenten - Messgewänder.
*Vogt - Gemeint ist hier ein Verwalter in weltlichen Dingen.
*nießen - gebrauchen.

Mögliche Aufgaben
- Nenne Bernwards Motive, die für die Klostergründung ausschlaggebend waren.
- Beschreibe die einzelnen Schritte dieser Klostergründung.

Weitere Einsatzmöglichkeiten und methodische Vorschläge
- Religionsunterricht, Themen Heiligenviten, Frömmigkeit im Mittelalter.
- Kunstunterricht, Thema Kirchenbaukunst der Romanik.

Das Mittelalter

M14 St. Michaelis

St. Michael wurde von 1010 bis 1022 durch Bischof Bernward von Hildesheim erbaut. Die romanische Kirche gilt als eine der bedeutendsten Sakralbauten mittelalterlicher Kunst und wurde 1985 in die Welterbeliste der UNESCO aufgenommen. Neben der Funktion als Benediktinerkloster diente die Kirche auch als Grablege des Stifters Bernward, der nach seinem Tod am 20. November 1022 in der Krypta beigesetzt wurde.

St. Michael ist eine doppelchörige Basilika mit zwei Querhäusern und einem quadratischen Turm an jeder Vierung. Die Querhäuser werden von je zwei kleineren Treppentürmen flankiert. Der gesamte Bau folgt einer aus gleich großen Quadraten entwickelten geometrischen Konzeption, so dass der Grundriss durch seine strenge Symmetrie ein völliges Gleichgewicht der Ost- und Westflügel aufweist.[7]

Wer sich intensiver mit den baulichen Details auseinandersetzen möchte, dem sei – neben einem unverzichtbaren Besuch – auch der digitale Rundgang empfohlen.

Abb. I.9: St. Michaelis, Blick von Südosten

---

[7] Vgl. Gottfried KIESOW, u.a. (Hg.), Georg Dehio. Handbuch der deutschen Kunstdenkmäler: Bremen, Niedersachsen, München 1977, S. 487-489. Für einen digitalen Rundgang siehe http://www.michaelis-gemeinde.de/index.php?option=com_content&view=category&layout=blog&id=11&Itemid=25

Abb. I.10: St. Michaelis, Dachperspektive, Blick von Osten

Abb. I.11: St. Michaelis, kolorierte Federzeichnung, 1662

Das Mittelalter

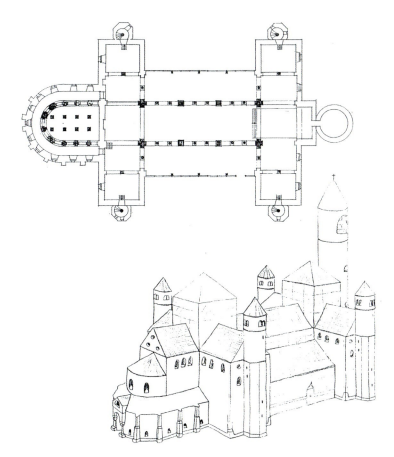

Abb. I.12 u. I.13:
St. Michaelis,
Grundriss und
Isometrie

 Mögliche Aufgaben
- Beschreibe, wie der Kirchenbau auf dich wirkt.
- Benenne die einzelnen Bauteile unter Zuhilfenahme eines Architekturlexikons.

 Weitere Einsatzmöglichkeiten und methodische Vorschläge
- Kunstunterricht, Thema Kirchenbaukunst der Romanik.

M15   Bernwardtür

Die Bernwardtür ist eine um das Jahr 1015 (Signatur im Mittelrahmen) datierte zweiflügelige Bronzetür im Westportal des Doms zu Hildesheim, ihre Gesamthöhe beträgt 4,72 m

Abb. I.14: Bernwardtür

Das Mittelalter

Ihr reicher biblischer Figurenschmuck in 16 Bildfeldern, die Szenen aus dem 1. Buch Mose und dem Leben Jesu Christi einander gegenüberstellt, gilt als erster Bildzyklus der deutschen Plastik und besticht aufgrund seiner hervorragenden künstlerischen und handwerklichen Qualität (vgl. die figürliche Komposition und den Guss aus einem Stück), was die einzigartige Stellung in der abendländischen Kunst unterstreicht.[8]

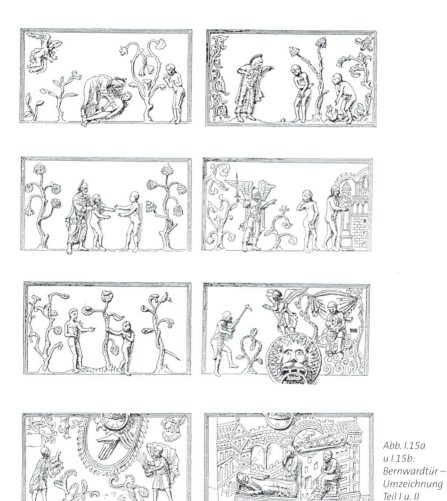

Abb. I.15a u I.15b: Bernwardtür – Umzeichnung Teil I u. II

---
8 Vgl. Gottfried KIESOW, u.a. (Hg.), Georg Dehio. Handbuch der deutschen Kunstdenkmäler: Bremen, Niedersachsen, München 1977, S. 474.

Das Mittelalter

Mögliche Aufgaben
- Bringe die Bildergeschichte in die richtige Reihenfolge.
- Ermittle Überschriften für die einzelnen Bildfelder.
- Recherchiere die jeweilige Bibelstelle.

Weitere Einsatzmöglichkeiten und methodische Vorschläge
- Religionsunterricht, Thema Frömmigkeit im Mittelalter.
- Kunstunterricht, Thema ottonische Kunst.

M16 Bernwardsäule

Die Bernward- oder Christussäule (Höhe: 3,79 m, Durchmesser: 58 cm) wurde von Bischof Bernward in Auftrag gegeben und steht in einem unmittelbaren thematischen Zusammenhang mit der Bernwardtür und war für St. Michael bestimmt. Die Säule stellt, in bewusster Tradition zu den antikrömischen Triumphsäulen, in aufsteigenden Reliefzonen das Leben Jesu dar.

Abb. I.16: Bernwardsäule

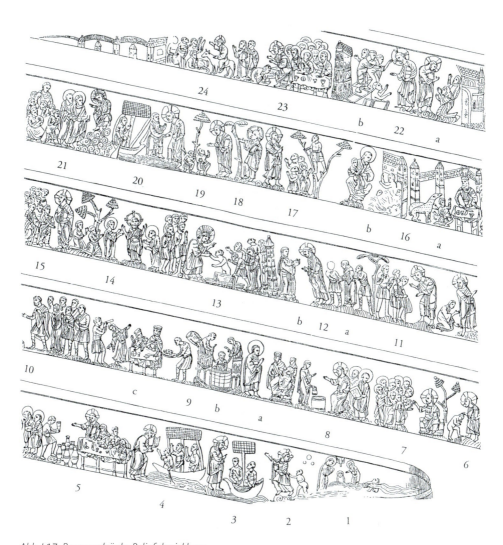

Abb. I.17: Bernwardsäule, Reliefabwicklung

Mögliche Aufgaben
- Begib dich in den Dom und zeichne eine Sequenz ab, die dich besonders anspricht.
- Verfasse einen beschreibenden Text zur Zeichnung.

Weitere Einsatzmöglichkeiten und methodische Vorschläge
- Religionsunterricht, Thema Frömmigkeit im Mittelalter.
- Kunstunterricht, Thema ottonische Kunst.

M17 Bernwards Tod

Im 31. Jahr seiner Weihe*, als er schon den Tag seines Hinübergangs, nach dem er sich immer gesehnt hatte, nahen sah, ließ er die zu Ehren des heiligen Martin, Bekenners Christi, zwischen der Kirche des heiligen Kreuzes und seinem Kloster erbaute Kapelle durch den ehrwürdigen Bischof Eggehard einweihen. Hier legte er noch am gleichen Tag sein bisheriges Gewand ab und nahm zur Mehrung der Frömmigkeit das Joch des Mönchslebens auf sich.

Als ihn dann die letzte Krankheit befiel, und er fühlte, dass seine letzte Stunde gekommen war, ließ er sich in diese Kapelle tragen; es sei das richtige, so sagte er, wenn er hier sein Leben beschließe, wo ihm vergönnt gewesen sei, das Gewand der Weltentsagung anzulegen. So ist also der fromme Mann, von anhaltender Krankheit verzehrt, den Weg allen Fleisches gegangen. Er hat den guten Kampf gekämpft, den Lauf vollendet, den Glauben bewahrt, und daher glauben wir, dass er den himmlischen Geistern beigesellt wurde und, geleitet vom Erzengel Michael, glückselige Unsterblichkeit erlangte. Solange er lebte, brachte er sich Gott als Opfer der Gerechtigkeit dar und daher ruht er nun, von unzähligen Wundern verherrlicht, im himmlischen Frieden, Er starb am 20. November [1022]. Als Bischof regierte er 30 Jahre. Sein Heimgang zu Gott machte uns vaterlos, unsere Mutter aber, die heilige Hildesheimer Kirche, gleichsam zur Witwe. Und so klagte alsbald die ganze Stadt tief erschüttert über den Tod ihres Vaters. Die Geistlichen und das Volk, alle liefen zusammen und trauerten von ganzem Herzen. [...]

Zu Lebzeiten hatte er außerdem angeordnet, dass die Bahre, die einmal seinen Leichnam zur Beisetzung tragen würde, nicht wie sonst bei hochgestellten Persönlichkeiten mit einem kostbaren Tuch, sondern nur mit einer ganz gewöhnlichen Decke bedeckt sein solle. Das wollte ich hier erwähnen, um allen Lesern zu zeigen, wie sehr dieser Mann, obwohl ihn der Herr auch zu weltlichen Ehren erhoben hatte, sich selbst in Demut erniedrigte, indem sein frommer Geist dem Fleisch, wenn es dereinst gestorben sei, ein so gewöhnliches Begräbnis bestimmte. Die Exequien* wurden also gemäß dem kirchlichen Brauch ordnungsgemäß vollzogen. Dann legte man den Leichnam des gottgeliebten Bischofs in der Krypta des Klosters, das er selber gegründet hatte, vor dem Altar der heiligen Maria unter tiefster Anteilnahme der Gläubigen Christi ins Grab. Seine Grabstätte aber hatte er sich in heiliger Gottesfurcht selber im voraus gerichtet und hatte in seiner gewohnten Demut folgende Inschrift daraufgesetzt:

Ich, eines Menschen Rest, war Bernward;

jetzt hält mich verschlossen grausam der Sarkophag, Asche nur ist es und Staub!

Wehe, dass ich mein hohes Amt nicht besser verwaltet!

Sanfter Friede sei mir, ihr aber singet mir Amen!

[...] Was er aber für diese Demut des Herzens an Tröstung, an Glaube und an Hoffnung empfangen hat, das bezeugt er mit den Worten, die er im Innern des Grabes auf seinen Sarkophag gemeißelt hat: „Ich weiß, dass mein Erlöser lebt, und dass ich auferstehen werde aus der Erde am Jüngsten Tag. Dann wird meine Haut wieder um mich sein, und in meinem Fleische werde ich Gott meinen Erlöser schauen, ja, ich selbst werde ihn schauen, ich werde ihn mit meinen Augen schauen, ich und kein anderer. Diese Hoffnung ruhet fest in meiner Brust."

Kein Zweifel, dass er diese Worte in der nämlichen Gesinnung wiederholt hat, in der sie bekanntermaßen beim ersten Mal gesprochen wurden. Noch deutlicher hätte er es mit den Worten sagen können: „Ich habe den guten Kampf gekämpft, den Lauf vollendet, den Glauben bewahrt, nun wartet meiner die Krone der Gerechtigkeit."

Zur rechten Seite des Grabes über den Säulen erblickt man noch folgende Inschrift:

Dieses Grabes Gewölbe umschließt die Gebeine des Bischofs Bernward;

wunderbar war er und von hochedler Art.

Wie eine Perle strahlt sanft er unter dem Adel des Landes.

Angenehm war er dem Herrn, hochbeliebt unter dem Volk.

Denn er war seiner Kirche allzeit ein würdiger Hirte.

Gnädig sei Emanuel ihm, und auch du, Michael!

Vor den Kalenden* zwölf Tage, im elften Monate tauscht' er
Glücklich das irdische Sein gegen das himmlische ein.

Zit. nach Hatto KALLFELZ, Lebensbeschreibungen einiger Bischöfe des 10.-12. Jahrhunderts, (Freiherr vom Stein Gedächtnisausgabe, Ausgewählte Quellen zur deutschen Geschichte des Mittelalters Band XXII), Darmstadt 1986, S. 357-361.

Annotationen
*„Im 31. Jahr seiner Weihe" - Vielmehr im 30., nämlich im Jahr 1022.
*Exequien - Begräbnisfeierlichkeiten.
*Kalenden - Der erste Tag eines Monats.

Mögliche Aufgaben
- Beschreibe, wie Bernward mit seinem Lebensende umgeht.
- Verfasse einen Nachruf auf Bischof Bernward aus der Perspektive entweder a. eines Hildesheimer Bürgers oder b. des Kaisers oder c. des Papstes

Weitere Einsatzmöglichkeiten und methodische Vorschläge
- Religionsunterricht, Themen Heiligenviten, Frömmigkeit im Mittelalter.

M18   Hildesheim um 1022

Hildesheim um 1022, verbesserter Grundriß des Stadtgebietes mit wichtigen Gebäuden.
1 Altfriddom mit Vorhalle Bischof Bernwards, 2 verfallener Gunthardom, 3 Epiphaniuskapelle, 4 Bischofshof, 5 altes Bischofshaus, 6 St. Petrustor, 7 St. Paulustor, 8 Spital, 9 Heilkräutergarten, 10 Töpferei, 11 Küchengarten, 12 Bäckerei, 13 Schmiede, 14 Werkstätten, 15 Ziegelei, 16 alte Dombefestigungsmauer. Plan für das Modell der Bernwardsausstellung.[9]

9 Aus Karl Bernhard KRUSE, Der Hildesheimer Dom. Von der Kaiserkapelle und den karolingischen Kathedralkirchen bis zur Zerstörung 1945. Grabungen und Bauuntersuchungen auf dem Domhügel 1988 bis 1999, Hannover 2000, S. 263.

Das Mittelalter

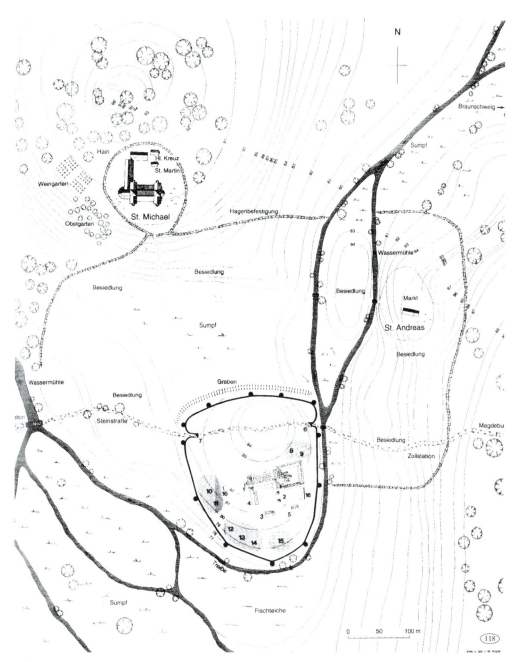

Abb. I.18: Karte, Hildesheim um 1022

Mögliche Aufgaben
- Erstelle eine virtuelle Stadtführung des Jahres 1022 in Hildesheim für die Schüler der Domschule. Berücksichtige dabei die Informationen, die du bisher erarbeitet hast.

M19   Stadtmodell Hildesheims um 1022

Abb. I.19a: Stadtmodell, Hildesheim um 1022, Domburg von Süden

Abb. I.19b: Stadtmodell, Hildesheim um 1022, Domburg von Osten

Das Mittelalter

Mögliche Aufgaben
- Versetze dich in die Lage eines Bauern des Jahres 1022 und begib dich, von der Ernte kommend, in die Domburg zu Hildesheim, um deine Ware zu verkaufen. Beschreibe deine Eindrücke beim Betreten des Dombezirkes. Berücksichtige bei der Schilderung auch Gefühle, Geräusche, Gerüche.

M20 Übersichtskarte des Bistums Hildesheim zur Zeit Bernwards

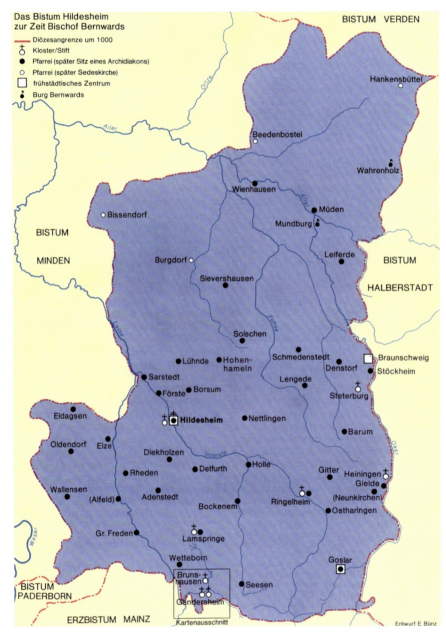

Abb. I.20: Karte des Bistums Hildesheim zur Zeit Bernwards

Das Mittelalter

Mögliche Aufgaben
- Markiere die in der „Vita Bernwardi" auftauchenden Ortsbezeichnungen in der Karte; berücksichtige insbesondere M5.

Weitere Einsatzmöglichkeiten und methodische Vorschläge
- Religionsunterricht, Thema Bistumsorganisation.

Schlagworte
- Almosengabe
- Barbaren
- Baukunst
- Bibliothek, Schreibstube
- Bischofswahl
- Bischofsweihe
- Festprogression
- Heilige Lanze
- Hufe
- Kaiserhof
- Kaiserin
- Wissenschaften, freie Künste
- Kolonen
- Königswahl
- Königtum
- Liten
- Märtyrerwesen
- Palast
- Reliquien
- Sakramente
- Schulbildung
- Subdiakonatsweihe
- Kloster

Verweise auf Schulbücher

Hans-Otto REGENHARDT (Hg.), Forum Geschichte. Jg. 5/6 Niedersachsen: Von der Vorgeschichte bis zum Frühmittelalter, Berlin 2008, S. 218f. u. S. 226-229.
Hans-Otto REGENHARDT (Hg.), Forum Geschichte. Jg. 7 Niedersachsen: Vom Hochmittelalter bis zum Dreißigjährigen Krieg, Berlin 2009, S. 26-35, S. 47-49 u. S. 74f.
Michael SAUER (Hg.), Geschichte und Geschehen, Band 1/2 Bremen und Niedersachsen, Stuttgart, Leipzig 2008, S. 236f., S. 242-247 u. S. 252-255.
Michael SAUER (Hg.), Geschichte und Geschehen, Band 3 Bremen und Niedersachsen, Stuttgart, Leipzig 2009, S. 19-30 u. S. 82-87.

Verweise auf Fachliteratur

Adolf BERTRAM, Geschichte des Bisthums Hildesheim, Band 1, Hildesheim 1899.
Bernhard GALLISTL, Bischof Bernwards Stiftung St. Michael in Hildesheim: Liturgie und Legende, in: Concilium Medii Aevi 14 (2011), S. 239–287.
Martina GIESE, Die Textfassungen der Lebensbeschreibung Bischof Bernwards von Hildesheim, Hannover 2006.
Hans GOETTING, Die Hildesheimer Bischöfe von 815 bis 1221 (1227), (Germania Sacra N.F. 20), Berlin-New York 1984.
Hatto KALLFELZ, Lebensbeschreibungen einiger Bischöfe des 10.-12. Jahrhunderts, (Freiherr vom Stein Gedächtnisausgabe, Ausgewählte Quellen zur deutschen Geschichte des Mittelalters, Band XXII), Darmstadt 1986, S. 263-361.
Gottfried KIESOW, u.a. (Hg.), Georg Dehio. Handbuch der deutschen Kunstdenkmäler: Bremen, Niedersachsen, o. O. 1977, S. 487-489.
Christine WULF, Bernward von Hildesheim, ein Bischof auf dem Weg zur Heiligkeit, in: Concilium Medii Aevi 11 (2008), S. 1-19.
Hans Jakob SCHUFFELS, Bernward Bischof von Hildesheim. Eine biographische Skizze, in: Michael BRANDT u. Arne EGGEBRECHT (Hg.), Bernward von Hildesheim und das Zeitalter der Ottonen. Katalog der Ausstellung, Band 1, Hildesheim 1993, S. 29-43.
Angela WEYER (Hg), Klasse Welterbe. Hildesheimer Weltkulturerbe im Unterricht, (Schriften des Hornemann-Instituts Band 7), Hildesheim 2006.

I.4. Die „Vita Godehardi":
Lebensbeschreibung des Bischofs Godehard

Einführung

Die abgedruckten Quellen M1-M4 sind Auszüge aus der Vita Godehardi posterior (Vita II), einer von zwei zeitgenössischen Aufzeichnungen des Wolfher zum Leben des Heiligen Godehard (960 -1038). Der Verfasser Wolfher, ein Hildesheimer Kleriker, wurde vermutlich von Bischof Bernward zum Priester geweiht. Unter Bischof Godehard erhielt er eine starke Förderung und wurde zur Ausbildung u.a. an die Klöster Hersfeld und Niederaltaich geschickt. Mit dem Verfassen der Lebensbeschreibung Godehards übernimmt Wolfher für Godehard die Aufgabe, die zuvor Thangmar für Bischof Bernward praktiziert hat. Den ersten Versuch, die Ereignisse unter Bischof Godehard festzuhalten, sieht man in Wolfhers „Continuatio vitae Bernwardi". Damit stellt er sich deutlich in die Tradition seines Vorläufers Thangmar. Die frühe Fassung (Vita I) wurde bald nach 1035 oder 1038, die Vita posterior (Vita II) zwischen 1054 und 1061 verfasst. Die Vita I ist von Wolfher selbst überarbeitet worden. Ganze Sätze wurden wörtlich übernommen. In der späteren Fassung sind einige Wundertaten hinzugefügt worden, andere Schilderungen, wie der Gandersheimer Streit, wurden stark gekürzt. Godehards Leben wird aus der Perspektive eines Bewunderers des Bischofs beschrieben und sie galt seit dem Mittelalter als die maßgebliche Vita des Bischofs Godehard. Diese ist in mehreren Handschriften und in den großen gedruckten Sammelwerken des 16. bis 19. Jahrhunderts erhalten. Sie wurde auf der Synode zu Lüttich im März 1131 in Gegenwart des Papstes Innozenz II. und des Kaisers Lothar öffentlich verlesen und bildete somit eine Grundlage für die Heiligsprechung Godehards im Oktober 1131 in Reims.[10]

---

10 Vgl. Bernhard GERLACH, Wolfher, der Biograph des hl. Godehard, in: Unsere Diözese in Vergangenheit und Gegenwart. Zeitschrift des Vereins für Heimatkunde im Bistum Hildesheim 12 (1938), S. 73-88.

M1   Kindheit und Jugend Godehards

[...] 2. Mit vortrefflichen Anlagen ausgestattet, wurde der Knabe Godehard in der Nähe des Klosters Altaich*, aus Angehörigen der Klostergemeinde, von wahrhaft christlichen Eltern geboren und, wie der spätere Verlauf erwies, gut erzogen. In dem gleichen Kloster erhielt er auch, treu behütet, den ersten Unterricht in den verschiedenen Fächern der heiligen Wissenschaften. [...]

3. [...] In dem genannten Kloster nun wurde der Knabe Godehard von seinen Eltern in frommen Vertrauen Gott geschenkt und von den Brüdern in Güte aufgenommen. Hier genoss er den ersten Trank aus dem Born* der Wissenschaft, den der Herr ihm reichte, mit löblichem Eifer und nahm die Kenntnis des göttlichen Gesetzes der Fassungskraft seines jugendlichen Geistes entsprechend freudig in sich auf, dem Anspruche gemäß, der lautet: „Leicht lernt man da, wo der Geist Gottes als Lehrer waltet."

4. Denn der fromme Knabe begann sofort beim ersten Erblühen seiner Jugend alle Eitelkeiten zu verschmähen und allen Leichtsinn zu meiden, indem er es für höher erachtete, das Joch* des göttlichen Gesetzes auf sich zu nehmen und die Pfade der Tugenden zu beschreiten, als die Eitelkeiten dieser Welt zu genießen, wie es Jünglinge in diesem Alter fast immer zu tun pflegen. Und so schritt er unermüdet fort vom Guten zum Besseren und vom Besseren zum Besten. Darum verbrachte er auch seine Zeit fleißig im Heiligtume*, um daselbst Ströme des göttlichen Gesetzes zu schöpfen und mit ihnen seinen dürstenden Geist zu erquicken. Er war von der Furcht Gottes erfüllt, die ihn von allem jugendlichen Leichtsinn fernhielt. Allen gegenüber betrug er sich so, dass er sich offenkundig als ein Gefäß des Heiligen Geistes erwies. So kam es auch, dass er in der weltlichen Kleidung, die er unter den Ordensleuten noch trug, augenscheinlich viele von ihnen zu einem heiligen Lebenswandel verlockte. Als er aber dieses erbauliche und durch seine Sittenreinheit löbliche Leben in dem genannten Kloster Altaich einige Jahre hindurch geführt und die Jünglingsjahre erreicht hatte, war der Ruf seines heiligen Wandels schon durch ganz Bayern gedrungen. [...]

Zit. nach Bernard GERLACH, Wolfhers jüngere Lebensbeschreibung des heiligen Bischofs Godehard. Nach dem Text der MGH, in: Unsere Diözese in Vergangenheit und Gegenwart. Zeitschrift des Vereins für Heimatkunde im Bistum Hildesheim 13 (1939), S. 9-48, hier S. 12-14.

Das Mittelalter

Annotationen
*Klosters Altaich - Benediktinerkloster, gegründet 731/ 741, Reichskloster durch Karl den Großen. Der Hl. Godehard wuchs hier auf und wurde später Abt dieses Klosters.
*Born - Quelle.
*Joch - Last.
*Heiligtum - hier in der Kirche.

Mögliche Aufgaben
- Weise nach, was Godehard in seiner Kindheit und Jugend vor seinen Mitmenschen auszeichnete.

Weitere Einsatzmöglichkeiten und methodische Vorschläge
- Religionsunterricht, Thema Heiligenviten.

M2 Godehard soll Bischof Bernward nachfolgen

[...] 13. Im Jahre 1022 nach der geheimnisvollen Menschwerdung des Wortes, als Heinrich II.* 21 Jahre König und 9 Jahre Kaiser war, schied Bernward, der verehrungswürdige Bischof unserer Kirche* und uns unvergesslichen Angedenkens, aus diesem Leben zum ewigen. Sein Heimgang erfüllte das ganze Land mit Trauer. [...]

14. Zur selben Zeit verweilte der Kaiser zu Gruona* und hatte den Abt Godehard, wie er es bei seiner Zuneigung zu ihm immer zu tun pflegte, in seiner Begleitung bei sich. Als nun ein Bote mit dieser Trauernachricht kam, beweinte der Kaiser seinen treuen Freund und Diener Christi mit gebührender Trauer und empfahl dessen Seele Gott und den heiligen Engeln in frommem Fürbittgebet. Darauf begab er sich zu Godehard, und im Zwiegespräch mit ihm allein eröffnete er ihm seine geheime Absicht über die Neubesetzung des erledigten Bischofssitzes. Der aber widerstand ihm sofort ins Angesicht und beteuerte, er sei eines so hohen Amtes und so hoher Ehre nicht würdig. [...] Der Kaiser versuchte nun durch die Bischöfe seinen [= Godehards] Sinn zu erweichen, und bat sie, in der vorliegenden Angelegenheit sich mit ihm zu besprechen. Aber auch in der Unterredung mit diesen widerstand er mit steter Zuversicht und

gab schließlich zur Antwort, wenn er schon von diesen dieses Amtes für würdig erachtet würde, werde er gern warten, bis etwa Regensburg oder Passau frei ist, wo nicht seinen, sondern nur der Seinen Nutzen im Auge haben könnte. So wurde dort die ganze Woche hindurch über diese Angelegenheit unter ihnen verhandelt; jener aber verharrte hartnäckig weiter in seiner Meinung.

15. Endlich an der Vigil des heiligen Apostels Andreas, die damals auf den Donnerstag vor dem ersten Adventssonntage fiel, sah er [=Godehard] [...] einen Traum. [...] Als es aber Tag geworden war, begab er sich vertrauensvoll zum Kaiser und eröffnete ihm den Verlauf seines Traumgedichtes. Seinen hartnäckigen Widerstand ließ er nunmehr fallen und gelobte, dass er fortan der göttlichen Vorsehung und auch des Kaisers Plan und Willen gehorchen werde. Und nun gab es kein Verweilen. In der Frühe desselben Tages kamen unsere Geistlichen mit den Trossknechten an. Als diesen der Kaiser seinen oder vielmehr den göttlichen Entschluss mitteilte, nahmen sie ihn alle einmütig mit Dank und Lob gegen Gott an. Einige freilich, was wohl zu verstehen ist, erschraken anfangs, weil ihnen sein Lebenslauf unbekannt war oder auch weil sie von seiner einstigen Strenge in jüngeren Jahren gehört hatten, und versprachen sich davon nichts Gutes. Am folgenden Tage aber, am Feste des Apostels, wurde ihm unter dem grenzenlosen Jubel des Klerus und des Volkes die Bischofsgewalt über die Diözese übertragen, und am darauffolgenden ersten Adventsonntage wurde er von Aribo, dem Erzbischofe von Mainz, feierlich geweiht. [...]

Zit. nach Bernhard GERLACH, Wolfhers jüngere Lebensbeschreibung des heiligen Bischofs Godehard. Nach dem Text der MGH, in: Unsere Diözese in Vergangenheit und Gegenwart. Zeitschrift des Vereins für Heimatkunde im Bistum Hildesheim 13 (1939), S. 9-48, hier S. 23-25.

Annotationen
*Heinrich II. - * 973/978, † 1024, aus dem Geschlecht der Ottonen, König von 1002 bis 1024, römisch-deutscher Kaiser von 1014 bis 1024.
*„Unserer Kirche" - von Hildesheim.
*Gruona - Grone oder Grona, ottonische Pfalz auf dem Gebiet der heutigen Stadt Göttingen.

Das Mittelalter

Mögliche Aufgaben
- Zeige am Beispiel Godehards auf, wie man in das Bischofsamt eingesetzt wird.

Weitere Einsatzmöglichkeiten und methodische Vorschläge
- Geschichtsunterricht, Thema Mittelalter.
- Religionsunterricht, Thema Heiligenviten.
- Erdkundeunterricht, Atlasarbeit.

M3   Heilsame Tätigkeit Godehards

19. […] Eines Tages nahm er [Bischof Godehard] seinen Weg durch einen Gau*, der Logingaha genannt wird, nahe der oben genannten Burg Gruona*, wo er durch Gottes Gnade erwählt und geweiht war. Daselbst geschah es, dass in einem Dorfe ein Weib, vom unreinen Geiste gequält, von ihren Eltern und Verwandten von Kirche zu Kirche geführt wurde, um den Schutz der Heiligen herabzuflehen. Als diese vernahmen, dass der Bischof dorthin komme, eilten sie zugleich mit der Kranken ihm entgegen im Vertrauen auf den Ruf seiner Heiligkeit. Der unreine Geist aber, durch ihre Eile erschreckt, fragte durch den Mund der Kranken mit ängstlichem Geschrei, wohin er geführt würde. Als sie ihm sagten, er würde dem Bischof Godehard entgegengeführt, begann er sofort unter Brüllen und Heulen sich kläglich zu widersetzen und dagegen anzukämpfen, mit dem Bischof zusammenzukommen, so dass die, welche das Weib führten, sich verwunderten und zugleich sich fürchteten. Wehklagend und jammernd aber schrie er, er könne den Godehard weder hören noch sehen. Während dieses Kampfes wurde die Kranke von den Gläubigen, die, wie es offenkundig zu Tage trat, von Glaube und Hoffnung erfüllt waren, weiter geschleppt. Der böse Geist aber kämpfte mit aller Gewalt dagegen an. Endlich – Gott sei Dank – wurde der Dämon in die Flucht geschlagen und das Weib von ihm befreit. […]

20. Im Osten unserer Stadt [Hildesheim] lag ein hässlicher Sumpf, der von den ringsum Wohnenden aus mancherlei Gründen gefürchtet und gemieden war, besonders weil sie dort nach ihrer Behauptung sowohl zur Mittags- wie auch zur Nachtzeit bestimmte schreckhafte Erscheinungen teils hörten, teils sahen. Nach einer Salzquelle, die daselbst in der Mitte des Sumpfes Blasen

warf, hieß der Ort Sulza oder Sülte*. Godehard besichtigte den Ort, hörte auch von der Gespenstererscheinung, durch die das dumme Volk in Schrecken gesetzt wurde, und im zweiten Jahre seiner Ankunft ging er mit Kreuz und Reliquien* der Heiligen gegen den Sumpf vor, richtete sich daselbst eine Wohnung ein, und an der verrufensten Stelle gründete er eine Kapelle zu Ehren des heiligen Apostels Bartholomäus*. Nachdem diese im folgenden Jahre vollendet und geweiht war, hatte er allen Teufelspack gründlich ausgerottet und bewirkt, dass der Ort allen, die da wohnten und vorbeikamen, angenehm war und ohne irgendwelche Scheu bewohnt wurde.

Auch erbaute er dort zur Annahme der Armen ein Hospital Christi, das reichlich ausgestattet war mit aller Bequemlichkeit, die die menschliche Gebrechlichkeit erheischt […].

Aber auch Sündern und Verbrechern gegenüber zeigte er wunderbares Erbarmen, war er milde und versöhnlich, so dass er denen, die in Bekenntnis und Reue ihre Zuflucht zu ihm nahmen, die Sünden mit bereitwilligster Güte auf der Stelle verzieh und mit wachsamer Sorge alle Vorkehrungen für die Zukunft traf, damit sie nicht wieder aus Schwachheit in die Sünden zurückfielen. Dies tat er nach Vorbild und Beispiel seines Schutzheiligen, des Bischofs Nikolaus, der mit Geld und Almosen die Sünden der Jungfrauen verhinderte und der ganzen Familie die entehrende Schande wegräumte und überhaupt aller Armen Not, die seine besondere Sorge waren, mit herzlicher Güte linderte. Nach dessen Beispiele, sage ich, war unser Bischof eifrigst bemüht, die Armen immer und überall zu trösten. Auch war es ihm Herzensangelegenheit, sich mit solchen zu unterhalten, ja mit ihnen zu scherzen und bei Tisch fröhlich zu sein.

Zit. nach Bernhard GERLACH, Wolfhers jüngere Lebensbeschreibung des heiligen Bischofs Godehard. Nach dem Text der MGH, in: Unsere Diözese in Vergangenheit und Gegenwart. Zeitschrift des Vereins für Heimatkunde im Bistum Hildesheim 13 (1939), S. 9-48, hier S. 29-32.

Annotationen
*Gau - Verwaltungsbezirk.
*Gruona - Grone oder Grona, ottonische Pfalz auf dem Gebiet der heutigen Stadt Göttingen.
*Sulza oder Sülte - Ortsbezeichnung für salzhaltige Quelle auf dem Gebiet der heutigen Stadt Hildesheim.
*Reliquien - Überreste (z.B. Gebeine) von Heiligen.
*Apostels Bartholomäus - Jünger Jesu und einer der zwölf Apostel.

Das Mittelalter

Mögliche Aufgaben
- Stelle besondere Eigenschaften Godehards dar.
- Diese Quelle war Grundlage für die Heiligsprechung Godehards, begründe diesen Vorgang. Berücksichtige dabei allgemeine Voraussetzungen für eine Heiligsprechung.

Weitere Einsatzmöglichkeiten und methodische Vorschläge
- Religionsunterricht, Themen Heiligenviten, Frömmigkeit im Mittelalter.
- Erdkundeunterricht, Atlasarbeit.

M4   Die Zeit nach Godehard

[...] 33. Auf unseren hochseligen Schutzherrn [Godehard] folgte ein ausgezeichneter Mann, der königliche Kaplan Thietmar*. Wenn ihm, um ehrlich die Wahrheit zu sagen, tiefere Kenntnisse in den Wissenschaften abgingen, so hat er diesem Mangel durch hervorragende Herzensgüte gegen Klerus und Volk ersetzt. Besonders aber erwies er seinen Geistlichen alle Liebe, wo er nur konnte. Auch bemühte er sich lobenswert, den Dom auszuschmücken, soweit es ihm in so kurzer Zeit möglich war. Für dieses Wohlwollen schulden wir ihm, solange die Welt besteht, mit Recht immer erneutes Gedenken.

Als er bereits im siebten Jahre seines Bischofstums eines beklagenswerten Todes, ach, ach! starb, folgte auf ihn Azelin*, gleichfalls königlicher Kaplan, der in kirchlichen und weltlichen Dingen tüchtig und erfolgreich war. Im zweiten Jahre seiner Weihe, am Palmsonntag, der auf den 23. März fiel, sank unser ehrwürdiger Dom durch einen bejammernswerten Brand* in Trümmer und mit ihm zugleich ging fast die ganze Burg* und der größte Teil der Stadtsiedlung zu Grunde. Durch unsere Sünden vor Gott hatten wir das reichlich verdient. Dieser unser Bischof war, wie wir fürchten, darin vor Gott nicht ganz ohne Schuld, dass er das alte Münster, welches nach Ansicht aller Gläubigen leicht hätte wieder hergestellt werden können, gewissermaßen aus Verachtung bis zum Grunde abreißen ließ. Jeder vernünftige Mensch erkennt klar an jenem Bau, den er daraufhin mit großen Plänen begann, dass weder die Zerstörung des einen noch der Beginn des anderen zu entschuldigen war. Beim Kaiser jedoch und bei den Fürsten stieg er bis zum höchsten Gipfel des Glücks ehrenvoll empor. Wir aber wollen ihm für die Ehre, die er seiner Kirche vielfach verschaffte, die ewige Ruhe vor Gott erflehen, damit er dasselbe Glück, das er in dieser Welt erlangte, dauernd mit den Heiligen Gottes im Himmel zu genießen verdiene. Aber auch dafür, dass er von den gemeinsamen Einkünften der Brüder verschiedene fromme Stiftungen seiner Vorgänger und der übrigen Christgläubigen einzog, bitten wir um Verzeihung vor Gott, damit auch wir bereitwilligste Sündenvergebung für uns verdienen. In Wahrheit nämlich fürchten wir, hat er sich vielfach vergangen, indem er selbst raubte und den Späteren ein Beispiel zum Rauben hinterließ, wie ja von einem solchen Frevler gesagt wird: Er sündigte und verführte Israel zur Sünde.

Als dieser eines bedenklichen Todes, wie wir fürchten, gestorben war, wurde Hezilo* sein Nachfolger, [...] der sich in allen kirchlichen Pflichten als vollkommen erwies. Vor allem erwarb er sich die aufrichtige Zuneigung des Klerus und des Volkes dadurch, dass er lobenswerterweise beschloss, den darniederliegenden Dom der heiligen Gottesmutter wieder aufzubauen. Zu diesem so heiligen und heilsamen Entschluss erfleht die ganze heilige Kirche Gottes mit Recht unablässig Gottes Hilfe, damit er das löbliche Werk Gottes würdig vollende und für seinen Eifer in der Frömmigkeit und guten Werken glücklich vor Gott voranschreite in der Gemeinschaft der Heiligen und zur Vergebung der Sünden. Amen!

Zit. nach Bernhard GERLACH, Wolfhers jüngere Lebensbeschreibung des heiligen Bischofs Godehard. Nach dem Text der MGH, in: Unsere Diözese in Vergangenheit und Gegenwart. Zeitschrift des Vereins für Heimatkunde im Bistum Hildesheim 13 (1939), S. 9-48, hier S. 47-48.

Annotationen
*Thietmar - Bischof von Hildesheim von 1038 bis 1044.
*Azelin - Bischof von Hildesheim von 1044 bis 1054.
*Brand - Im Jahr 1046.
*Burg - hier Domburg Bernwards.
*Hezilo - Bischof von Hildesheim von 1054 bis 1079.

Das Mittelalter

Mögliche Aufgaben
- Charakterisiere die Nachfolger Godehards.
- Diskutiere unter Bezugnahme deiner Ergebnisse einen möglichen Zusammenhang zur Baugeschichte des Doms.
- Bewerte aus deiner Perspektive die Persönlichkeit und Lebensleistung Godehards (M1-M4).

Weitere Einsatzmöglichkeiten und methodische Vorschläge
- Religionsunterricht, Thema Frömmigkeit im Mittelalter.

M5   Bischofsstab Bischof Godehards

„Krümme: Siculo-arabisch, 2. Viertel 12. Jh.; Beschlag und Stab: wohl Hildesheim, um 1133. Elfenbein, Kupfer, vergoldet und graviert, [in] Holz gefaßt, mit vergoldeten Kupferbeschlägen. H. 163 cm (Krümme 20 cm)."[11] In den Knauf sind die Worte geprägt: + STERNE•RESISTEN TES•STAN: TES•REGE•TOLLE•IACENTES (Stürze, was trotzt - regiere, was steht - hebe, was liegt) Hildesheim, Domschatz.

Wenngleich erst im 12. Jahrhundert und somit nach Godehards Tod entstanden, wird der Stab traditionell mit ihm in Verbindung gebracht. Dies könnte darauf zurückzuführen sein, dass sich der sogenannte Godehards-Stab wahrscheinlich ursprünglich im Besitz des Godehardiklosters befand, bevor er über Umwege 1825 in den Hildesheimer Domschatz gelangte.

---

11 Michael BRANDT (Hg.), Der Schatz von St. Godehard. Ausstellung des Diözesan-Museums, Hildesheim 1988, S. 86.

Abb. I.21: Sog. Godehardsstab

   Mögliche Aufgaben
- Interpretiere vor dem biographischen Hintergrund Godehards dieses Motto.

M6   St. Godehard

1133, zwei Jahre nach der Heiligsprechung Bischof Godehards, legte Bischof Bernhard südlich des Doms den Grundstein für das zweite Hildesheimer Benediktinerkloster St. Godehard und bestimmte es zu seiner Grablege (1154 Beisetzung im hohen Chor). Als Weihedatum für die damals noch unvollendete Kirche gilt das Jahr 1172. Der Gründungsbau bestand aus einer flachgedeckten, doppelchörigen Basilika mit dreischiffigem Langhaus und einem Querhaus im Osten sowie einem Vierungsturm und einem zweitürmigen Westwerk.

Durch relativ geringe bauliche und kriegsbedingte Veränderungen gehört St. Godehard aufgrund seiner architektonischen Klarheit heute zu den bedeutendsten Zeugnissen romanischer Baukunst in Deutschland.[12]

---

12 Vgl. Gottfried KIESOW u.a. (Hg.), Georg Dehio. Handbuch der deutschen Kunstdenkmäler: Bremen, Niedersachsen, o. O. 1977, S. 479f.

Das Mittelalter

Abb. I.22: Basilika St. Godehard, Postkarte

Abb. I.23: St. Godehard, Ostansicht, Aquarell um 1840/50

Mögliche Aufgaben
- Arbeite anhand der fotografischen Abbildungen St. Godehards Merkmale der Romanik heraus.

 Weitere Einsatzmöglichkeiten und methodische Vorschläge
- Kunstunterricht, Thema Kirchenbaukunst der Romanik.

Schlagworte

- Almosen
- Dombrand, Dombau
- Frömmigkeit
- Gespenstervertreibung
- Heilungen
- Investitur
- klösterliche Erziehung
- Tod Bernwards
- Tugend
- Romanik
- Sülte
- Wundertaten

Verweise auf Schulbücher

Diercke Drei. Universalatlas, Braunschweig 2001, S. 50 (Karte Heiliges Römisches Reich Deutscher Nation).
Thomas BERGER V. D. HEIDE (Hg.), Entdecken und Verstehen. Geschichte, Band 1, Jg. 5/6 Realschule Niedersachsen: Von der Urgeschichte bis zum Zeitalter der Entdeckungen, Berlin 2008, S. 148ff.
Johannes DERICHS u. a., denk|mal Geschichte, Jg. 5/6 Niedersachsen, Braunschweig 2009, S. 168ff.
Johannes DERICHS, Melanie EßER u. Wolfgang PANKRATZ (Hg.), Durchblick. Geschichte/Erdkunde, Jg. 5/6 Niedersachsen, Braunschweig 2008, S. 94ff.
Hans-Otto REGENHARDT (Hg.), Forum Geschichte. Jg. 5/6 Niedersachsen: Von der Vorgeschichte bis zum Frühmittelalter, Berlin 2008, S. 226-234.
Hans-Otto REGENHARDT (Hg.), Forum Geschichte. Jg. 7 Niedersachsen: Vom Hochmittelalter bis zum Dreißigjährigen Krieg, Berlin 2009, S. 26-35.
Michael SAUER (Hg.), Geschichte und Geschehen, Band 1/2 Bremen und Niedersachsen, Stuttgart, Leipzig 2008, S. 242-250.
Michael SAUER (Hg.), Geschichte und Geschehen, Band 3 Bremen und Nieder-

sachsen, Stuttgart, Leipzig 2009, S. 19-30, S. 26-35, S. 47-49, S. 74f., S. 82-87, S. 218f., S. 228f., S. 236f. u. S. 252-255.
Ralf TIEKE (Hg.), Durchblick. Geschichte, Jg. 5/6 Realschule Niedersachsen, Braunschweig 2008, S. 118ff. u. S. 130ff.
Zeitreise, Band 1 Niedersachsen und Bremen, differenzierende Ausgabe, Stuttgart 2012, S. 110ff.

Verweise auf Fachliteratur

Victor ELBERN, Dom und Domschatz in Hildesheim, 2. Aufl., Königstein, Taunus 1991.
Bernhard GERLACH, Wolfher, der Biograph des hl. Godehard, in: Unsere Diözese in Vergangenheit und Gegenwart. Zeitschrift des Vereins für Heimatkunde im Bistum Hildesheim 12 (1938), S. 73-88.
Bernhard GERLACH, Wolfhers jüngere Lebensbeschreibung des heiligen Bischofs Godehard. Nach dem Text der MGH, in: Unsere Diözese in Vergangenheit und Gegenwart. Zeitschrift des Vereins für Heimatkunde im Bistum Hildesheim 13 (1939), S. 9-48.
Klaus NAß (Hg.), Mittelalterliche Quellen zur Geschichte Hildesheims, (Quellen und Dokumentationen zur Stadtgeschichte Hildesheims Band 16), Hildesheim 2006.
Herbert REYER, Kleine Geschichte der Stadt Hildesheim, Hildesheim 1999.
WOLFHER, Vita Godehardi, in MGH SS XI, S. 162-221.

II. Die Frühe Neuzeit

Die Geschichte des Hildesheimer Bistums und der Stadt Hildesheim im 16. und 17. Jahrhundert wurde entscheidend durch regionalhistorische Ereignisse geprägt, die auch auf die reichspolitischen und konfessionellen Entwicklungen der Zeit Einfluss nahmen. So spielte politisch z.B. die Stiftsfehde eine zentrale Rolle. Dabei handelte es sich um eine Auseinandersetzung zwischen dem Hildesheimer Bischof und den welfischen Herrschern von Braunschweig und Calenberg sowie dem Stiftsadel.[1] Seit dem 15. Jahrhundert schwelte dieser landesherrliche Konflikt, überdauerte auch die Zeit der Reformation und Gegenreformation und gelangte erst mit dem Dreißigjährigen Krieg zu einem Ende. Nach langen Verzichten auf landesherrliche Einflussgebiete erreichte der Hildesheimer Bischof durch kaiserliche Unterstützung 1643 die Restitution des sogenannten Großen Stifts.[2]

---

[1] Vgl. hierzu auch die Ausführungen in der Einleitung zum Teilkapitel Reformation (II.1. Einführung, Reformation).

[2] Vgl. zu einem kurzen und informativen Überblick der Geschichte der Stadt Hildesheim in Verbindung mit bistumsgeschichtlichen Entwicklungen Andrea GERMER, Geschichte der Stadt Hildesheim bis 1945, in: Niedersächsische Landeszentrale für politische Bildung (Hg.), Hildesheim - Stadt und Raum zwischen Börde und Bergland, (Niedersachsen - vom Grenzland zum Land in der Mitte Folge 5), Hannover 2001, S. 70-95, hier S. 77-82. Digital: http://www.nibis.de/nli1/rechtsx/nlpb/pdf/Regionen/Kapitel4.pdf (Stand 14. September 2013).

Auch andere Städte des heutigen Bistums Hildesheims, z. B. Hannover oder Braunschweig, und zahlreiche der kleineren Orte können auf eine bewegte Lokalgeschichte in der Frühen Neuzeit verweisen. In diesem Band wird aber besonders Hildesheim als Bischofssitz des damaligen und heutigen Bistums anhand der Schwerpunkte Reformation (II.1.), Gegenreformation (II.2.) und Dreißigjährigem Krieg (II.3.) historisch beleuchtet. Es werden somit auch für Hildesheim exemplarisch nur die unter didaktischen Gesichtspunkten besonders geeigneten Ereignisse betrachtet im Wissen, dass zahlreiche Aspekte der Bistums- und Stadtgeschichte außer Acht gelassen werden müssen.

Die oben genannten Großereignisse bzw. -prozesse prägten das Bistum historisch besonders nachhaltig: Die bis dahin zumindest konfessionell mit dem Bistum geeinte Stadt erlangte durch die Reformation (II.1.) immer weitergehende Autonomie. Damit stehen die Ereignisse in Hildesheim beispielhaft für die Verquickung politischer und konfessioneller Belange, die die gesamte Frühe Neuzeit auch auf Reichsebene in Friedens- und vor allem Kriegszeiten prägte (II.1. M2). Eine Besonderheit des Bistums, die erfolgreiche Gegenreformation (II.2.) in den Stiftsdörfern gegenüber den weiterhin bestehenden konfessionellen Unterschieden zur Stadt Hildesheim, soll im Rahmen der hier ausgewählten Quellen ebenfalls beleuchtet werden. Die Materialauswahl ermöglicht es, im Unterricht auf eine historische Urteilsebene zu gelangen und darüber hinaus die gesellschaftliche Relevanz der konfessionellen Auseinandersetzungen zu erkennen (II.2. M1-M2). Die gewaltvolle Zuspitzung konfessioneller und politischer Differenzen im Dreißigjährigen Krieg (II.3.) bietet in besonderem Maße Möglichkeiten, regional- und bistumsgeschichtliche Aspekte in curriculare Vorgaben einzubinden. Während die Schulbücher Verlauf und Auswirkungen des Krieges vor allem am Beispiel Magdeburgs veranschaulichen, lassen sich diese aufgrund der Quellenlage auch gut an den Ereignissen in Hildesheim aufzeigen (II.3. M1a-M1c).

Die Quellen der Frühen Neuzeit stellen sprachlich für SchülerInnen der Sekundarstufe I eine nicht zu bewältigende Herausforderung dar. Diese haben wir durch Übersetzungen der frühneuhochdeutschen bzw. frühniederdeutschen Texte reduziert.[3] Dabei mussten wir an einigen Stellen zugunsten der didaktischen Aufbereitung den Wortlaut der Quellen sinngemäß übertragen.

---
3 Unser Dank gilt hierbei auch Dr. Maik Lehmberg und Dr. Martin Schröder, Mitarbeiter der Arbeitsstelle Niedersächsisches Wörterbuch in Göttingen, die uns bei der Übersetzungsarbeit hilfreiche Hinweise geben konnten.

Die Frühe Neuzeit

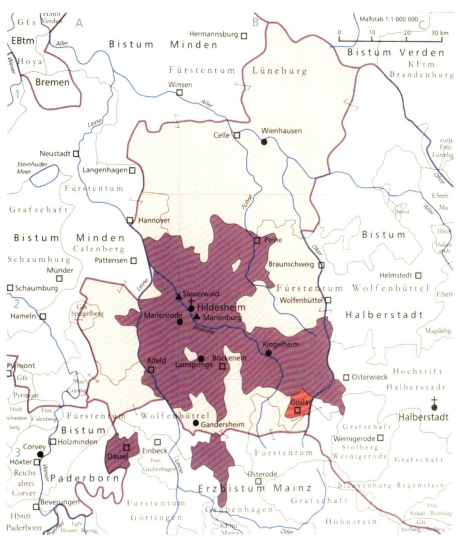

Abb. II.1: Karte, Bistum und Hochstift Hildesheim um 1500

II.1. Die Reformation

Einführung

Ein Konflikt um finanzielle Belastungen führte am Ende des 15. Jahrhunderts dazu, dass Bürger der Stadt Hildesheim Verbündete gegen ihren bischöflichen Landesherrn suchten. Daraus erwuchs die „Große Fehde" zwischen dem Hildesheimer Bischof auf der einen und den welfischen Herrschern von Braunschweig und Calenberg auf der anderen Seite. Viele Orte im Stift Hildesheim wurden dabei zerstört. 1486 gelangte man zu einem Vergleich. Doch schon dreißig Jahre später brach erneut eine Fehde aus. Ursprünglich ein rein lokaler Konflikt zwischen dem Hildesheimer Fürstbischof Johann IV. von Sachsen-Lauenburg und dem Hildesheimer Stiftsadel, entwickelte er sich zu einer Auseinandersetzung niedersächsischer Territorialfürsten. Anlass war die vom Hildesheimer Bischof angestrebte Einlösung verpfändeter Ländereien und seine Steuerforderungen an den Stiftsadel. An dieser „Stiftsfehde" waren einerseits das Hochstift Hildesheim und andererseits die welfischen Fürstentümer Braunschweig-Wolfenbüttel und Calenberg beteiligt, auch die hohe Reichspolitik wirkte mit hinein, so verhängte Karl V. auf dem Reichstag zu Worms 1521 die Reichsacht über Bischof Johann IV. Die „Stiftsfehde" endete erst 1523 durch den „Quedlinburger Rezess". Für das Hochstift Hildesheim bedeutete der Vertrag einen bitteren Verlust. Der größte Teil des Bistums (das Große Stift) fiel an die Welfen, landesherrschaftliches Gebiet blieb allein das sogenannte Kleine Stift. Die Stadt Hildesheim war der bischöflichen Landesherrschaft weitgehend entzogen, hatte aber auch nicht den Status einer Reichsstadt.[4] Als wichtigste Figur der Stadt Hildesheim in jener Zeit trat der spätere Bürgermeister Hans Wildefuer hervor, der entschieden für die Wahrung der städtischen Interessen kämpfte und sich hierbei auf die Seite des bischöflichen Landesherrn schlug.

Schon vor Ausbruch der Stiftsfehde regte sich in Hildesheim starkes Interesse am Glaubensverständnis Luthers. Der Rat aber erließ strenge Verbote gegen die Verbreitung des Protestantismus. Hausdurchsuchungen und Bücherverbrennungen waren an der Tagesordnung. Die Andreas-Kirche wurde zur Keimzelle

---

[4] Vgl. Erwin GATZ (Hg.), Atlas zur Kirche in Geschichte und Gegenwart. Heiliges Römisches Reich - Deutschsprachige Länder, Regensburg 2009, S. 85.

Abb. II.2: Karte, Stadt Hildesheim um 1583

der reformatorischen Bewegung, trotz drohender Strafen wurden dort die verbotenen lutherischen Lieder gesungen. Nach dem Tod des bischofstreuen Bürgermeisters Wildefuer (1541) gelangte die Reformation endgültig nach Hildesheim.

In der überfüllten Andreas-Kirche hielt Johannes Bugenhagen im September 1542 den ersten evangelischen Gottesdienst. Eine neue (evangelische) Kirchenordnung für Hildesheim wurde im gleichen Jahr verabschiedet. Ab September 1542 wurde auch in St. Michael, St. Jakobi, St. Georgi, St. Pauli und St. Lamberti nach protestantischen Grundsätzen gepredigt.[5]

Hildesheimer Bischöfe von der Mitte des 15. bis zur Mitte des 16. Jahrhunderts:
1452 - 1458: Bernhard II.
1458 - 1471: Ernst I.
1471 - 1481: Henning
1481 - 1502: Berthold II.
1502 - 1503: Erich
1503 - 1527: Johann IV.
1527 - 1531: Balthasar Merklin
1531 - 1537: Otto von Schaumburg
1537 - 1551: Valentin von Teteleben
1551 - 1556: Friedrich von Holstein
1557 - 1573: Burchard von Oberg

---

5 Vgl. zur Situation des Bistums und der Stadt Hildesheim während der Reformation z. B. O. A., Reform-Zeit. Die Geschichte des Bistums und der Stadt Hildesheim, auf: http://www.eichfelder.de/hildesheim/05_reform/reform.html (Stand 14. September 2013); Johannes Heinrich GEBAUER, Die Stadt Hildesheim als Mitglied des Schmalkaldischen Bundes, in: Niedersächsisches Jahrbuch für Landesgeschichte 19 (1942), S. 207-294; Thomas KLINGEBIEL, Die Hildesheimer Reformation des Jahres 1542 und die Stadtgeschichte: Eine Ortsbestimmung, in: Hildesheimer Jahrbuch für Stadt und Stift Hildesheim 63 (1992), S. 59-84.

M1   Der Stadtrat von Hildesheim hinter verschlossenen Türen

Der Verfasser des hier im Auszug vorliegenden Tagebuchs, Joachim Brandis der Jüngere (d. J.), geboren am 27. Oktober 1553 und gestorben am 13. Januar 1613, sowie Henning und Tile Brandis waren prominente Mitglieder einer Hildesheimer Familie, die in unterschiedlichen Gilden und Ämtern aktiv waren, als Ratsmitglieder agierten und auch das Bürgermeisteramt inne hatten. Henning und Tile führten zeitnah Tagebuch auf der Grundlage von täglichen Notizen. Bei Joachim d. J. handelte es sich um den Neffen von Tile, der 1592-1603 als Nachfolger seines Vaters alternierend Bürgermeister in Hildesheim war.

In dem Quellenauszug geht es um den Umgang der Stadt mit „Aufrührerischen" im Jahre 1532: Ca. 150 Personen fordern vor dem Rat evangelische Prediger. Zu dieser Zeit war der Rat unter dem Einfluss des Bürgermeisters Hans Wildefuer dem Landesherrn und Bischof gegenüber loyal und somit noch katholisch eingestellt. Tile bezeichnet die Demonstrierenden als aufrührerisch und unnütz, vor allem aber wegen des gewaltsamen Vorgehens gegen den Rat.

[1532]
Sept. 19.
[Es] rotteten sich etliche zusammen, etwa 150 Bürger, darunter […] einflussreiche Bürger, um sich zu wehren. Sie gingen zum Rathaus unten am Gewandhaus* am Donnerstag nach Lamberti [Quatertemper vor Michaelistag*], da sie wussten, dass alle des Hildesheimer Rats im Rathaus waren. Sie [die Aufrührerischen] schickten 6 von ihnen zum Rat und baten darum, zwei [protestantische] Predigerstellen einzurichten. Der Rat sagte, dass es noch vier Wochen dauern würde, dann würde man über einen guten Prediger nachdenken und eine angemessene Antwort geben. Sie schickten danach noch einmal 12 [zum Rat] und ließen sagen, dass sie lange genug hingehalten worden seien, und sie wollten die Entscheidung bis zum Ende des Tages wissen. Falls sie vom Rat nichts erfahren würden, so würden sie selbst Prediger bestimmen. Der Rat blieb bei seiner Antwort. Da schickten sie weitere 18 Personen, sie wollten Prediger haben, damit diese öffentlich sprechen können, und sie schlossen die unterste Tür des Rathauses zu, um den Rat gewaltsam unter Druck zu setzen. Sie hatten etliche junge Männer, die innerhalb der Stadt zu vielen Bürgern liefen, um sie zum Gewandhaus zu holen. Aber es kamen wenige. Sie luden [dann] auch den Oldermann* der Zünfte ein, zum Rathaus zu kommen. Er sollte durch seinen Einfluss die Mehrheit der Stadt

zusammenbringen, damit man diese für den bösen Plan gewinnen könne. Aber der Oldermann weigerte sich zu kommen.

[Um 16 Uhr kamen ungefähr] 100 Mann vor das Rathaus auf den Markt und fragten die Eingeschlossenen, ob sie Hilfe begehren würden. Als die Aufrührerischen im Gewandhaus das Rufen vom Marktplatz vernahmen, näherten sie sich dem Geschehen. Daraufhin schickte man den Bürgermeister Konnerdink selbst und 10 weitere Ratsmitglieder zu denen nach unten. Sie verkündeten [den Aufrührerischen] den Befehl, sich eine kurze Zeit zu gedulden. Denn der Rat wolle mit der Mehrheit der versammelten Bürger einen passenderen Zeitpunkt finden, der freiwillig verabredet werden sollte. Der 24köpfige Rat, Amtsleute und die Gilde* gingen weg. Die Bürger auf dem Marktplatz blieben stehen, da gingen die Aufrührerischen zu zweit ganz unverschämt* durch die Menge.

Danach, als Amt und Gilde beschlossen, weiterhin den Rat zu unterstützen, wurden die Uneinsichtigen persönlich vorgeladen: Der Hildesheimer Rat hatte beschlossen, die Ungehorsamen zu bestrafen. Daher wurden 72 aus der Stadt [...] eingelocht.

Zit. nach Joachim BRANDIS, Diarium, Ergänzt aus Tile Brandis Annalen 1528-1609, hg. von Max BUHLERS, Hildesheim 1902, S. 24f.

Annotationen
*Gewandhaus - Wollenweberamtshaus (neben dem Rathaus), Zünftehaus der Wollenweber, also der Tuchmacher.
*Quatertemper vor Michaelistag - vier Tage vor dem Michaelistag, der am 29. September begangen wird.
*Oldermann - Zunftältester.
*Gilde - Zusammenschluss von Handwerkern.
*Unverschämt - ohne Schuldbewusstsein.

Mögliche Aufgaben
- Nenne die Konfliktparteien und skizziere den Konflikt (Aktion - Reaktion).
- Begründe die Forderungen der Aufrührerischen nach Predigern.
- Erläutere die Motive aller Konfliktbeteiligten.
- Erläutere die Rolle des Vorsitzenden der Zünfte in diesem Konflikt.

Die Frühe Neuzeit

Weitere Einsatzmöglichkeiten und methodische Vorschläge
- Entwickelt ein Rollenspiel und stellt den Konflikt dar. Überlegt auch, wie die Geschichte weitergehen könnte, z. B. heimliches Treffen des Stadtrates, heimliches Treffen protestantischer Bürger, Zusammenkommen der Zünfte, usw.
- Versetze dich in folgende Situation: Du bist eine Marktfrau/ ein Knecht und hast die Ereignisse vor dem Rathaus in Hildesheim miterlebt. Nun kommst du ins Dorf zurück und erzählst davon. Mache dir als Magd/ Knecht Stichworte und trage sie vor.
- Entwirf einen Anschlag zu den Ereignissen in Hildesheim aus Sicht der Protestanten oder der Ratsmitglieder.
- Erläutere mögliche Verbindungen zwischen den Ereignissen in Hildesheim und den Aussagen, die in Liedern Luthers zu erkennen sind, z. B. „Ein' feste Burg" von 1528:

1. Ein feste Burg ist unser Gott,
Ein gute Wehr und Waffen;
Er hilft uns frei aus aller Not,
Die uns jetzt hat betroffen.
Der alt' böse Feind,
Mit Ernst er's jetzt meint,
Groß' Macht und viel List
Sein' grausam' Rüstung ist,
Auf Erd' ist nicht seinsgleichen.

2. Mit unsrer Macht is nichts getan,
Wir sind gar bald verloren;
Es steit't für uns der rechte Mann,
Den Gott hat selbst erkoren.
Fragst du, wer der ist?
Er heißt Jesu Christ,
Der Herr Zebaoth,
Und ist kein andrer Gott,
Das Feld muß er behalten.

3. Und wenn die Welt voll Teufel wär'
Und wollt' uns gar verschlingen,
So fürchten wir uns nicht so sehr,
Es soll uns doch gelingen.
Der Fürst dieser Welt,
Wie sau'r er sich stellt,
Tut er uns doch nicht,
Das macht, er ist gericht't,
Ein Wörtlein kann ihn fällen.

4. Das Wort sie sollen laßen stahn
Und kein'n Dank dazu haben;
Er ist bei uns wohl auf dem Plan
Mit seinem Geist und Gaben.
Nehmen sie den Leib,
Gut, Ehr', Kind und Weib:
Laß fahren dahin,
Sie haben's kein'n Gewinn,
Das Reich muß uns doch bleiben.

Von http://www.lieder-archiv.de/lieder/show_song.php?ix=300768 (Stand 14. September 2013). Siehe auch Evangelisches Gesangbuch für die Evangelisch-Lutherischen Kirchen in Niedersachsen und für die Bremische Evangelische Kirche (1994), Nr. 362.

M2 Das Taufwasser wird ausgeschüttet: Bugenhagen bringt die Reformation nach Hildesheim

Adolf Bertram, Bischof von Hildesheim (1906-1914), verfasste eine dreibändige Geschichte des Bistums auf der Grundlage zahlreicher Quellen, die er z. T. wörtlich referierte. Im vorliegenden Ausschnitt geht es um die Einführung der Reformation in Hildesheim im Jahr 1542.

Nach dem Tod des Bürgermeisters Hans Wildefuer gab es in Hildesheim zunehmend lutherische Anhänger unter der Führung des Hildesheimers Christoph von Hagen. Der Rat fällte vor allem aus stadtpolitischen und weniger glaubensgrundsätzlichen Beweggründen folgende Entscheidung am 27. August 1542: Anstellung von drei evangelischen Predigern an St. Andreas, St. Jakobi und St. Lamberti (in der Altstadt), Schließung aller übrigen katholischen Kirchen mit Ausnahme der Domkirche. Am 1. September 1542 hielt Johannes Bugenhagen die erste lutherische Predigt. Am folgenden Sonntag hielt der Weihbischof von Hildesheim, der Dominikaner Balthasar Fannemann, der Bugenhagens Predigt angehört hatte, im Dom eine Gegenpredigt. Die Folge: Es wurde ihm vom Rat am 7. September das Predigen verboten. Am 28. September hatte der Rat nach der Schließung aller katholischen Kirchen und Klöster durch Ausrufer verkünden lassen, dass der Besuch des Domes zur Zeit des Gottesdienstes allen Bürgern der Stadt, auch ihren Frauen, Kindern und Gesinde, verboten sein solle.[6]

[August 1542]
Dem Beschlusse der Gemeinde trat nun das städtische Regiment bei, indem es genehmigte, dass drei Prädikanten* angestellt würden an der Andreaskirche, der Jakobikirche und der Altstädter Lamberti-Kirche [...]; alle anderen Kirchen sollten geschlossen, nur die Domkirche offen bleiben. [...] Zum Schutz des Klerus* erließ der Rat (wohl noch am Tage der Religionsänderung selbst, am 27. August 1542) ein öffentliches Mandat*, dass niemand sich an Geistlichen und Ordensleuten in Wort oder Tat vergreifen, noch Gewaltakte oder Beschädigungen in Kirchen verüben solle [...].

Am 30. August 1542 trafen die neuen Prediger in Hildesheim ein. Der vom Kurfürsten von Sachsen geliehene Johann Bugenhagen, der vom Landgrafen von Hessen entsandte Anton Corvinus und Heinrich Winckel, geliehen an Hildesheim von der Stadt Braunschweig. Sie kamen mit ihrem Gesinde, Chor-

---
6 Vgl. Hermann SEELAND, Kurzer Abriss der Geschichte des Bistums Hildesheim, Hildesheim 1948, S. 57.

schülern und jungen Sängern in großer Zahl von Braunschweig [....]. Bugenhagen blieb fast fünf Wochen hier. Das Werk der Religionsneuerung begann bei der Hauptpfarrkirche der Stadt, der Andreaskirche [...].

[Dem Sitftsdechanten Domherr Burchard von Oberg*] ließ der Bürgermeister Sprenger ansagen, dass er das heiligste Sakrament* aus der Andreaskirche fortschaffen und das heilige Öl* ausgießen sollte. Bugenhagen soll sich öffentlich haben hören lassen: er wolle [sonst] nicht predigen. [...] Burchard von Oberg trug selbst das Gefäß mit den heil. Hostien von der Andreaskirche zum Dome [...]. Das Taufwasser wurde ausgeschüttet [...]

Die erste lutherische Predigt hielt Bugenhagen am 1. September in der Andreaskirche; der Zudrang war groß, selbst der Weihbischof von Hildesheim, der Dominikaner Balthasar Fannemann, mischte sich, um den Gang der Dinge zu beobachten, unter die Zuhörer; ein tieferes Verständnis der heil. Schrift konnte er bei Bugenhagens Predigt nicht entdecken; er fasste sofort den etwas kühnen Entschluss, am nächsten Sonntag im Dome eine Gegenpredigt zu halten. Dazu erschienen nun [...] die Prädikanten Corvinus und Winkel und so viel Volkes, wie nur je im Dome gesehen war. Drohungen aus der Mitte des Pöbels, als wolle man den Weihbischof vom Ambo werfen und in Stücke hauen, machten manche stutzig; doch mit den Worten, er sei Gott dem Allmächtigen eine Tat schuldig, bekreuzigte Fannemann sich und betrat die Kanzel. Der Domdechant schildert seinen Sermon* als so herrlich und als so kräftig mit Schriften gegründet, dass es so stille in der Kirche gewesen, dass des alle Menschen sich verwunderten; selbst die Prädikanten sollen den Sermon, so hieß es, für unsträflich erklärt und den Weihbischof als tauglich zum obersten Regenten bezeichnet haben, wenn er seine Kutte ablegen wolle. Der Eindruck der Predigt war so tief, dass es öffentlich hieß; was die Prädikanten vormittags in der Andreaskirche aufbauten, würde nachmittags im Dome umgestoßen.

Der Weihbischof erbot sich den Prädikanten zu einer öffentlichen Disputation* vor verständigen Richtern und Obrigkeit; das lehnten die Prädikanten ab und schlugen eine schriftliche Auseinandersetzung mit Versendung an eine Universität vor. Dies musste Fannemann ablehnen, weil die Gegner damit nur Zeit gewinnen wollten und ganz sicher eine antikatholische Universität zur Richterin ausgesucht hätten. Um den Einfluss der Predigten Fannemanns zu brechen, wusste man kein besseres Mittel, als ihm am 7. September das Predigen zu verbieten und die Verhütung eines Auflaufs des Pöbels als Grund hierfür anzugeben.

Zit. nach Adolf BERTRAM, Geschichte des Bisthums Hildesheim, Band 2, Hildesheim, Leipzig 1916, S. 122f.

Annotationen

*Prädikant - protestantischer Laienprediger.
*Klerus - Geistlichkeit.
*Öffentliches Mandat - öffentlicher Beschluss.
*Burchard von Oberg - Dechant des Stifts St. Andreas unter Bischof Valentin von Tetleben. Von 1557 bis 1573 Bischof von Hildesheim.
*Heiligstes Sakrament - Hostie, die für die Heilige Kommunion verwendet wird.
*Heiliges Öl - Taufbalsam.
*Sermon - Predigt, die im katholischen Gottesdienst bislang nicht üblich war.
*Disputation - öffentliche Diskussion.

Mögliche Aufgaben

- Erkläre den Grund für die Menschenmengen im Dom 1542.
- Recherchiere den Lebenslauf der drei evangelischen Prediger Johann Bugenhagen, Anton Corvinus und Heinrich Winkel sowie des katholischen Weihbischofs und Dominikaners Balthasar Fannemann.
- Arbeite heraus, wie Balthasar Fannemann die Menschen begeistert. Erkläre den Entschluss des Hildesheimer Rats, ihm das Predigen zu verbieten.
- Diskutiert Gründe für den heutigen Rückgang der Anzahl der Gottesdienstbesucher.
- Setze dich mit der Frage auseinander, was zu einem Wiederanstieg der Besucherzahlen führen könnte.

Weitere Einsatzmöglichkeiten und methodische Vorschläge

- Stellt euch vor, Balthasar Fannemann und Johannes Bugenhagen treffen sich doch, um ihre unterschiedlichen Glaubensvorstellungen zu diskutieren. Informiert euch über die Unterschiede von Protestanten und Katholiken vor allem im Hinblick auf die Gestaltung des Gottesdienstes, der Sakramente und der Eucharistie. Entwickelt mit diesen verschiedenen Positionen ein Streitgespräch zwischen Fannemann und Bugenhagen.
- Informiere dich über die Leipziger Disputation zwischen Martin Luther und Johann Eck. Vergleiche sie mit der Auseinandersetzung zwischen Johannes Bugenhagen und Balthasar Fannemann.

- Nach dem Zweiten Weltkrieg hielt der Hildesheimer Bischof Heinrich Maria Janssen fesselnde Fastenpredigten. Vergleiche sie mit der Predigt Balthasar Fannemanns und erläutere die mögliche Wirkung von Predigten auf Menschen. Bedenke dabei ihre jeweiligen Lebensumstände (Ängste vor dem Teufel und der Hölle im 16. Jahrhundert; Überlebensängste in der Notzeit nach dem Krieg).

M3   Die Teufelsaustreibung[7]

Johann Oldecop war Geistlicher und späterer Dechant des Heilig-Kreuz-Stifts in Hildesheim, als die Reformation eingeführt wurde. Er agierte als deutlicher Gegner der lutherischen Glaubensvorstellung, obwohl er u. a. bei Luther in Wittenberg studiert hatte. Seine Chronik ist keine fortlaufende Aufzeichnung, sondern erst im Nachhinein von ihm im hohen Alter verfasst worden. Als Angehöriger des Stiftsklerus betrafen ihn die rigorosen Eingriffe des Rats nach 1542 in Vermögen und Freiheiten der Stifte und Klöster besonders.

Oldecop bezeugt die eigene Teilnahme beim Auftreten eines Schmiedegesellen als evangelischer Prediger mit dessen anschließendem Versuch einer Teufelsaustreibung. Der Vorfall ist darüber hinaus nur in jüngeren Quellen erwähnt. Möglicherweise sind die Vorgänge als sagenhaft einzuordnen, aber der als Wortführer genannte Henning Ampelmann hatte tatsächlich eine führende Rolle unter den Anhängern der lutherischen Glaubenssätze in Hildesheim.[8]

[Januar 1531]

Der Schmiedeknecht* erdreistete sich und behauptete, dass er durch seinen Glauben und seine Lehre den Teufel verjagen und aus dem Menschen austreiben könne.

Zu derselben Zeit irrte in Hildesheim auf der Straße eine arme Magd herum, geboren in Gronau, namens Gretke. Diese war (Gott bewahre uns!) vom bösen Geist besessen. [...]

Der Schmiedeknecht hat bei seinem Glauben und Gottes Wort, das er lehrte, den Teufel beschworen und befohlen, dass dieser den Menschen verlassen

---

7 Vgl. Langversion II.1.M3a.
8 Vgl. Barbara MEYER-WILKENS, Hildesheimer Quellen zur Einführung der Reformation in Hildesheim, in: Die Diözese Hildesheim in Vergangenheit und Gegenwart 40 (1972), S. 1-82, hier S. 5-9.

solle. Dabei hat Gretke die ganze Zeit gelacht. Zuletzt verdross das Lachen den Schmiedeknecht derart, dass er mit der Faust Gretken immer wieder in das Gesicht schlug, dass sie braun und blau wurde. Das hat etliche Leute, die dabei standen, verdrossen und sie sagten zum Schmiedeknecht und baten ihn: „Er solle die arme betroffene Magd nicht schlagen, denn die gesprochenen Worte würden noch mehr bewirken, als das, was er momentan sieht." Darauf antwortete er: „Das tut der Magd nicht weh, sondern der Teufel wird sich dem fügen." Das Schlagen wollte nicht helfen. Da hat der Schmiedeknecht die Magd am Halse genommen, auf die Erde geworfen und kniete sich auf den Rücken der Magd. Er beschwor den Teufel und befahl ihm, dass er den Menschen verlasse [...].

Als der gerissene Schmiedeknecht bemerkte, dass der Teufel trotz seiner Beschwörung nicht herausfahren wollte, sagte er zum Volk: „Seht nun zu und achtet auf das Fenster! Er soll nun daraus!" Darauf nahm er einen Stein, den er in seiner Brusttasche verborgen hatte, schleuderte den Stein geschickt durch das Fenster, so dass eine Ecke herausschlug. Dann stand er auf und sagte, dass die Magd erlöst sei. Aber das war eigentlich ganz anders, leider Gottes! Der böse Geist plagte Gretken noch viele Jahre, so lange bis Jürgen Schomann, [katholischer] Pfarrer in Isem*, mit der Hilfe Gottes auf sie einredete und den bösen Geist aus ihr herausbrachte.

Zit. nach Johann OLDECOP, Chronik, hg. von Karl EULING, Hildesheim 1891, S. 176-178.

Annotationen
*Schmiedeknecht - Schmiedegeselle, der als evangelischer Laienprediger aus Braunschweig nach Hildesheim gekommen war.
*Isem - Itzum, heutiger Ortsteil Hildesheims.

Mögliche Aufgaben
- Untersuche, ob der Begriff des Schaumschlägers auf den Schmiedeknecht zutrifft.
- Benenne die verschiedenen Stufen der Teufelsaustreibung des Schmiedeknechts.
- Vergleiche die Art Teufelsaustreibung mit dem Vorgehen des katholischen Pfarrers und nimm kritisch Stellung dazu.

Die Frühe Neuzeit

- Beurteile die Objektivität der Darstellung.
- Erläutere ausgehend von dieser Geschichte die Glaubensvorstellung der Menschen in der Mitte des 16. Jahrhunderts.

M3a Teufelsaustreibung durch evangelischen Schmied[9]

[Januar 1531]
[Zu der Zeit] gab es in jeder Stadt in diesem Land [auch in der ehrbaren und wohlberühmten Stadt Hildesheim] etliche Herumtreiber, Gelegenheitsarbeiter und umherziehende Soldaten, die Tag und Nacht danach trachteten, umherstreunten und alle möglichen bösen Tricks anwandten, dass die neue Lehre des abtrünnigen Mönches und hochmütigen Doktors Martin Luther jedem bekannt wäre, in jeder Stadt eingeführt und angenommen würde. Es gab damals einen meiner blutsverwandten Freunde, namens Hennyngh Ampelmann, der [geldgierig war]. Er wäre gerne Bürgermeister in Hildesheim geworden. Zunächst brachte er einen Schmiedeknecht* her, über den viel erzählt wurde, und der in Braunschweig schon etliche Jahre das Evangelium predigte, das Martin Luther unter der Bank gefunden* hat und von dem [der Schmiedeknecht] nur gehört hatte. Der Schmiedeknecht mit seinem Anhang musste zunächst auf dem Klingenberg*, danach im Kirchhof von St. Katharinen predigen, um die luthersche Freiheit* zu verkünden. Da ich zu diesem Zeitpunkt unvoreingenommen war und von Luther selbst zwei Jahre lang sowohl die alte katholische Lehre als auch seine eigenen Schriften, die neue Lehre, in Wittenberg gehört hatte, ging ich auch, um den Schmiedeknecht predigen zu hören. Weil man das Künstliche [in seinen Darbietungen] bemerkte, wurden die Leute seiner müde und verspotteten ihn und seine Beschützer. Aber dabei sollte es nicht bleiben. Der Schmiedeknecht erdreistete sich und behauptete, dass er durch seinen Glauben und seine Lehre den Teufel verjagen und aus dem Menschen austreiben könne.

Zu derselben Zeit irrte in Hildesheim auf der Straße eine arme Magd herum, geboren in Gronau, namens Gretke. Diese war (Gott bewahre uns!) vom bösen Geist besessen. Sie wurde in die Kapelle St. Cyriakus auf den Eselsstieg* gebracht; und mein oben genannter Freund [Henning Ampelmann] forderte mich auf, mit ihm dorthin zu gehen. Als ich das verweigerte und ihm sagte, er lasse sich von

---
9 Vgl. zur Quelleneinführung die gekürzte Version II.1.M3.

einer Torheit lenken, dachte er nach und sagte: „Wir sind in unserem Glauben so stark und bewahrt durch Gott, wie es die Priester sind, so dass es uns nichts ausmacht, wenn wir erleben, wie der Schmiedeknecht den Teufel aus Gretken treibt." Ich wollte nicht dabei sein. [Trotz meiner Bedenken] hatten mein Freund und der Schmiedeknecht das Mädchen [bereits] dahin bringen lassen. Die Kapelle war schon schnell voller Menschen. Der Schmiedeknecht hat bei seinem Glauben und Gottes Wort, das er lehrte, den Teufel beschworen und befohlen, dass dieser den Menschen verlassen solle. Dabei hat Gretke die ganze Zeit gelacht. Zuletzt verdross das Lachen den Schmiedeknecht derart, dass er mit der Faust Gretken immer wieder in das Gesicht schlug, dass sie braun und blau wurde. Das hat etliche Leute, die dabei standen, verdrossen und sie sagten zum Schmiedeknecht und baten ihn: „Er solle die arme betroffene Magd nicht schlagen, denn die gesprochenen Worte würden noch mehr bewirken, als das, was er momentan sieht." Darauf antwortete er: „Das tut der Magd nicht weh, sondern der Teufel wird sich dem fügen." Das Schlagen wollte nicht helfen. Da hat der Schmiedeknecht die Magd am Halse genommen, auf die Erde geworfen und kniete sich auf den Rücken der Magd. Er beschwor den Teufel und befahl ihm, dass er den Menschen verlassen, sich schnell wegbewegen und in einen Stein fahren solle, damit er keinem Menschen mehr schaden könne. Wenn [der Teufel] hinausführe, gebe [der Schmiedeknecht] ihm [diesen geschliffenen Stein]. Dieses sollte [der Prädikant*] zu dem Fenster mitnehmen und zeigen, damit die Leute sehen könnten, dass [der Teufel] ausgerückt und entwichen sei. [Doch] der böse Geist hat sich darum wenig gekümmert, [denn] die arme besessene Magd war weiterhin verwirrt und weinte sehr. Als der gerissene Schmiedeknecht bemerkte, dass der Teufel trotz seiner Beschwörung nicht herausfahren wollte, sagte er zum Volk: „Seht nun zu und achtet auf das Fenster! Er soll nun daraus!" Darauf nahm er einen Stein, den er in seiner Brusttasche verborgen hatte, schleuderte den Stein geschickt durch das Fenster, so dass eine Ecke herausschlug. Dann stand er auf und sagte, dass die Magd erlöst sei. Aber das war eigentlich ganz anders, leider Gottes! Der böse Geist plagte Gretken noch viele Jahre, so lange bis Jürgen Schomann, [katholischer] Pfarrer in Isem*, mit der Hilfe Gottes auf sie einredete und den bösen Geist aus ihr herausbrachte.

Zur selben Zeit sagte man in ganz Hildesheim, man solle den Schmiedeknecht an den Schandpfahl* binden, ihn richtig geißeln, die Ohren abschneiden, ihm die Schandsteine* anhängen und aus der Stadt jagen. Aber da er ein Betrüger und ein listiger Kerl war, konnte man ihm nichts anhaben, sondern musste ihm noch Trinkgeld geben und in Frieden ziehen lassen. Dieser Schmiedegeselle und auch andere konnten die luthersche Lehre, die lügnerisch Gottes Wort verbreitete, nicht nach Hildesheim bringen.

Die Frühe Neuzeit

Zit. nach Johann OLDECOP, Chronik, hg. von Karl EULING, Hildesheim 1891, S. 176-178.

Annotationen
*Schmiedeknecht - Schmiedegeselle.
*Unter der Bank gefunden - negativer Unterton gegenüber Luthers Bibelübersetzung.
*Klingenberg - nördlich des Moritzbergs.
*luthersche Freiheit - Martin Luthers Schrift: „Von der Freiheit eines Christenmenschen".
*Eselsstieg - befindet sich beim heutigen Blänkebach, vgl. Abb II.2: Karte, Stadt Hildesheim um 1583.
*Prädikant - protestantischer Laienprediger.
*Isem - Itzum.
*Schandpfahl - Pranger auf dem Marktplatz.
*Schandsteine - schwere Steine, die dem am Pranger Stehenden zur Erschwerung der Zeit am Pranger um den Hals gehängt wurden.

Mögliche Aufgaben
- Charakterisiere den Chronisten der Geschichte „Johann Oldecop" und arbeite seine Absichten heraus.
- Stelle das Vorgehen des Schmiedeknechts dem Verhalten seines Publikums gegenüber.
- Vergleiche die Geschichte vom Schmiedeknecht und Gretke mit modernen Massenveranstaltungen (Pop- und Jugendkultur).

Weitere Einsatzmöglichkeiten und methodische Vorschläge (zu M3 und M3a)
- Vergleiche die in der Quelle geschilderte Szenerie mit der Handlung des Spielfilms „Luther". Berücksichtige besonders die Szene des Ablassverkaufs Tetzels und erläutere die Inszenierung des Höllenfeuers als religiöse Propaganda.
- Vergleiche die in der Quelle geschilderte Szenerie mit einem Wunderbericht Jesu aus dem Neuen Testament (z. B. Lk. 8).
- Entwirf ein Flugblatt mit Werbung für den Schmiedeknecht.
- Versetze dich in die damalige Situation und führe ein Interview mit einem Zuschauer der Teufelsaustreibung.
- Verfasse die Gegenpredigt eines katholischen Priesters.

M4 Stadtansichten Hildesheims im 16. Jahrhundert

M4a Hildesheim in einer Chronik aus dem Jahr 1586

Magister Heinrich Bünting, 1545 in Hannover geboren, studierte in Wittenberg Theologie, übernahm eine Pfarrstelle im Hildesheimischen Gronau (damals Teil des welfischen Fürstentums Calenberg) und verfasste die Braunschweigisch-Lüneburgische Chronica. Im dritten Teil, 1586 herausgegeben, befindet sich im Anhang ein Kupferstich sowie ein Text zum Stift Hildesheim. Der Kupferstecher wählte eine Westansicht in der Vogelschauperspektive, der Standort befindet sich westlich von Moritzberg.

Die Kirchen der Stadt sind nicht realitätsgetreu dargestellt mit Ausnahme der St. Jacobi-Kirche, das Bild kann im Gegensatz zu M4b nicht als historische Quelle zur Rekonstruktion des Stadtbildes dienen.

Abb. II.3: Stadtansicht, Hildesheim in einer Chronik aus dem Jahr 1586

Die Frühe Neuzeit

 Mögliche Aufgaben
- In der nicht realitätsgetreuen Stadtansicht von 1586 werden einige der Hildesheimer Kirchen abgebildet: St. Andreas, der Mariendom, St. Godehard, St. Jacobi., St. Michael. Versuche sie zuzuordnen. Beachte: Den hohen Turm von St. Andreas gibt es erst seit 1887.

Abb. II.4: Stadtrundgang Hildesheimer Kirchen

M4b Hildesheim in einer Cosmographie aus dem Jahre 1598

Der Kölner Geistliche Georg Braun und der Kupferstecher Franz Hogenberg aus Mecheln gaben ab 1572 eine mehrbändige Cosmographie mit Städteansichten und kurzen geographisch-historischen Texten heraus. Erst im fünften Band, wahrscheinlich 1598 gedruckt, Franz Hogenberg war bereits verstorben, wurde auch Hildesheim abgebildet. Der Kupferstecher selbst ist unsicher (Georg Hufnagel, Abraham Hogenberg), doch der Vorzeichner kann durch die Signatur als Johannes Mellinger identifiziert werden. Dabei handelt es sich wahrscheinlich um den 1565 geborenen Arzt, der sich 1598 in Hildesheim als Stadtphysikus niederließ. Er engagierte sich bei der Behandlung der Pestkranken, daher verlieh man ihm 1599 das Bürgerrecht.

Die Abbildung ist sehr realistisch. Der westliche Standort befindet sich ebenfalls auf dem Moritzberg. Höhen und Zwischenräume der Kirchen stimmen mit der heutigen Beschaffenheit überein. Die Andreaskirche wurde in ihrer heutigen Gestalt von 1389-1519 errichtet. Lediglich der 114m hohe Turm wurde erst 1887 fertiggestellt. Das Godehardikloster wird in der eindrucksvollen Nordseite dargestellt, obwohl es von dem gewählten Standort aus die unscheinbarere Schmalseite sein müsste.

Abb. II.5: Hildesheim in einer Cosmographie aus dem Jahre 1598

Mögliche Aufgaben
- Vergleiche die beiden Stadtansichten. Weise nach, dass M4b die wirklichkeitsgetreuere Darstellung ist. Beziehe dazu auch einen Plan der Stadt für das Jahr 1583 ein (z. B. die Karte zu Beginn des Kapitels II.).
- Erkläre ausgehend von den Stadtansichten die Bedeutung von Kirche für den frühneuzeitlichen Stadtbewohner.
- Zeige Unterschiede zwischen dem damaligen und heutigen Hildesheim auf. Nutze dazu einen aktuellen Stadtplan.

Weitere Einsatzmöglichkeiten und methodische Vorschläge (zu M4a u. M4b)
- Recherchiere, warum Hildesheim auch das „Nürnberg des Nordens" genannt wurde.
- Bereitet eine historische Stadt- oder Kirchenführung durch Hildesheim bzw. durch deinen Schul- oder Heimatort vor.

Schlagworte
- Ausbreitung der Reformation von unten [M3]
- Bürgerinitiativen [M1]
- Demonstrationen [M1]
- Einflussmöglichkeiten der Zünfte, Funktion der Zünfte [M1]
- Exorzismus/ Ketzer- und Hexenverfolgung [M3]
- Gottesburg [M4]

Die Frühe Neuzeit

- Kirche als Zentrum des sozialen Lebens einer frühneuzeitlichen Stadt [M4]
- Konfessionalisierung der Städte [M2]
- Lobbyismus [M1]
- Macht der Rede [M2]
- Massenbewegung (ungebildete Massen) [M3]
- mittelalterliche Gerichtsbarkeit [M3]
- politische Autoritäten [M1]
- politisches Taktieren [M1]
- Predigt [M2]
- Propaganda [M2 u. M3]
- Rechtswesen in der Frühen Neuzeit [M1]
- Reformatoren [M2]
- religiöse Inszenierung [M3]
- Sakralbauten im Mittelalter [M4]
- Sozialgeschichte der Stadt Hildesheim [M3]
- Stadtarchitektur [M4]
- typische Merkmale einer mittelalterlichen Stadt [M4]
- Volksbegehren [M1]
- Volksfrömmigkeit [M3]

Verweise auf Schulbücher

Markus BERNHARD u. a. (Hg.), Durchblick. Geschichte/ Politik/ Erdkunde, Jg. 7/8 Hauptschule Niedersachsen, Braunschweig 2005. (Zu M2 und M3: S. 18.)

Iris BOSOLD u. Wolfgang MICHALKE-LEICHT (Hg.) Mittendrin. Lernlandschaften Religion, Band 2/ Jg. 7/8 Gymnasium, München 2008. (Zu M1: S. 117; M3: S. 106f., S. 108, S. 110 u. S. 114.)

Dieter BRÜCKNER u. Harald FOCKE (Hg.), Das waren Zeiten. Band 2/ Jg. 7 Gymnasium Niedersachsen: Vom Mittelalter bis zum Westfälischen Frieden, Bamberg 2009. (Zu M1: S. 111; M3: S. 109; M4: S. 31f.)

Rüdiger KALDEWEY u. Aloys WENER, Das Christentum. Geschichte, Politik, Kultur. Religion Sekundarstufe I-II, München 2004. (Zu M3: S. 337-343.)

Ralf TIEKE (Hg.), Durchblick. Geschichte/ Politik, Jg. 7/8 Realschule Niedersachsen, Braunschweig 2009. (Zu M3: S. 22.)

Werner TRUTWIN, Wege des Glaubens, Jg. 7/8, Düsseldorf 2007. (Zu M1: S. 146f.; M3: S. 156 u. S. 192f.)

Verweise auf Fachliteratur

O. A., Reform-Zeit. Die Geschichte des Bistums und der Stadt Hildesheim, auf: www.eichfelder.de/hildesheim/05_reform/reform.html (Stand 14. September 2013).
Walter ACHILLES, Das Bild der Stadt Hildesheim 1492-1850, (Schriftenreihe des Stadtarchivs und der Stadtbibliothek Hildesheim Nr. 9), Hildesheim 1981.
Jochen BEPLER, Die Reformation in Hildesheim, in: Ulrich KNAPP (Hg.), Ego sum Hildensemensis. Bischof und Dom in Hildesheim 815-1810, (Kataloge des Dom-Museums Hildesheim Band 3), Petersberg 2000, S. 189-196.
Adolf BERTRAM, Geschichte des Bisthums Hildesheim, Band 2, Hildesheim, Leipzig 1916.
Joachim BRANDIS, Diarium, Ergänzt aus Tile Brandis Annalen 1528-1609, hg. von Max BUHLERS, Hildesheim 1902.
Erwin GATZ (Hg.), Atlas zur Kirche in Geschichte und Gegenwart. Heiliges Römisches Reich - Deutschsprachige Länder, Regensburg 2009.
Johannes Heinrich GEBAUER, Die Stadt Hildesheim als Mitglied des Schmalkaldischen Bundes, in: Niedersächsisches Jahrbuch für Landesgeschichte 19 (1942), S. 207-294.
Andrea GERMER, Geschichte der Stadt Hildesheim bis 1945, in: Niedersächsische Landeszentrale für politische Bildung (Hg.), Hildesheim - Stadt und Raum zwischen Börde und Bergland, (Niedersachsen - vom Grenzland zum Land in der Mitte Folge 5), Hannover 2001, S. 70-95.
Martina GIESE, Das Bistum Hildesheim. Von der Gründung zur Reformation, in: Monika E. MÜLLER (Hg.), Schätze im Himmel, Bücher auf Erden. Mittelalterliche Handschriften aus Hildesheim, Wolfenbüttel 2010, S. 19-29.
Thomas KLINGEBIEL, Die Hildesheimer Reformation des Jahres 1542 und die Stadtgeschichte: Eine Ortsbestimmung, in: Hildesheimer Jahrbuch für Stadt und Stift Hildesheim 63 (1992), S. 59-84.
Barbara MEYER-WILKENS, Hildesheimer Quellen zur Einführung der Reformation in Hildesheim, in: Die Diözese Hildesheim in Vergangenheit und Gegenwart 40 (1972), S. 1-82.
Johann OLDECOP, Chronik, hg. von Karl EULING, Hildesheim 1891.
Herbert REYER, Kleine Geschichte der Stadt Hildesheim, Hildesheim 1999.
Hermann SEELAND, Kurzer Abriss der Geschichte des Bistums Hildesheim, Hildesheim 1948.
Emil SEHLING (Hg.), Die evangelischen Kirchenordnungen des XVI. Jahrhunderts. Band 7: Niedersachsen, 2. Hälfte: Die außerwelfischen Lande, Halbband 2, Teil 1:

Stift Hildesheim, Stadt Hildesheim, Grafschaft Oldenburg und Herrschaft Jever, Tübingen 1980, S. 755-941.

II.2. Die Gegenreformation

Einführung

Im Laufe des 16. Jahrhunderts wurde in allen zum Bistum Hildesheim gehörenden Territorien die lutherische Reformation eingeführt. Bischof Ernst II., Herzog von Bayern, Erzbischof und Kurfürst von Köln konnte aber ab 1587 gegenreformatorische Maßnahmen erfolgreich einleiten. So wurden bereits 1587/88 erste Schritte unternommen, um die Jesuiten dauerhaft nach Hildesheim zu holen. Eine Bestimmung aus dem Jahr 1575 gelangte unter dem Wittelsbacher Bischof Ernst II. zu besonderer Bedeutung, nach der die Vergabe von Domherrenstellen nur noch an Bewerber möglich war, die mindestens drei Jahre an einer katholischen Universität gelehrt hatten. Die zentrale Verwaltung des Bistums wurde ausgebaut und die Rekatholisierung wurde durch Besuche von Visitatoren vor Ort überprüft. Die Visitationspflicht des Bischofs war im Rahmen des Konzils von Trient (1545-1563) eingeführt worden und sollte neben anderen Maßnahmen eine Reform der katholischen Kirche einleiten. Zu den Maßnahmen gehörten auch das Verbot des Ablasshandels, die Verbesserung der Priesterausbildung in Priesterseminaren, die Feststellung der kirchlichen Überlieferung als Grundlage des Glaubens neben der Bibel (Tradition und Schrift) und die Festlegung Lateins als Kirchensprache.

Insgesamt führten diese Unternehmungen im Bistum Hildesheim dazu, dass in den ländlichen Gebieten des Kleinen Stifts viele Gemeinden bis 1648 rekatholisiert wurden. Neben dem Restitutionsedikt von 1629, nach dem alle eingezogenen Stifte und Kirchengüter den Katholiken zurückerstattet werden mussten, beriefen sich die Hildesheimer Bischöfe auch auf die kaiserliche Entscheidung von 1643 zur Wiederherstellung des Großen Stifts.[10]

---

10 Vgl. Manfred von BOETTICHER, Niedersachsen im 16. Jahrhundert (1500-1618), in: Christine van den HEUVEL u. Manfred von BOETTICHER (Hg.), Geschichte Niedersachsens. Band 3, Teil 1: Politik, Wirtschaft und Gesellschaft von der Reformation bis zum Beginn des 19. Jahrhunderts, Hannover 1998, S. 21-117, hier S. 113ff.; Jürgen STILLIG, Jesuiten, Ketzer und Konvertiten in Niedersachsen.

Hildesheimer Bischöfe von der Mitte des 16. bis zur Mitte des 17. Jahrhunderts:
1573 - 1612: Ernst II., Herzog von Bayern, Erzbischof und Kurfürst von Köln
1612 - 1650: Ferdinand, Herzog von Bayern, Erzbischof und Kurfürst von Köln
1650 - 1688: Maximilian Heinrich, Herzog von Bayern, Erzbischof und Kurfürst von Köln

M1   Der Fall Johannes Bissendorf: Hinrichtung eines protestantischen Rebells

Johannes Bissendorf stammte aus Poppenburg, das mit dem Quedlinburger Rezess von 1523 an das Herzogtum Braunschweig-Lüneburg-Calenberg gefallen war. Sein Geburtsdatum ist unsicher, er besuchte das Andreanum in Hildesheim und immatrikulierte sich 1603 an der Universität Helmstedt. 1621 wurde er als Pfarrer nach Ruthe berufen. Dieses Pfarramt gehörte zum Herzogtum Braunschweig-Lüneburg-Wolfenbüttel. Schon während seiner Studienzeit verfasste Bissendorf religiös-politische Schriften. Der Fall des Johannes Bissendorf ist besonders berühmt und zeigt beispielhaft die weitreichenden Konsequenzen der konfessionellen Auseinandersetzungen während der Gegenreformation. Anhand unterschiedlicher Quellen, so einer Gedenktafel für Bissendorf, einiger ausgewählter Verse aus Bissendorfs Schriften, der Prozessakte und einer Abbildung des historischen Gerichtsorts der Burg Steuerwald sind zentrale Aspekte dieses spektakulären Falles zu erkennen. Bissendorf war ein evangelischer Pfarrer, der in Schriften gegen die Jesuiten und deren Versuche, die Bevölkerung zu rekatholisieren, polemisierte.

1624 verfasste er eine Schrift namens Solutio Nodi Gordii, die in deutschen Reimen massive Angriffe gegen die Jesuiten formulierte.

Obwohl Bissendorf Untertan des Wolfenbüttler Herzogs und nicht des Hildesheimer Bischofs war, sollte an ihm ein Exempel statuiert werden. Im Mai 1628 wurde Bissendorf auf der bischöflichen Burg Steuerwald inhaftiert, die Umstände seiner Verhaftung sind bis heute unklar. Bissendorf wurde von mehreren Je-

---

Untersuchungen zum Religions- und Bildungswesen im Hochstift Hildesheim in der Frühen Neuzeit, (Schriftenreihe des Stadtarchivs und der Stadtbibliothek Hildesheim Band 22), Hildesheim 1993, S. 48ff.; Udo STANELLE, Die Hildesheimer Stiftsfehde in Berichten und Chroniken des 16. Jahrhunderts. Ein Beitrag zur niedersächsischen Geschichtsschreibung, Hildesheim 1982, S. 5.

suiten verhört - möglicherweise auch von dem zeitgleich in Peine eingesetzen Friedrich von Spee - mit der Absicht, ihn zur Konversion* zu bewegen. Nach den Verhören wurden die Befragungsakten zur theologischen Fakultät nach Köln geschickt. Dort war mit Tomasio Sergryphius einer der erbittertesten Inquisitoren* tätig. Am 7. März 1629[11] erging das Todesurteil gegen Bissendorf, das am 24. März 1629 auf der Burg Steuerwald vollstreckt wurde. Sein Leichnam wurde vor Ort begraben. Als Reaktion auf Bissendorfs Tod kam es vor der Burg und in Hildesheim zu Übergriffen gegen die jesuitischen Patres. Einige Monate später wurde in der Nähe von Peine ein Attentat auf Friedrich von Spee verübt, das ihn lebensgefährlich verletzte. Allerdings sind die Motive des Attentäters aus der Quellenlage nicht eindeutig ersichtlich.[12] 1635 ließ Herzog Georg von Braunschweig-Lüneburg den Leichnam Bissendorfs ausgraben und nach Gödringen (Sarstedt) überführen. Dort wurde der „Märtyrer von Gödringen" in der Kirche neben dem Altar beigesetzt.

---

11 Mit der gregorianischen Kalenderreform kommt es in der Frühen Neuzeit ab dem 15. Oktober 1582 (5. Oktober 1582 nach julianischem Kalender) zu Datierungsschwierigkeiten. Es werden hier die Datierungen aus den Quellen übernommen, die zum Teil noch dem julianischen Kalender folgen.
12 Vgl. Christian PLATH, Konfessionskampf und fremde Besatzung. Stadt und Hochstift Hildesheim im Zeitalter der Gegenreformation und des Dreißigjährigen Krieges (ca. 1580-1660), (Schriftenreihe des Stadtarchivs und der Stadtbibliothek Hildesheim Band 32), Hildesheim 2005, S. 243-255, hier 140ff.

M1a   Gedenktafel Gödringen*

JOHANNES BISSENDORFF Pastor zu Gödringen 1621–1629 wurde seiner Schriften zur Verteidigung des EVANGELISCHEN GLAUBENS wegen verfolgt, 1627–1629 in Steuerwald gefangen gehalten und am 26. März 1629 dortselbst enthaupftet.

Herzog Georg von Braunschweig ließ am 29. August 1635 die Gebeine des Märtyrers hier beisetzen und sein Bild hier hinmalen. 1929 wurde das seit 1800 übermalte Bild hier aufgedeckt und erneuert. Die Gebeine wurden unterhalb des Bildes gefunden und an derselben Stelle wieder beigesetzt.

»Gedenket an euere Lehrer, die euch das Wort GOTTES gesagt haben, ihr Ende sehet an und folget ihrem Glauben nach.«
Hebr. 13,7

Diese idealisierte Darstellung ist heute noch zum Teil in der Gödringer Kirche zu sehen. Die zum 300. Todestag erschienene Postkarte erinnert an die Bissendorf-Gedächtnisfeier in Gödringen am 8. September 1929.

Abb. II.6: Johannes Bissendorf, Gedenktafel in Gödringen

Die Frühe Neuzeit

Transkription des Textes der Gedenktafel

Johannes Bissendorf
Pastor zu Gödringen 1621-1629
wurde seiner Schriften zur Verteidigung
EVANGELISCHEN GLAUBENS wegen verfolgt, 1627-1629 in Steuerwald gefangen
gehalten und am 26. März 1629 dortselbst
enthauptet.
Herzog Georg von Braunschweig ließ am
29. August 1635 die Gebeine des Märtyrers
hier beisetzen und sein Bild hier hinmalen.
1929 wurde das seit 1800 übermalte Bild
hier aufgedeckt und erneuert. Die Gebeine
wurden unterhalb des Bildes gefunden und
an derselben Stelle wieder beigesetzt.

Gedenket an eure Lehrer,
die euch das Wort GOTTES
gesagt haben, ihr Ende sehet an
und folget ihrem Glauben nach.
Hebr. 13, 7

Aus Jürgen STILLIG, Jesuiten, Ketzer und Konvertiten in Niedersachsen. Untersuchungen zum Religions- und Bildungswesen im Hochstift Hildesheim in der Frühen Neuzeit, (Schriftenreihe des Stadtarchivs und der Stadtbibliothek Hildesheim Band 22), Hildesheim 1993, S. 3.

Annotationen
*Konversion – Übertritt zu einer anderen Glaubensgemeinschaft, in diesem Fall zum Katholizismus.
*Inquisitor – Leiter und Vorsitzender kirchlicher Gerichtsverfahren, der untersucht, ob gegen katholische Glaubenslehre und Praktiken verstoßen wurde. Dabei kam zur damaligen Zeit der Einsatz von Folter häufiger vor.
*Gödringen – Ortsteil von Sarstedt, liegt zwischen Hildesheim und Hannover.

Mögliche Aufgaben
- Erkläre den Begriff Märtyrer.
- Überprüfe die Ursachen, die zum Tod des Johannes Bissendorf führten. Nutze auch die Quellen M1b und M1c.
- Informiere dich über Friedrich von Spee und bereite einen kleinen Vortrag für deine Mitschüler vor.

M1b   Verse des Johannes Bissendorf

Zeiget mir in der Schrift gewiß
Wer hat gelert von ewiger Meß?
Welcher Apostel hat geglaubt
Das Petrus war der Kirchen Haupt [...]
Es sen dann das der Papst zu Rom
Darzu setzt sein Tradition.

Zit. nach Stanislaus HOSIUS (Hg.), Drey christliche Gespräche, Dillingen 1613, S. 76.

Des Bapstes Lehrer in diesem Land
von Lucifer seindt ausgesandt. [...]
Die hochgelarten Jesuiten* die haben euch curirt*
Und mit des Bapstes Salbe eingeschmiert. [...]
Der Bapst kann dispensirn*
Von allen Sünden absolvirn*
Wenn ihr ihm nur die Füße küßt
Oder sonst da es ihm gelüst. [...]

Es ist besser im Ehestand zu leben
Alß immer in den Brünften leben
Etzlichen setzt man an Fasteltag
darin man kein Fleisch essen mag
Als nur das Fleisch von jungen Nonnen
Wenn man sie bekommen konnen. [...]

Die Frühe Neuzeit

Halts Maul Du darffst viel reden nicht
Sonst kommst Du ja in große Noth
und schlägt Dich Münch und Pfaffe todt.

Ist er aber ein reicher Mann
Dass er Ablaßbrief kauffen kan
Wird er viel eher der Sünden quid*
Als die Hund ihr Floi zur Mayezit [...]
O Jesuit, was wirstu machen
Wenn dein Gewissen wird aufwachn?
Denckstu elender Mensch nicht
Einmal zu kommen für Gericht?
Von deiner Lehr, von deinem Leben
Eine schwere Rechenschaft zugebn?

Zit. nach Christian PLATH, Konfessionskampf und fremde Besatzung. Stadt und Hochstift Hildesheim im Zeitalter der Gegenreformation und des Dreißigjährigen Krieges (ca. 1580-1660), (Schriftenreihe des Stadtarchivs und der Stadtbibliothek Hildesheim Band 32), Hildesheim 2005, S. 245ff.

Annotationen
*Jesuiten - Societas Jesu, gegründet von Ignatius von Loyola (31. Mai 1491-31. Juli 1556). Die Jesuiten übernahmen insbesondere die Aufgabe der Gegenreformation, also die Protestanten wieder zu rekatholisieren.
*curirt - heilen.
*dispensirn - vergeben.
*absolvirn - freisprechen.
*quid [quitt] - werden: begleichen.

Mögliche Aufgaben
- Übertrage die Verse Bissendorfs in ein modernes Deutsch. Erläutere ihre Aussage und Absicht.
- Luther wirft um 1517 der katholischen Kirche vor, von Priestern den Zölibat zu fordern. Gegen diesen verstießen aber im 16. Jahrhundert viele Geistliche und lebten mit Frauen zusammen. Arbeite die Einschätzung dieser Situation von Bissendorf aus dem Jahre 1624 anhand der Quelle M1b heraus.
- Nimm Stellung zu Bissendorfs Schlussbemerkungen.

- Überprüfe die Ursachen, die zum Tod des Johannes Bissendorf führten. Nutze auch die Quellen M1a und M1c.
- Informiere dich über Friedrich von Spee und bereite einen kleinen Vortrag für deine Mitschüler vor.

M1c   Prozessurteil

In der Strafsache, Fürstbischöflicher Hildesheimer Regierung, als Kläger auf der einen Seite, gegen Johannes Bissendorf als Beklagter auf der anderen Seite, wird nach intensiver Untersuchung und Abwägung der in der Gerichtsverhandlung vorgebrachten Beweise und aufgrund des Geständnisses des Verhafteten folgendes Urteil erlassen. Der Beklagte [ist schuldig] wegen seiner ehrenrührigen, lasterhaften, ärgerlichen und aufrührerischen Schriften gegen die lieben Heiligen Gottes, [gegen] hohe und niedrige geistliche und weltliche Standes-Personen, [gegen] die heilige Katholische Kirche und deren Lehre, Sakramente, Zeremonien und Kirchengebräuche, gegen Gottes Gebot, Zucht und Ehrbarkeit, [gegen] das allgemeine geistliche und weltliche Recht, [gegen] die heilige Reichsverfassung, Abschiede*, Mandate*, Edikte* und die Polizeiordnung*. Diese falschen Büchlein sind gedruckt und an unterschiedlichen Orten veröffentlicht worden. Der Angeklagte wird dazu verurteilt, noch im Gefängnis seine eigenen Schandschriften als erfundene haltlose Schriften öffentlich zu widerrufen und sich als aufrührerischer, schmähsüchtiger, ärgerlicher Lästerer und Diffamator* zu bekennen. Er soll durch das Schwert vom Leben zum Tode hingerichtet und seine […] Bücher und Schriften sollen öffentlich verbrannt werden. Dazu verurteilen und verdammen wir ihn. Als Urkunde haben wir, das kurfürstliche weltliche hohe Schöffengericht* zu Köln, dieses Urteil mit unserem Schöffenamtssiegel, ad causas genannt, versiegeln lassen. Köln, den 7. März 1629

Zit. nach Jürgen STILLIG, Jesuiten, Ketzer und Konvertiten in Niedersachsen. Untersuchungen zum Religions- und Bildungswesen im Hochstift Hildesheim in der Frühen Neuzeit, (Schriftenreihe des Stadtarchivs und der Stadtbibliothek Hildesheim Band 22), Hildesheim 1993, S. 2.

Annotationen
*Abschiede - verabschiedete Gesetze.
*Mandate - Befehle.
*Edikte - Erlasse.

Die Frühe Neuzeit

*Polizei - Öffentlichkeit, hier also die öffentliche Ordnung.
*Diffamator - jemand, der Personen oder eine Sache öffentlich beleidigt oder verleumdet.
*Schöffen - Laienrichter/ Richter, die öffentlich gewählt wurden, aber kein juristisches Examen abgelegt haben.

Mögliche Aufgaben
- Zähle die verschiedenen Urteilsstufen auf.
- Arbeite die Begründung für das Urteil gegen Johannes Bissendorf heraus und erläutere diese.
- Diskutiert mögliche Reaktionen auf dieses Urteil bei der Bevölkerung Hildesheims, bei katholischen Geistlichen, bei protestantischen Anhängern, etc.
- Überprüfe die Ursachen, die zum Tod des Johannes Bissendorf führten. Nutze auch die Quellen M1a und M1b.
- Informiere dich über Friedrich von Spee und bereite einen kleinen Vortrag für deine Mitschüler vor.

M1d Die Burg Steuerwald (nach Merian 1653)

Abb. II.7: Burg Steuerwald, Stich 1653

Mögliche Aufgaben
- Informiere dich über die Geschichte der Burg Steuerwald und erkläre, warum der Prozess dort stattfand.

Weitere Einsatzmöglichkeiten und methodische Vorschläge (zu M1a-M1d)
- Vergleiche den vorliegenden Fall mit anderen Darstellungen der Inquisition bzw. des Umgangs mit verbotenen Schriften in Film und Literatur, z. B. Film/ Buch: Fahrenheit 451 (Ray Bradbury), Der Name der Rose (Umberto Eco).
- Übe den Vortrag der Verse Bissendorfs. Trage diese laut und betont in der Klasse vor.
- Stelle dir vor, du bist der Beklagte Bissendorf und hast das letzte Wort vor deiner Hinrichtung. Formuliere diese letzten Worte an die Anwesenden.
- Entwickelt ein Rollenspiel zum Verlauf des Prozesses. Bedenkt dabei die Situation der Verhaftung und des Verhörs in Hildesheim sowie der Urteilsverkündung, nachdem das Schreiben aus Köln eingetroffen ist (vgl. Bild von der Burg Steuerwald M1d).
- Kirchliche Würdenträger diskutieren kurz nach Erscheinen des Buches von Bissendorf über dessen Schriften. Entwickelt diese Diskussion.
- Bereitet eine Exkursion zum Zwinger nach Goslar vor und führt sie durch.

M2 Katholisch – Evangelisch – Katholisch: Eine wechselhafte Geschichte im Stift Hildesheim

Adolf Bertram, Bischof von Hildesheim (1906-1914), verfasste eine dreibändige Geschichte des Bistums auf der Grundlage zahlreicher Quellen, die er z. T. wörtlich referierte.

Die Hildesheimer Bischöfe ordneten seit Ende des 16. Jahrhunderts und im 17. Jahrhundert mehrfach Visitationen an, die zunächst die gegenreformatorischen Anordnungen auf ihre Durchsetzung hin vor Ort überprüfen, schließlich den Bestand der Pfarrgemeinden insgesamt beurteilen sollten.[13]

Die Gemeinden, die seit über 60 Jahren evangelisch waren, fügten sich der Anordnung nicht, so berichtet Bertram. Darauf forderte der Bischof Ernst II., Erzbischof und Kurfürst von Köln (1573-1512), das Gesetz mit Gewalt durchzusetzen.

Die Visitation im Bistum Hildesheim von 1657 durch den Hildesheimer Weihbischof Adamus Adami war sehr umfassend und machte deutlich, dass die konfessionellen Besitzkämpfe für das Kleine Stift abgeschlossen waren. Der Visitationsbericht zeigt dennoch, dass auch noch in der Mitte des 17. Jahrhunderts die Maßnahmen der Gegenreformation von den Gemeinden als aufoktroyiert empfunden wurden.

M2a Kein Mitleid für Dingelbes Pastor

In den Dörfern Dingelbe, Kemme, Schellerten und Nettlingen nahm der konfessionelle Kampf viel schärfere Gestalt an und verlief fast an allen diesen Orten zu ungunsten des Katholizismus. Es hängt das ganz unleugbar mit dem großen Einflusse zusammen, den die braunschweigsche Regierung […] in diesen Dörfern hatte, teils auch mit der derzeitigen Besetzung dieser Pfarrstellen. […] Am 29. Oktober 1599 erließ [Bischof Ernst II.] an das Domkapitel* [und 1605 an die Stiftsregierung], von dessen Mitgliedern einige gegen den Befehl des Bischofs immer noch lutherische Prediger auf Pfarreien setzten, den Befehl, in den Gerichten Steuerwald und Marienburg sowie in der Dompropstei* erledigte Pfarrstellen nur an katholische Bewerber zu verleihen. […]

---

[13] Vgl. Kapitel II. Die Frühe Neuzeit Abb.II.1: Karte, Bistum Hildesheim.

Die Regierung sah die Ausführung des Befehls für schwierig an [...‚ denn] auf einigen Pfarrstellen säßen alte lutherische Pastoren, die so leicht nicht fortzuschaffen seien; zudem seien es braunschweigsche Adelige, [...] gegen die nicht leicht aufzukommen sei.

[...] [V]iele Leute jener Gegend seien endlich durch Halseigenschaft* dem Herzog von Braunschweig verwandt und riefen dessen Schutz gegen die Religionsänderung an. [...] Bischof Ernst verlangte von den Visitatoren* dennoch die Durchführung der begonnenen Reform. [...] [Die Gemeinde Dingelbe sandte] ein von fremder Hand verfasstes, mit lateinischen und juristischen Formeln durchsetztes Schriftstück an Kanzler und Räte in Hildesheim, um bei der lutherischen Religion, in der bereits ihre Eltern erzogen seien, belassen zu werden. [...]

[Der lutherische Pastor] Gerhard Becker von Dingelbe [...] suchte die stiftische Regierung zum Mitleid zu stimmen durch Darstellung seiner traurigen Lage [und ihn als Pastor in seiner Gemeinde zu belassen]; er steht jetzt (so sagte er 1609) 52 Jahre im Kirchendienst, sei 1563 aus dem Gerichte Peine nach Nettlingen berufen und 1569 habe er nach Dingelbe übersiedeln müssen [...]. Seinen Bitten willfahrte* die stiftische Regierung nicht, sondern beschloss, auf Karfreitag 1609 den katholischen Gottesdienst wieder einzuführen. [...]

Alle [...] Einwendungen erklärte die hildesheimsche Regierung für bedeutungslos; zur Religionsreform sei nur der Bischof und Landesherr zuständig [....]; habe die lutherische Lehre an fünfzig Jahre bestanden, so blicke die katholische auf einen Besitzstand von vielen Jahrhunderten zurück [...]. Niemals habe Kurfürst Ernst den einzelnen Dörfern des Stifts die Religionsfreiheit zugesichert; übrigens sei sein Vorgehen nicht eine Neuerung, sondern er wolle eine unbefugte Neuerung wieder beseitigen durch Rückkehr zum alten Rechtsstande*.

[...] In Dingelbe hatte der Amtmann von Steuerwald am Karfreitag* 1609 den Pastor Curd Friedrich von Adlum der Gemeinde vorstellen lassen. Anfangs kamen nur sehr wenige zum katholischen Gottesdienste, die meisten liefen zum lutherischen nach Schellerten, während hingegen die Einwohner von Emmerke, Klein-Escherde und Sorsum, sowie in Wöhle sich bereits teilweise an den katholischen Kultus wieder gewöhnt hatten. An mehreren Orten hielten die lutherischen Prediger mit Zähigkeit an der Pfarrstelle fest. [...] [V]erschiedene Gemeinden kehrten [hingegen] zur Religion ihrer Vorfahren zurück. War erst etwas Zwang angewendet, so konnten die Gemeinden ja bei den Nachbargemeinden ihren Religionswechsel [mit der Erklärung entschuldigen], dass sie hätten sich schicken müssen.

Zit. nach Adolf BERTRAM, Geschichte des Bisthums Hildesheim, Band 2, Hildesheim, Leipzig 1916, S. 422-427.

Annotationen
*Domkapitel - bischöfliche Verwaltung.
*Dompropstei - Amtssitz des Hildesheimer Dompropstes, des Stadtherrn der Neustadt Hildesheim, und somit zugleich Sitz der Verwaltung der Hildesheimer Dompropstei. Heute hat hier die Freimaurerloge „Pforte zum Tempel des Lichts" ihr Domizil.
*Halseigenschaft - Leibeigenschaft. Leibeigene waren zu Frondiensten verpflichtet und durften nicht wegziehen. Sie durften nur mit Genehmigung des Leibherrn (hier der Herzog von Braunschweig) heiraten und unterlagen seiner Gerichtsbarkeit.
*Visitatoren - Geistliche, die im Auftrag des Bischofs die Situation der Gemeinden überprüfen; Die Visitationspflicht des Bischofs wurde im Rahmen des Konzils von Trient (1545-1563) eingeführt und sollte neben anderen Maßnahmen eine Reform der katholischen Kirche einleiten. Zu den Maßnahmen gehörten auch das Verbot des Ablasshandels, die Verbesserung der Priesterausbildung in Priesterseminaren, die Feststellung der kirchlichen Überlieferung als Grundlage des Glaubens neben der Bibel (Tradition und Schrift) und die Festlegung Lateins als Kirchensprache.
*Willfahren - entgegenkommen.
*Rückkehr zum alten Rechtsstand - Wiederherstellung der Situation vor der Reformation.
*Karfreitag - höchster protestantischer Feiertag.

M2b   Dingelbes Kirche in schlechtem Zustand

Dingelbe [1648]. Die Kirche ist baufällig und inwendig schlecht versehen. Doch hat die Gemeinde sich zur Besserung erboten. Der Pastor ist saekularis (Weltpriester) und vor etlichen Jahren zum katholischen Glauben konvertiert, mit Namen Johannes Franz Brüning. Er verrichtet sein Amt ziemlich wohl, hat [aber ein geringes Einkommen]. Das Pfarrhaus ist wohl gebaut, das Opperhaus* aber [in einem schlechtem Zustand]. Der Oppermann hat den Pastor angezeigt, als wenn er noch occultum haeresim furiert (noch evangelisch sei), [und] damit auch die Pfarrleute befleck[t]. Weil [aber alles als erdichtet erkannt wurde], ist der Oppermann* seines Dienstes entlassen. Sonst ist noch der dritte Teil der Einwohner hier lutherisch, gehen aber daselbst zur Kirche.

Zit. nach Hermann ENGFER, Die kirchliche Visitation von 1657 im Bistum Hildesheim, in: Die Diözese Hildesheim in Vergangenheit und Gegenwart 27 (1958), S. 56-72, hier S. 65.

Annotationen
*Opperhaus - Küsterei (Dienstwohnung des „Kirchenwarts").
*Oppermann - Küster.

Mögliche Aufgaben (zu M2a u. M2b)
- Erstelle ein Schaubild der historischen Entwicklungen in Dingelbe und erkläre sie (Wo? Wann? Wer? Was? Warum?).
- Erläutere die Bedingungen für die Religionszugehörigkeit des Einzelnen. Nimm kritisch Stellung dazu.
- Diskutiert (heutige) Möglichkeiten und Wege, von der eigenen Religion/Konfession zu überzeugen.
- Skizziere das taktische Vorgehen der Beteiligten (Bischof, Herzog v. Braunschweig-Wolfenbüttel, Gemeinden, Pfarrer).
- Die Situation in Dingelbe wird – ausgehend von der Auseinandersetzung mit Quellen aus der Zeit – vom katholischen Bischof Bertram 300 Jahre später geschildert. Stelle dir vor, du wärest der protestantische Landesbischof: Beschreibe und bewerte die Situation aus seiner Sicht.
- Diskutiere die Frage der Nachhaltigkeit dieser Form der Rekatholisierung.

Weitere Einsatzmöglichkeiten und methodische Vorschläge (zu M2a u. M2b)
- Erstelle ein Moritatenblatt (Comiczeichnung) oder entwirf ein Flugblatt zu den Ereignissen in Dingelbe.
- Entwickelt ein Rollenspiel mit folgenden Figuren:
  1. Großeltern, die selbst als Katholiken aufwuchsen;
  2. Eltern, die evangelisch getauft wurden;
  3. Kinder, die jetzt darüber diskutieren, ob Dingelbe katholisch oder evangelisch sein soll.
- Der Bischof muss dem Papst über die Situation in seinem Bistum berichten (Visitationsbericht). Verfasse diesen Brief.
- Pastor Gerhard Becker schreibt einen Bericht an den Herzog von Braunschweig-Wolfenbüttel. Verfasse diesen Bericht.

M3 Steine fliegen auf Hildesheimer Domschüler (Josephiner)

Das Gründungsjahr 815 der Hildesheimer Domschule geht auf die Stiftung des Bistums Hildesheim durch den fränkischen Kaiser Ludwig den Frommen zurück. Mit der Errichtung eines Bistums war in der Regel ein Schulbetrieb bei der Domkirche verbunden.

Als 1542 durch die vom Reformator Bugenhagen neu eingeführte protestantische Kirchenordnung auch das städtische Schulwesen erneuert wurde, konnte die bischöfliche Domschule ihren Status wahren. Auch daran zeigte sich die Besonderheit des nun bikonfessionellen Hildesheims: Während die Stadt protestantisch wurde, blieb das Stift katholisch.

Im Zuge der Gegenreformation gewann der 1534 von Ignatius von Loyola gegründete katholische Jesuitenorden immer mehr an Bedeutung. Dieser Orden übernahm 1595 die Leitung der Domschule in Hildesheim, was die Entwicklung zum Jesuitengymnasium einleitete, das ab 1661/1662 mit einem philosophisch-theologischen Zweijahreskurs über einen hochschulartigen Überbau zur Priesterausbildung verfügte. Im Dreißigjährigen Krieg musste das Gymnasium mit dem Jesuitenkolleg wegen der Vertreibung der Jesuiten für einige Jahre geschlossen werden.[14]

In Hildesheim agierten die jesuitischen Ordensleute nach 1595 gegen evangelische Prediger und die Andreasschule; im Gegenzug kam es zu Übergriffen auf katholische Schüler. Der Kaiser drohte schließlich per Mandat damit, die Stadt mit einer hohen Geldbuße zu belegen, falls es weiterhin zu Tätlichkeiten gegenüber Katholiken komme. Insgesamt waren die Jesuiten aber sehr erfolgreich und hatten bis 1611 bei einer Gesamtbevölkerung von etwa 10 000 Einwohnern ca. 320 Schüler zu verzeichnen, darunter auch protestantische Kinder. Teile der städtischen Bevölkerung befürchteten daher eine Rekatholisierung der protestantischen Schüler durch Jesuiten.[15]

---

14 Vgl. http://de.wikipedia.org/wiki/Gymnasium_Josephinum_Hildesheim#Geschichte (Stand 14. September 2013); Anton GÖKE, Von der Gründung (1595) bis zur Vertreibung (1634), in: Dietrich HOSEMANN u. a. (Hg.), Bischöfliches Gymnasium Josephinum Hildesheim. 400 Jahre. Festschrift zur Geschichte der Schule seit der Übernahme durch die Gesellschaft Jesu (1595-1995), Hildesheim 1995, S. 38-42.

15 Vgl. Jürgen STILLIG, Jesuiten, Ketzer und Konvertiten in Niedersachsen. Untersuchungen zum Religions- und Bildungswesen im Hochstift Hildesheim in der Frühen Neuzeit, (Schriftenreihe des Stadtarchivs und der Stadtbibliothek Hildesheim Band 22), Hildesheim 1993, S. 58ff.

1603:
Am 2. Juli [Fest Mariä Heimsuchung*] hat sich der Pritschenmacher* Müller mit dem Wollenweber*, Heinrich Bertram genannt, und einer ganzen Horde frecher Jungen bei der Marienprozession getroffen und den Jesuitenpatres viele Schimpf- und Schmähworte an den Kopf geworfen. Er hat auch andere dazu angestiftet, sogar zwei Mal die Prozession zu stören. Dort haben sie die Jungen oder Domschüler (Josephiner) überrannt bis zu den Lehrern hin, haben mehrfach die stolzen Lehrer mit Steinen dreist beworfen, einen Priester und Schuldirektor am Arm, den anderen Priester und Lehrer an der Achsel zweimal getroffen. Beim dritten haben sie so auf den Kopf gezielt, dass ihn der Stein schlimm im Gesicht verletzt hätte, wenn er sich nicht rechtzeitig weggeduckt hätte. Als nun die studierten Herrn den Müller ansprachen und sagten, dieses Verhalten gehöre sich für ehrliche Jungen nicht, drohte [Müller] ihnen, sie bei nächstbietender Gelegenheit wieder anzugreifen. Dabei zeigte er sich mutwillig (Unruhe stiftend). Hierbei war auch ein Gerichtsdiener* Johan Schimman anwesend und hat [die Beteiligten] daraufhin angesprochen und sie wegen ihres mutwilligen Verhaltens getadelt.

Noch als nach der Abendandacht ein (Jesuiten)priester vom Karthäuserkloster* heimkam, hat ihn der Schmied am Dammtor aus einem Fester zugeschrien, man solle ihn (den Priester) am nächsten Tag um 8 Uhr aufhängen.

Zit. nach Günther HEIN u. a. (Hg.), Bischöfliches Gymnasium Josephinum Hildesheim. 400 Jahre. Katalog zur Geschichte der Schule seit der Übernahme durch die Gesellschaft Jesu (1595–1995), Hildesheim 1995, S. 79.

Annotationen
*Fest Mariä Heimsuchung - Maria geht zu ihrer Verwandten Elisabeth, die mit Johannes dem Täufer schwanger war. Diese begrüßt ihn mit den Worten: „Wer bin ich, dass die Mutter meines Herrn zu mir kommt? Gesegnet bist du unter den Frauen, und gesegnet ist die Frucht deines Leibes." (Lk. 1,42).
*Pritschenmacher - stellt Kutschen her, gehört zu den angesehenen und wohlhabenden Handwerkern.
*Wollenweber - Tuchmacher.
*Gerichtsdiener - Büttel, Polizist.
*Karthäuserkloster - Das Kloster der Karthäuser befand sich auf dem Moritzberg.

Die Frühe Neuzeit

Mögliche Aufgaben
- Erkläre die Bedeutung einer Prozession für eine Glaubensgemeinschaft.
- Hildesheim war 1603 mehrheitlich protestantisch. Setze dich mit der Frage auseinander, was die Störung der Prozession für beide Seiten (Katholiken und Protestanten) bedeutete.
- Unter den Jesuitenschülern gab es auch protestantische Kinder. Erkläre mögliche Gründe für die Entscheidung der Eltern, ihre Kinder zur katholischen Domschule zu schicken.
- Erläutere mögliche Gründe dafür, dass Müller eine Gruppe Jungen den Anschlag auf die Prozession ausüben ließ.

Weitere Einsatzmöglichkeiten und methodische Vorschläge
- Eine Demonstration gegen Glaubenskonflikte und Intoleranz findet statt. Gestaltet Transparente und Spruchbänder.
- Entwickle ein Streitgespräch zwischen einem katholischen Josephiner und einem protestantischen Steinewerfer.
- Entwirf eine Karikatur/ein Spottbild aus protestantischer Sicht bzw. katholischer Sicht.

Schlagworte
- Ablasshandel [M1]
- Bedeutung der Jesuiten für die Gegenreformation [M3]
- Demonstration des Glaubens [M3]
- Bücherverbrennung [M1]
- Erinnerungskultur [M1]
- Friedrich von Spee [M1]
- Gegenreformation [M2]
- Germanen-/ Sachsenmission [M2]
- Gewissensfreiheit [M1]
- Inquisition [M1]
- Jesuitenorden [M1]
- Jesuitische Pädagogik [M3]
- katholische Minderheit in der Stadt [M3]
- katholische Reformen [M2]

- Kindersoldaten [M3]
- konfessionelle/ religiöse Repräsentation in der Öffentlichkeit [M3]
- konfessionelle Streitigkeiten in der städtischen Bevölkerung [M3]
- Konzil von Trient [M2]
- Landesherr [M2]
- Märtyrertum [M1]
- Mission heute/ Inkulturation [M2]
- Mission Mittel- und Südamerika (16. Jahrhundert) [M2]
- Nachfolge Christi [M1]
- obrigkeitliches Recht Hildesheim, Braunschweig-Wolfenbüttel [M2]
- peinliche Gerichtsverfahren – Verfahren unter Folter [M1]
- Provokation [M3]
- Rekatholisierung [M2]
- Religionszugehörigkeit [M2]
- Rolle/ Bedeutung der Pfarrer und Pfarrgemeinden [M2]
- Rolle des Papstes [M1]
- Stiftsdörfer [M2]
- Tradition [M2]
- Zölibat [M1]

Verweise auf Schulbücher

Markus BERNHARD u. a. (Hg.), Durchblick. Geschichte/ Politik/ Erdkunde, Jg. 7/8 Hauptschule Niedersachsen, Braunschweig 2005. (Zu M1 und M2: S. 23.)
Iris BOSOLD u. Wolfgang MICHALKE-LEICHT (Hg.,) Mittendrin. Lernlandschaften Religion, Band 2/ Jg. 7/8 Gymnasium, München 2008. (Zu M2: S. 117; M3: S. 11.)
Iris BOSOLD u. Wolfgang MICHALKE-LEICHT (Hg.,) Mittendrin. Lernlandschaften Religion, Band 3/ Jg. 9/10 Gymnasium, München 2009. (Zu M1: S. 31.)
Dieter BRÜCKNER u. Harald FOCKE (Hg.), Das waren Zeiten. Band 2/ Jg. 7 Gymnasium Niedersachsen: Vom Mittelalter bis zum Westfälischen Frieden, Bamberg 2009. (Zu M1: S. 58f.; M2: S. 116-119; M3: S. 112 u. S. 116-118.)
Rüdiger KALDEWEY u. Aloys WENER, Das Christentum. Geschichte, Politik, Kultur. Religion Sekundarstufe I-II, München 2004. (Zu M1 und M2: S. 222-227.)
Elisabeth REIL, Kirchengeschichte in Geschichten. Ein Lese- und Arbeitsbuch

für den Religionsunterricht, München 2012. (Zu M1: S. 110-125.)
Werner TRUTWIN, Wege des Glaubens, Jg. 7/8, Düsseldorf 2007. (Zu M2: S. 150-151.)
Ralf TIEKE (Hg.), Durchblick. Geschichte/ Politik, Jg. 7/8 Realschule Niedersachsen, Braunschweig 2009. (Zu M1 und M2: S. 17; M3: S. 15 u. S. 31.)

Verweise auf Fachliteratur

Adolf BERTRAM, Geschichte des Bisthums Hildesheim, Band 2, Hildesheim, Leipzig 1916.
Manfred von BOETTICHER, Niedersachsen im 16. Jahrhundert (1500-1618), in: Christine van den HEUVEL u. Manfred von BOETTICHER (Hg.), Geschichte Niedersachsens. Band 3, Teil 1: Politik, Wirtschaft und Gesellschaft von der Reformation bis zum Beginn des 19. Jahrhunderts, Hannover 1998, S. 21-117.
Hermann ENGFER, Die kirchliche Visitation von 1657 im Bistum Hildesheim, in: Die Diözese Hildesheim in Vergangenheit und Gegenwart 27 (1958), S. 56-72.
Bernhard GALLISTL, Bibliothek und Schule am Dom. Von der Gründung zur Reformation, in: Monika E. MÜLLER (Hg.), Schätze im Himmel, Bücher auf Erden. Mittelalterliche Handschriften aus Hildesheim, Wolfenbüttel 2010, S. 55-68.
Anton GÖKE, Von der Gründung (1595) bis zur Vertreibung (1634), in: Dietrich HOSEMANN u. a. (Hg.), Bischöfliches Gymnasium Josephinum Hildesheim. 400 Jahre. Festschrift zur Geschichte der Schule seit der Übernahme durch die Gesellschaft Jesu (1595-1995), Hildesheim 1995, S. 38-42.
Günther HEIN u. a. (Hg.), Bischöfliches Gymnasium Josephinum Hildesheim. 400 Jahre. Katalog zur Geschichte der Schule seit der Übernahme durch die Gesellschaft Jesu (1595-1995), Hildesheim 1995.
Christian PLATH, Die Jesuiten als Faktor der konfessionellen Polarisierung im Hochstift Hildesheim, in: Jahrbuch für Geschichte und Kunst im Bistum Hildesheim 74 (2006), S. 243-274.
Christian PLATH, Konfessionskampf und fremde Besatzung. Stadt und Hochstift Hildesheim im Zeitalter der Gegenreformation und des Dreißigjährigen Krieges (ca. 1580-1660), (Schriftenreihe des Stadtarchivs und der Stadtbibliothek Hildesheim Band 32), Hildesheim 2005.
Udo STANELLE, Die Hildesheimer Stiftsfehde in Berichten und Chroniken des 16. Jahrhunderts. Ein Beitrag zur niedersächsischen Geschichtsschreibung, Hildesheim 1982.
Jürgen STILLIG, Jesuiten, Ketzer und Konvertiten in Niedersachsen. Untersu-

chungen zum Religions- und Bildungswesen im Hochstift Hildesheim in der Frühen Neuzeit, (Schriftenreihe des Stadtarchivs und der Stadtbibliothek Hildesheim Band 22), Hildesheim 1993.

II.3. Der Dreißigjährige Krieg

Einführung

Das 17. Jahrhundert sollte für das Bistum Hildesheim im Hinblick auf seine Besitzverhältnisse positiv verlaufen: Durch das Restitutionsedikt von 1629 gewann der Bischof große Teile seiner im 16. Jahrhundert verlorenen landesherrlichen Macht zurück, die Gegenreformation war in weiten Teilen des Kleinen Stifts erfolgreich.[16]

Für die Stadt Hildesheim hingegen stellte das Ende des 16. und besonders die erste Hälfte des 17. Jahrhunderts eine Zeit besonderer Belastungen dar, von der sich der bis dahin wirtschaftlich sehr erfolgreiche Ort nie mehr ganz erholen sollte. Um die Jahrhundertwende suchten insgesamt drei Pestepedemien die Stadt heim. Dabei starben insgesamt fast 9000 Menschen. 1626 litt die Stadt bereits schwer unter den Repressalien des Dreißigjährigen Krieges, als die Pest abermals 1700 Opfer forderte.

Ab März 1625 war das Hochstift Hildesheim von den Kämpfen betroffen, kaiserliche Truppen hatten die Amtshäuser Steuerwald und Marienburg besetzt. Es zogen seitdem immer wieder verschiedene Truppenkontingente durch das Land, bis im Jahr 1630 Truppen unter dem General Pappenheim erstmals vor den Hildesheimer Toren erschienen.

1632 zerstörten protestantische Heere die außerhalb der Stadt gelegenen bischöflichen Festungen Steuerwald und Marienburg. Daraufhin wurden die Truppen zeitweise in der Stadt einquartiert. Im gleichen Jahr griff der kaiserlich-katholische General Gottfried Heinrich von Pappenheim die Stadt an.

Am 10. Oktober[17] ergab sich die Stadt. Die katholischen Truppen fielen plün-

---

16 Vgl. Hans-Georg ASCHOFF, Die Durchführung des Restitutionsedikts von 1629 im östlichen Niedersachsen, in: Jahrbuch für Geschichte und Kunst im Bistum Hildesheim 74 (2006), S. 1-75.
17 Vgl. zu Datierungsschwierigkeiten in der Frühen Neuzeit die Hinweise im Kapitel II.2.M1.: Der Fall Johannes Bissendorf: Hinrichtung eines protestantischen Rebells.

dernd in Hildesheim ein und verschanzten sich dort vor der nachrückenden protestantischen Armee, welche die Stadt monatelang belagerte, bis die kaiserlichen Truppen 1634 freien Abzug gewährt bekamen. Zurück blieb eine von Hunger und Seuchen geplagte, zum großen Teil zerstörte und von vielen Bürgern verlassene Stadt, die sich nur sehr langsam von den Belastungen des Krieges erholte.

In Hildesheim kam es schließlich schon vor dem Westfälischen Frieden im Jahre 1643 zu der rechtlichen Regelung, die die Situation der Stadt bis 1802 fixierte. Dabei erreichte die Stadt Hildesheim einen von landesherrlicher Einflussnahme freien Rechtsstatus.[18]

M1 Die Belagerung Hildesheims im Dreißigjährigen Krieg: Tagebuch des Conrad Jordan

Conrad Jordan (1591–1659) stammte aus Bockenem, studierte in Helmstedt und Wittenberg und promovierte 1620 in Helmstedt in Medizin. 1625 siedelte er nach Hildesheim über und heiratete Ursula Brandis, Tochter des Bürgermeisters Joachim Brandis d. J. Von 1635 bis 1647 war Jordan Ratsherr in Hildesheim. Seine Tagebücher sind in die Tradition der Hildesheimer Bürgermeistertagebücher einzuordnen.[19]

In den vorliegenden Auszügen seines Tagebuchs zu den Jahren 1632/ 33 geht es um die Belagerung und Erstürmung der Stadt Hildesheim durch das Regiment der Pappenheimer. Hildesheim wurde während des Dreißigjährigen Krieges sowohl von protestantischen Soldaten als auch von Truppen der katholischen Liga belagert, die Auswirkungen des jahrzehntelangen Krieges und der Ernährung und Unterhaltung der zahlreichen Soldaten waren immens.

---

18 Vgl. Christian PLATH, Konfessionskampf und fremde Besatzung. Stadt und Hochstift Hildesheim im Zeitalter der Gegenreformation und des Dreißigjährigen Krieges (ca. 1580-1660), (Schriftenreihe des Stadtarchivs und der Stadtbibliothek Hildesheim Band 32), Hildesheim 2005, S. 41-49; Udo STANELLE, Die Hildesheimer Stiftsfehde in Berichten und Chroniken des 16. Jahrhunderts. Ein Beitrag zur niedersächsischen Geschichtsschreibung, Hildesheim 1982, S. 5; Jürgen STILLIG, Jesuiten, Ketzer und Konvertiten in Niedersachsen. Untersuchungen zum Religions- und Bildungswesen im Hochstift Hildesheim in der Frühen Neuzeit, (Schriftenreihe des Stadtarchivs und der Stadtbibliothek Hildesheim), Hildesheim 1993, S. 48ff.
19 Vgl. Christian PLATH, Konfessionskampf und fremde Besatzung. Stadt und Hochstift Hildesheim im Zeitalter der Gegenreformation und des Dreißigjährigen Krieges (ca. 1580-1660), (Schriftenreihe des Stadtarchivs und der Stadtbibliothek Hildesheim Band 32), Hildesheim 2005, S. 22f. Siehe hierzu auch die Ausführungen zu II.1.M1.: Der Stadtrat von Hildesheim hinter verschlossenen Türen.

M1a   Angriff der Pappenheimer

1632
September
25. Morgens um 1 Uhr, als die Pappenheimer aus Wolfenbüttel aufgebrochen sind, und wir hier nichts Böses vermuteten, kamen einige Kompanien* berittener Soldaten und einiger Fußsoldaten auf dem Galgenberg[20] an und beginnen bei der Hoenser Mühle* zu schießen. Nachmittags schlugen die Pappenheimer ihr Lager vor dem Ostertor im Katharinenhospital auf. Deswegen gingen die städtischen Soldaten zum Gegenangriff über und gleichzeitig wurde vom Osterwall und Umgebung das Hospital so stark beschossen, dass sich die kaiserlichen Truppen [Pappenheimer] zurückziehen mussten. Daraufhin haben die unsrigen die Kirche und das angeschlossene Hospital St. Katharinen in Brand gesteckt, so dass die Glocke [durch die starke Hitze] schmolz und herunterfiel. Am gleichen Abend, als sich die Kaiserlichen der Hoenser Mühle näherten, zündeten die Neustädter die Kirche und das Hospital [...] vor dem Goschentor an, währenddessen verließen die unsrigen die Mühle und viele mussten sich durch die Innerste in den inneren Wall zurückziehen.[...]

28. In der Nacht pünktlich um ein Uhr fing der von Pappenheim an, Feuerkugeln und Granaten auf den Godehardiplatz zu schleudern. Dadurch wurde Jobst Meybaum die Hand fast abgeschlagen, woran er starb, der Diener des Amtmanns Gerhard Flörecken wurde am Schenkel verletzt. In der Neustadt brach ein Stall [unter den Geschossen] zusammen, dabei wurde ein Knecht erschlagen und einer verletzt. Er [von Pappenheim] betrieb dies sehr hart, besonders in der Neustadt und im Brühl. Die Leute löschten in jeder Gasse mit nassen Kuhhäuten und nassen Malzsäcken, die sie in Tonnen voller Wasser tränkten, bis sie vor Erschöpfung einfach davonliefen. Dadurch geriet die Stadt, besonders die benannten Stadtteile, in Gefahr. [...]

In allen Gassen wurden Leuchten ausgehängt, und die Leute sangen und beteten fleißig [...]. Etliche dachten auch daran, wie sie sich mit ihrer Familie und ihrem Besitz retten konnten, und liefen zum Dom, zur Kanzlei und zu den Pfarrhöfen. [...]

An diesem Morgen, in aller Früh, beschoss er [von Pappenheim] vom Moritzberg das Dammtor. [...] Insgesamt wurden 280 Geschosse abgefeuert, aber

---
20 Vgl. Kapitel II. Die Frühe Neuzeit, Abb II.2: Karte, Stadt Hildesheim um 1583.

ohne besondere Auswirkungen, davon allein 120 auf die Neustadt. Ein Stall wurde beschädigt, 2 Schweine, 2 Bürger starben [...].

Zit. nach Dr. Conrad JORDAN, Acta bellorum Hildesiensium. Tagebuch von 1614-1659, bearb. von Hans SCHLOTTER, Hans-Werner SCHNEIDER u. Heinrich-Jobst UBBELOHDE, Hildesheim 1985, S. 56f.

Annotationen
*Kompanien - Truppenteile, Größe der Truppen variierte von 70-400 Mann.
*Hoenser Mühle - Mühle am Hohnsen See im Südosten Hildesheims.

Mögliche Aufgaben
- Erkläre den Begriff Pappenheimer.
- Erläutere die Bedeutung der Belagerung für die Bewohner Hildesheims.
- Skizziere das Vorgehen der Belagerer.

Weitere Einsatzmöglichkeiten und methodische Vorschläge
- Vergleiche die Situation in Hildesheim mit anderen Darstellungen des Krieges in der Literatur, z. B. mit Gedichten von Andreas Gryphius, Erich Kästner oder Bertolt Brechts Drama „Mutter Courage".

Andreas Gryphius (1636)
Thränen des Vaterlandes

1. Wir sind doch nunmehr gantz, ja mehr denn gantz verheeret!
2. Der frechen Völcker Schar, die rasende Posaun
3. Das vom Blutt fette Schwerdt, die donnernde Carthaun
4. Hat aller Schweiß und Fleiß und Vorrath auffgezehret.

5. Die Türme stehn in Glutt, die Kirch ist umgekehret.
6. Das Rathhauß ligt im Grauß, die Starcken sind zerhaun,
7. Die Jungfern sind geschänd't, und wo wir hin nur schaun,
8. Ist Feuer, Pest, und Tod, der Hertz und Geist durchfähret.

9. Hir durch die Schantz und Stadt rinnt allzeit frisches Blutt.
10. Dreymal sind schon sechs Jahr, als unser Ströme Flutt,
11. Von Leichen fast verstopfft, sich langsam fort gedrungen,

12. Doch schweig ich noch von dem, was ärger als der Tod,
13. Was grimmer denn die Pest und Glutt und Hungersnoth,
14. Dass auch der Seelen Schatz so vielen abgezwungen.

Zit. nach http://gutenberg.spiegel.de/buch/2199/12 (Stand 14. September 2013).

Erich Kästner (1932)
Verdun, viele Jahre später

Auf den Schlachtfeldern von Verdun
finden die Toten keine Ruhe.
Täglich dringen dort aus der Erde
Helme und Schädel, Schenkel und Schuhe.

Über die Schlachtfelder von Verdun
laufen mit Schaufeln bewaffnete Christen,
kehren Rippen und Köpfe zusammen
und verfrachten die Helden in Kisten.

Oben am Denkmal von Douaumont
liegen zwölftausend Tote im Berge.
Und in den Kisten warten achttausend Männer
vergeblich auf passende Särge.

Und die Bauern packt das Grauen.
Gegen die Toten ist nichts zu erreichen.
Auf den gestern gesäuberten Feldern
liegen morgen zehn neue Leichen.
Diese Gegend ist kein Garten,
und erst recht kein Garten Eden.
Auf den Schlachtfeldern von Verdun
stehn die Toten auf und reden.
Zwischen Ähren und gelben Blumen,
zwischen Unterholz und Farnen
greifen Hände aus dem Boden,
um die Lebenden zu warnen.

Auf den Schlachtfeldern von Verdun
wachsen Leichen als Vermächtnis.
Täglich sagt der Chor der Toten:
„Habt ein besseres Gedächtnis!"

Zit. nach Erich KÄSTNER, Verdun, viele Jahre später, in: Erich KÄSTNER,
Gesang zwischen den Stühlen. Mit Zeichnungen von Erich Ohser, München 1989, S. 91f.

M1b Die Kapitulationsbedingungen und der Friedensvertrag der Stadt Hildesheim mit General Pappenheim im Dreißigjährigen Krieg[21]

1632
September
30. [...] Dies war ein böser Michaelis Tag. Um 7 Uhr werden vom Rat 14 Mann und einige Olderleute* hinausgeschickt, um einen Vertrag abzuschließen.
   [Es folgt der Vorschlag Pappenheims:]
   [...] Wir haben [den Rat und die Bürger der Stadt Hildesheim] hiermit nochmals öffentlich gewarnt und aufgefordert, sich unserer Gnade zu ergeben. Sollten sie aber diese angebotene Gnade ausschlagen, so können sie später nicht mehr mit unserer Nachsicht rechnen. Hiermit verkünden wir vor Gott und der ganzen Welt, dass wir an allem Plündern, Mord und Brand, der an ihnen und ihren Frauen und ihren Kindern verübt wird – wie den Magdeburgern* bereits geschehen – entschuldigt und unschuldig sein werden. [...]

[16. Oktober 1632]
Capitulationis zwischen dem Herrn General Feldmarschall von Pappenheim und der Stadt Hildesheimer [...]

   1. [In Hildesheim] sollen aus Gnade* nicht mehr als 2000 Soldaten einquartiert werden, und wenn sich die Bürgerschaft gut benehmen wird, wird ihr diese Last künftig erleichtert.[22]
   2. [Die Hildesheimer] sollen zum Wohle der Armee 150000 Reichstaler, auch in Waren, Silbergeschirr und dergleichen abgeben [...][23]
   3. Im Gegenzug soll die Stadt [von den Belagerern] gut verwaltet werden und die Stadt von Plünderung verschont bleiben. Auch niemandem in der Stadt und auf dem Lande soll Gewalt angetan werden [...].
   4. Ihnen soll die Ausübung ihrer Religion, der sie jetzt angehören, bleiben. Auch ansonsten bleiben ihnen alle anderen Privilegien und Freiheiten in Kirchen, Schulen, im Rathaus und bei der Rechtsprechung sowie bei allem, was bei ihnen sonst gilt.

---

21 Vgl. zur Einführung und zum Verweis auf Schulbücher die Hinweise zu II.3.M1.Die Belagerung Hildesheims im Dreißigjährigen Krieg: Tagebuch des Conrad Jordan.
22 Diese 2000 Soldaten standen einer Bevölkerungszahl gegenüber, die zwischen 9000 (um 1500) bzw. 5500 (1648) anzusetzen ist.
23 Belastungen nur für protestantische Bürger, nicht für Katholiken.

Die Frühe Neuzeit

5. Kein Bürger soll gegen seinen Willen aufgehalten werden, sondern es steht ihm frei, abzuziehen und ihm wird Passierschein und Geleit zugesichert.

6. Allen Bürgern wird verziehen, seien es Ratsherren oder einfache Bürger, Prediger, Beamte, Ordnungshüter und Soldaten, wenn sie sich in Zukunft an unsere Bedingungen halten. [...]

Zit. nach Dr. Conrad JORDAN, Acta bellorum Hildesiensium. Tagebuch von 1614-1659, bearb. von Hans SCHLOTTER, Hans-Werner SCHNEIDER u. Heinrich-Jobst UBBELOHDE, Hildesheim 1985, S. 58-61.

Annotationen
*Olderleute - Vorsteher; in Städten, die zur Hanse gehörten, mit wesentlichen Verwaltungsaufgaben betraut.
*Verwüstung Magdeburgs - Im Mai 1631 wurde die Stadt Magdeburg durch kaiserliche Truppen unter den Feldherrn Tilly und Pappenheim zunächst belagert, dann eingenommen und verwüstet. Dabei starben etwa 20.000 Magdeburger Bürger.
*Gnade - Geschenk, im theologischen Sinne ohne Gegenleistung.

Mögliche Aufgaben
- Pappenheim stellt sich gegenüber den Hildesheimern als gnädig dar. Überprüfe seine Behauptung.
- Benenne und bewerte die Bedingungen für die Kapitulation.

Weitere Einsatzmöglichkeiten und methodische Vorschläge
- Entwickelt ein Rollenspiel zu den Verhandlungen des Kapitulationsvertrags.

M1c   Hildesheim liegt am Boden: wirtschaftliche und religiöse Folgen der Kapitulation[24]

[Oktober 1632]
Vom Kornhaus wird viel Korn aufgeladen und nach Wolfenbüttel gebracht. Das übrige Korn, das vor Ort belassen wurde, nahmen [die Pappenheimer] als Proviant [...].

Gleichzeitig wurde jedem einzelnen Bürger der Eid abgenommen, das gesamte Bargeld und Silbergeschirr zum Rathaus zu bringen [...].

Und weil das Geld in der Eile nicht aufzubringen war, wurde nach eindeutig bedrohlichem Andeuten [...] den Bürgern nochmals eingeschärft, alles, was als wertvoll gelten könnte, von Handelswaren und Stoffen, zum Rathaus zu bringen. [...] Deswegen verließen viele vornehme Leute mit ihrer Familie Hildesheim und verzichteten sogar zum Teil auf ihre Bürgerrechte. Den Passierschein mussten sie teuer bezahlen. Als Bezahlungen wurden angenommen: etliche Malzsäcke voller Silbergeschirr, Perlenketten, Broschen, goldene Ringe mit Edelsteinen, schließlich die Ringe ohne Edelsteine. [...]

[10. Oktober]
Die ganze Zeit über wurde weder gepredigt noch wurden Betstunden in den Hildesheimer Stadtkirchen gehalten, weil der Herr General [Pappenheim] für sich in der Pfarrkirche St. Michaelis jeden Morgen öffentlich eine [katholische] Messe halten ließ.[...]

November
1.* Als an diesem Morgen die Michaeliskirche offenstand, haben die Bürger geläutet und nach dem Messgesang ist Johannes Rüden auf [die Kanzel] gestiegen und hat von der Kanzel öffentlich eine Predigt gehalten. [...] Danach stieg ein Mönch auf die Kanzel und hielt ebenfalls eine Predigt, danach predigten die Lutherschen* unaufhörlich, und daneben hielten auch die Mönche ihre heiligen Feiern.

6. Nachmittags gegen 15 Uhr wurde Herzog Franz Wilhelm, Bischof zu Osnabrück und kaiserlicher Kommissar, mit [seinem Gefolge] von der örtlichen Rei-

---
24 Vgl. zur Einführung und zum Verweis auf Schulbücher die Hinweise zu II.3.M1.Die Belagerung Hildesheims im Dreißigjährigen Krieg: Tagebuch des Conrad Jordan.

terschaft in Empfang genommen und in der Kanzlei einquartiert.[25] Bei seinem Einzug wurde von den Bürgern Salut geschossen. [...]

10. Eine Prozession fand statt vom [Bernwards] Grab in die St. Michaeliskirche, bei der der Bischof von Osnabrück in seinem bischöflichen Gewand und mit silbernem Stab im Beisein von allen hohen Offizieren [und dem] katholischen Klerus die Kirchen [katholisch] weihte.

17. An diesem Nachmittag gegen 15 Uhr sollten [eigentlich] aus allen Kirchen die Schlüssel an die Kanzlei* geliefert werden. Das wurde für dieses eine Mal noch [bis zum 19. 11.] verschoben, damit die Lutherischen noch einmal ihren Gottesdienst darin abhalten konnten.

20. Die Andreaskirche wird ebenfalls durch eine öffentliche Prozession in feierlicher Form vom Herrn Bischof [katholisch] eingeweiht. In der Andreasschule musste der Knabenchor, der eben noch sang, auf Befehl der Katholiken verstummen. [...]

21. Die St. Jacobikirche wird den Augustiner-Mönchen aus Sültz übergeben.

22. Die St. Lamberti Kirche auf der Neustadt den Jesuiten[...]

25. St. Martinuskirche wird den Franziskanern [...] übergeben.[...]

Zit. nach Dr. Conrad JORDAN, Acta bellorum Hildesiensium. Tagebuch von 1614-1659, bearb. von Hans SCHLOTTER, Hans-Werner SCHNEIDER u. Heinrich-Jobst UBBELOHDE, Hildesheim 1985, S. 62f. u. S. 65-69.

Annotationen
*1. November - Allerheiligen.
*Luthersche - Anhänger Luthers.
*Kanzlei - Verwaltung des Bistums.

---

25 Vgl. hierzu auch die Hinweise zum Restitutionsedikt von 1629 in der Einleitung zum Kapitel II.3. Dreißigjähriger Krieg. Im Auftrag des Kölner Erzbischofs und Hildesheimer Bischofs Ferdinand kam der Osnabrücker Bischof Franz Wilhelm von Wartenberg und forderte die Herausgabe der Schlüssel der evangelischen Kirchen und damit der Kirchen selbst. Vgl. Herbert REYER, Kleine Geschichte der Stadt Hildesheim, Hildesheim 1999, S. 68.

Mögliche Aufgaben (zu M1a-M1c)
- Arbeite die Folgen des Friedensvertrags für die Bevölkerung Hildesheims heraus. Liste sie stichwortartig auf und gewichte sie.
- Beurteile die Zukunftsmöglichkeiten Hildesheims in religiösen und wirtschaftlichen Bereichen.

Weitere Einsatzmöglichkeiten und methodische Vorschläge (zu M1a-M1c)
- Die Hildesheimer Familie Brandis sucht nach der Niederlage von 1632 Unterschlupf bei ihrer protestantischen Verwandtschaft in der Hansestadt Lübbeck. Der Vater der Familie bittet noch im November um Aufnahme bei den Lübbeckern. Versetze dich in seine Situation und verfasse diesen Bittbrief.
- Vergleiche die Situation in Hildesheim mit Bildern von anderen Kriegsschauplätzen, z. B. „The Harvest of Battle" (C. R. W. Nevinson, 1919).

Schlagworte
- Gesicht des Krieges [M1a]
- Kapitulationen, z. B. Indianer Little Big Horn [M1b]
- Materialschlacht von Verdun (1916) [M1a]
- Parallele zu Eroberung/ Plünderung Magdeburgs [M1a u. b]
- Parallele zu heutigen Warlords [M1a u. b]
- Parallele zu Kreuzzügen (Vorgehen der muslimischen Sultane, z. B. Suleymann) [M1b]
- Potsdamer Konferenz [M1b]
- Prinzip der verbrannten Erde (Napoleon, Hitler, etc.) [M1c]
- St. Michael: besonderer Tag für Hildesheim (Erzengel Michael kämpft beim Jüngsten Gericht gegen die Mächte des Bösen, welche aus dem Westen kommen.) [M1c]
- Terrorismus [M1c]
- Versailler Vertrag [M1b]
- Wirtschaftszweig Krieg [M1b]

Die Frühe Neuzeit

Verweise auf Schulbücher

Markus BERNHARD u. a. (Hg.), Durchblick. Geschichte/Politik/Erdkunde, Jg. 7/8 Hauptschule Niedersachsen, Braunschweig 2005, S. 24f.
Iris BOSOLD u. Wolfgang MICHALKE-LEICHT (Hg.,) Mittendrin. Lernlandschaften Religion, Band 2/ Jg. 7/8 Gymnasium, München 2008, S. 138-143.
Dieter BRÜCKNER u. Harald FOCKE (Hg.), Das waren Zeiten. Band 2/ Jg. 7 Gymnasium Niedersachsen: Vom Mittelalter bis zum Westfälischen Frieden, Bamberg 2009, S. 122-125.
Ralf TIEKE (Hg.), Durchblick. Geschichte/Politik, Jg. 7/8 Realschule Niedersachsen, Braunschweig 2009, S. 24f. u. S. 152ff.

Verweise auf Fachliteratur

Hans-Georg ASCHOFF, Die Durchführung des Restitutionsedikts von 1629 im östlichen Niedersachsen, in: Jahrbuch für Geschichte und Kunst im Bistum Hildesheim 74 (2006), S. 1-75.
Dr. Conrad JORDAN, Acta bellorum Hildesiensium. Tagebuch von 1614-1659, bearb. von Hans SCHLOTTER, Hans-Werner SCHNEIDER u. Heinrich-Jobst UBBELOHDE, Hildesheim 1985.
Christian PLATH, Kriegserfahrungen eines katholischen Geistlichen im Dreißigjährigen Krieg. Das Tagebuch des Hildesheimer Benedektinerabts Johann Jacke, in: Jahrbuch für Geschichte und Kunst im Bistum Hildesheim 75/76 (2007/2008), S. 319-347.
Christian PLATH, Flugschriften aus der ersten Hälfte des 17. Jahrhunderts als Medium der konfessionellen Auseinandersetzung im Hochstift Hildesheim, in: Hildesheimer Jahrbuch für Stadt und Stift Hildesheim, 78 (2006), S. 73-88.
Christian PLATH, Konfessionskampf und fremde Besatzung. Stadt und Hochstift Hildesheim im Zeitalter der Gegenreformation und des Dreißigjährigen Krieges (ca. 1580-1660), (Schriftenreihe des Stadtarchivs und der Stadtbibliothek Hildesheim Band 32), Hildesheim 2005.
Herbert REYER, Kleine Geschichte der Stadt Hildesheim, Hildesheim 1999.
Michael SCHÜTZ, Feldmarschall Pappenheims Passierschein für die Hildesheimer Stadtabgeordneten, in: Aus der Heimat 1998, o. A.
Udo STANELLE, Die Hildesheimer Stiftsfehde in Berichten und Chroniken des 16. Jahrhunderts. Ein Beitrag zur niedersächsischen Geschichtsschreibung, Hildesheim 1982.

Apostolisches Sendschreiben
Seiner Heiligkeit, Pabst Leo des Zwölften,
enthaltend
die neue Einrichtung der Kirchsprengel
des
Königreichs Hannover.

Lateinisch und Deutsch
nach dem in der päbstl. Druckerei zu Rom erschienenem Abdruck.

III.   Das 19. Jahrhundert

Das „lange 19. Jahrhundert" weist auch hinsichtlich der Beschäftigung mit der Bistumsgeschichte zahlreiche Facetten auf. In vielfacher Weise spiegelt sich die deutsche respektive europäische Geschichte hier im Kleinen wieder bzw. wird durch regionale Eigenheiten erweitert und konkretisiert. Darüber hinaus gibt es aber auch Momente, die keinen direkten deutschen oder europäischen Gegenpol aufweisen oder nur indirekt mit überregionalen Ereignissen verbunden sind. Das folgende Kapitel kann entsprechend nur eine Auswahl an Themen vorstellen, es wurde jedoch versucht, die „großen" Themen des Geschichtsunterrichts soweit wie möglich einzubeziehen und regionale Besonderheiten zu verdeutlichen.

In den ersten Jahren des 19. Jahrhunderts ergaben sich für das Fürstbistum bzw. Bistum Hildesheim zahlreiche Wechsel der Regierung. Das Vorrücken Napoleons bedingte die Säkularisation des Fürstbistums 1802/03 und die darauf folgende Einverleibung in den preußischen Staat (III.1.). Nach einer kurzen preußischen Zeit wurde das ehemalige Fürstbistum Teil des Königreiches Westfalen und 1813 schließlich des Kurfürstentums und späteren Königreiches Hannover, welches zu dieser Zeit von Georg III. in Personalunion mit Großbritannien regiert wurde.

Die nach der Säkularisation, den napoleonischen Kriegen und dem Wiener Kongress veränderte staatliche Struktur Norddeutschlands machte auch eine neue innerkirchliche Struktur und Festlegung der Bistumsgrenzen notwendig. Diese Umstrukturierung erfolgte nach mehrjährigen Verhandlungen 1824 durch die Zirkumskriptionsbulle Impensa Romanorum Pontificum, die dem Bistum Hildesheim in weiten Bereichen sein heutiges Gesicht verlieh (III.2.).

Die Auswandererwellen des 19. Jahrhunderts waren für das Bistum Hildesheim insofern von Bedeutung, als die Gebiete um Bremen bzw. dem späteren Bremerhaven Anlaufstelle für Auswanderer aus ganz Deutschland waren. Die häufig katastrophalen Zustände auf den Schiffen und die in der Diaspora unzureichende seelsorgliche Betreuung verliehen dieser Problematik – auch in kirchlicher Hinsicht – zusätzliche Bedeutung (III.3.).

Die offiziellen Reaktionen – in diesem Falle die bischöflichen Hirtenworte - auf die Revolutionen von 1830/31 und 1848 zeigen ebenfalls, dass auch die gesamtdeutschen respektive europäischen Ereignisse nicht spurlos am Bistum Hildesheim vorübergingen und liberales Gedankengut sich auch in der Provinz verbreitet hatte (III.4.).

Ähnliches gilt für die verschiedensten Probleme, die die Zeit der Industrialisierung mit sich brachte: Die fehlende soziale Absicherung und der allgemeine sozio-ökonomische und strukturelle Wandel zeigten sich in der Diözese Hildesheim in zahlreichen Bittbriefen an das Generalvikariat und der Situation der eichsfeldischen Saisonarbeiter. Sie spiegeln sich aber auch in den Aussagen des preußischen Episkopates über die Notwendigkeit und die Struktur der kirchlichen Arbeitervereine wieder (III.5.).

Eine grundsätzlich eher regionale Problematik stellte der Kulturkampf dar, der besonders in Preußen erbittert ausgefochten wurde (III.6.). Hier betrachten die ausgewählten Quellen sowohl den allgemeinen historischen Hintergrund, beleuchten aber auch dezidiert zwei Beispiele aus dem Hildesheimer Raum und verdeutlichen so die Auswirkungen des Kulturkampfes auf Bistumsebene bzw. auf lokaler Ebene und auf den Einzelnen.

Quasi als Abschluss des „langen 19. Jahrhunderts" findet sich mit einem Ausschreiben des Generalvikariats anlässlich des Beginns des deutsch-französischen Kriegs wieder ein deutsches Thema und dessen Rezeption auf Bistumsebene (III.7.).

Die Bearbeitung dieses Themas erwies sich insofern als schwierig und sehr zeitaufwändig, als die Zahl der zur Verfügung stehenden schriftlichen Quellen für das 19. Jahrhundert bereits beträchtlich ist, diese aber zum überwiegenden Teil nicht veröffentlicht und entsprechend nicht transkribiert waren und vor Beginn der eigentlichen Arbeit transkribiert werden mussten.

Im Anschluss an das Kapitel findet sich eine Liste mit ausgewählten Überblickswerken zur Kirchengeschichte des gesamten 19. Jahrhunderts.

III.1. Die Säkularisation

Einführung

Die geistlichen Staaten in Deutschland stellen einen Sonderfall in der europäischen Geschichte der Neuzeit dar, da der Landesherr sowohl geistliches Kirchenoberhaupt als auch weltlicher Herrscher seines Territoriums war und als solcher den weltlichen Fürsten u.a. durch Sitz und Stimme auf dem Reichstag gleichstellt war.

Im späten 18. Jahrhundert, u.a. durch Einflüsse der Aufklärung immer deutlicher in die zeitgenössische Kritik geraten, befanden sich die geistlichen Territorien zunehmend im Fokus der auf Expansion bedachten Mittelmächte sowie Preußens und Österreichs.

Das Überleben der geistlichen Territorien wurde in der Endphase des alten Reiches durch den Schutz und Zusammenhalt des Reichsverbandes sowie den österreichisch-preußischen Dualismus gesichert. Andererseits war auch das Reich und besonders der Kaiser im späten 18. Jahrhundert auf die Existenz der kleineren und geistlichen Reichsstände angewiesen. Waren sie es doch, die — nicht zuletzt aufgrund ihrer eigenen vitalen Interessen — das Reich zusammenhielten und damit die separatistischen Tendenzen der Großmächte im Reich in Schach hielten.[1]

Als Franz Egon von Fürstenberg in diesem politischen Klima 1789 letzter Fürstbischof von Hildesheim und Paderborn wurde, gehörte das Hildesheimer Fürstbistum mit einer Fläche von circa 54 Quadratmeilen und einer Bevölkerungszahl von etwa 112.400 Einwohnern zu den kleineren Reichsterritorien. Es umfasste zu dieser Zeit in seinem zentralen Bereich das Gebiet des heutigen

---
1 Karl Otmar Frh. v. ARETIN, Heiliges Römisches Reich 1776 - 1806. Reichsverfassung und Staatssouveränität. Teil 1: Darstellung, (Veröffentlichungen des Institutes für Europäische Geschichte Mainz Band 38), Wiesbaden 1967, S. 372f.

Landkreises Hildesheim sowie Teile der heutigen Kreise Hannover, Peine, Salzgitter, Goslar, Northeim und Wolfenbüttel.

Das agrarisch geprägte, geopolitisch attraktive Land hatte sich - obwohl eingebettet in das welfisch-protestantisch dominierte Norddeutschland - bisher allen Versuchen einer Säkularisation und Annexion durch die umliegenden Staaten, d.h. durch Hannover und Preußen, entziehen können.[2]

Für die letztliche Säkularisation Hildesheims bedurfte es der weitreichenden Veränderungen der Napoleonischen Kriege und ihrer Auswirkungen. Bereits in den geheimen Zusatzabkommen zum Frieden von Basel (1795) finden sich Bestimmungen nach dem von Frankreich favorisierten Prinzip: Entschädigung durch Säkularisation. Nach deren öffentlichen Bekanntwerden, spätestens jedoch seit dem Frieden von Rastatt (1797) war klar, dass das Ende der Existenz der geistlichen Staaten nur noch eine Frage der Zeit sein würde und diese in absehbarer Zeit dem Expansionsdrang und den Machtansprüchen der deutschen Hegemonialmächte zum Opfer fallen würden.[3]

Letztlich war es der Friede von Lunéville (1801), geschlossen zwischen Frankreich und dem Heiligen Römischen Reich deutscher Nation, durch welchen die Reichsfürsten ihren gesamten Besitz auf dem linken Rheinufer verloren und die geistlichen Staaten zur Entschädigungsmasse für die erlittenen Verluste wurden. Für Frankreich war neben der Abtretung der linksrheinischen Gebiete die Entschädigung durch Säkularisation eine unbedingte Voraussetzung für das Zustandekommen eines Friedensschlusses überhaupt gewesen.

Für die endgültige Entscheidung über die Säkularisation sowie ihre Durchführung und Details wurde – den Bestimmungen des Friedens von Lunéville entsprechend – zum 2. August 1802 eine außerordentlichen Reichsdeputation nach Regensburg einberufen. Diese erarbeitete mit dem Reichsdeputationshauptschluss RDHS (1803) eine Durchführungsverordnung. Allerdings begann eine Reihe von Staaten schon deutlich vor der Verabschiedung des RDHS mit der Besetzung der ihnen zustehenden Territorien. Zu diesen gehörte auch Preußen, welches sich bereits im Mai 1802 durch einen preußisch-französischen Vertrag nochmals seiner Ansprüche versichert hatte. Diese entsprachen in ihrem Umfang eher einer Eroberung als einer Entschädigung, denn die Verluste

---

2 Manfred HAMANN, Das Staatswesen der Fürstbischöfe von Hildesheim im 18. Jahrhundert, in: Niedersächsisches Jahrbuch für Landesgeschichte 34 (1962), S. 162f.
3 Klaus Dieter HÖMIG, Der Reichsdeputationshauptschluß vom 25. Februar 1803 und seine Bedeutung für Staat und Kirche, Tübingen 1969, S. 24f.

Preußens auf der linken Rheinseite hatten nur 48 Quadratmeilen betragen, die zur Entschädigung zugestandenen Territorien hatten jedoch eine Größe von 235 Quadratmeilen. Weiterhin war dieser Vertrag für Preußen bedeutsam, da es so anderen Staaten — wie beispielsweise Hannover/England — oder weiteren Reichsbeschlüssen zuvorkommen konnte.

Am Vormittag des 3. August 1802 schließlich rückten die angekündigten preußischen Truppen in Hildesheim ein, wo sie von der Bevölkerung mit gemischten Gefühlen erwartet wurden. Sie besetzten sofort die Torwachen und den Domhof.[4]

Für das Bistum Hildesheim hatte die Säkularisation von 1803 insofern sehr langfristige Folgen, als aufgrund der nachfolgenden, mehrfachen Herrschaftswechsel (1807: Königreich Westfalen, 1813 bzw. 1815: Kurfürstentum/Königreich Hannover, 1866: Königreich Preußen) und (staatlichen) Desinteresses die Eigentumsverhältnisse am Domhof und am Dom selbst bis in die Nachkriegszeit nicht endgültig geklärt wurden. Ein ausführliches Gutachten aus dem Jahre 1914 kam zu dem Schluss, dass Domkirche und Domhof bzw. Kuriengebäude Eigentum der Kirche seien[5], weitere Verhandlungen fielen jedoch dem ersten Weltkrieg zum Opfer und auch ein späterer Vorstoß seitens des Bistums, die Eigentumsfrage endgültig zu klären verlief im Jahre 1929 im Sande bzw. wurde von den staatlichen Stellen „ausgesessen".[6]

---

4 Hans-Georg ASCHOFF, Das Bistum Hildesheim zwischen Säkularisation und Neuumschreibung - Ein Beitrag zum 175. Jubiläum der Zirkumskriptionsbulle „Impensa Romanorum Pontificum", in: Die Diözese Hildesheim in Gegenwart und Vergangenheit, 67 (1999), S. 193-246, hier S. 196ff.
5 Vgl. BAH Domkapitel I, 254: Gutachten des Oberstiftungsrates Dr. Schmitt, Karlsruhe, über das Eigentum an der Domkirchen Hildesheim, 1914. Außerdem Schriftwechsel des Domkapitels mit der königlichen Regierung. BAH Domkapitel I, 253: Eigentumsverhältnisse des großen und kleinen Domhofes (1913-1954), Blatt 46ff.
6 BAH Domkapitel I, 253: Eigentumsverhältnisse des großen und kleinen Domhofes (1913-1954), Blatt 82ff.

M1   Die Säkularisation in Hildesheim (1802/03)
Brief des preußischen Königs an den Fürstbischof von Hildesheim und Paderborn mit Ankündigung der Durchsetzung der Beschlüsse des Friedens von Lunéville (1801)

Da sich schon seit dem Frieden von Basel abgezeichnet hatte, dass Preußen nach dem Schluss eines allgemeinen Friedens u.a. das Gebiet des Fürstbistums Hildesheim zur Entschädigung des Verlustes von Besitzungen auf dem linken Rheinufer erhalten würde, war der Bevölkerung des Hochstiftes die Besetzung desselben auf der Grundlage des Friedens von Lunéville schon verhältnismäßig früh angekündigt worden. Bereits am 6. Juni 1802 ließ König Friedrich Wilhelm III. von Preußen von Königsberg aus verkünden, „haben Wir [...] beschlossen, nunmehr von gedachten Stift Hildesheim und allen seinen Orten, Zubehörden und Zuständigkeiten [...] Besitz nehmen zulassen, und die Regierung darin anzutreten."[7] Mit dem 24. Juli 1802 schließlich wurde auch die Regierung offiziell auf das Ende des Fürstbistums Hildesheim vorbereitet. Der unten stehende Brief kündigte die Besetzung des Hochstiftes an. Mit dem Wissen um die Vorgeschichte und die preußischen Interessen in Norddeutschland erscheint allerdings die Bemerkung „Se. Majestät gehen nicht ohne ein aufrichtiges Bedauern an die Ausführung derselben [=der Bestimmungen des Friedens von Lunéville]" recht geschönt und durch die Kenntnis des ursprünglich geheimen, jedoch 1796 bekannt gewordenen, preußisch-französischen Zusatzartikels des Friedensvertrages von Basel musste sie auch dem Fürstbischof geradezu wie blanker Hohn erscheinen.

An den Herrn Fürstbischof* zu Hildesheim und Paderborn

Hochwürdigster Hochgebohrner Reichs-Fürst und Bischof

Ew.* Fürstl. Gnaden ist aus den Verhandlungen des Reichs bekannt, daß durch den zwischen Sr. Römisch-Kayserl. Majestät* und dem Deutschen Reich und der Republik Frankreich zu Lunéville errichtete Friedensschluß denjenigen erblichen Reichsstände*, welch bey der Abtretung der Länder an diese Republik

---
[7] NdsHStAH, Hild. Br. 1 Nr. 3536, Blatt 7, 'Königliches Patent an die sämmtlichen geistlichen und weltlichen Stände und Einwohner des Stiftes Hildesheim', Friedrich Wilhelm III. von Preußen, Königsberg am 6. Juni 1802.

ihre dort gelegenen Länder verlieren, die Zuteilung angemessener Entschädigungen auf der rechten Rheinseite versichert worden ist. Es haben hiernach zwischen den an dieser Angelegenheit vorzüglich theilnehmenden Mächten bereits weitere Verhandlungen statt gefunden, und es ist darin nunmehr ein vorläufiges Einverständnis erwachsen, welches binnen kurzer Zeit überall seine Folge zu erwarten hat.

Se. Königliche Majestät* unser allergnädigster Herr befinden sich in der Kathegorie* jener Reichsstände [...] die [durch Abgabe] Ihrer jenseits des Rheinstromes gelegenen Provinzen allgemeine Ruhe und [...] Frieden gebracht haben. Allerhöchstderselben[8] sind dagegen durch das Einverständnis Rechte unter anderem auf die Hochstifter* Hildesheim und Paderborn zur Entschädigung bestimmt und zugeteilt worden, in der Art, daß höchstdieselbe[9] davon jetzt gleich Besitz zu nehmen haben.

Se. Königl. Majestät sind hiernach zu der Entschließung veranlasst worden, es bey dieser Besitznahme von beyden Hochstiftern gegenwärtig bewenden zu lassen, die obere Leitung [...] haben Allerhöchstdieselbe dem [...] Minister Herrn Grafen von der Schulenburg anvertraut. [...] Zugleich haben Se. Königl. Majestät uns aufgetragen, Ew. Fürstliche Gnaden [...] Kenntnis zu erteilen, Se. Majestät gehe nicht ohne ein aufrichtiges Bedauern an die Ausführung derselben[10], in so fern solche für Ew. Fürstl. Gnaden unangenehm ist und Hochdieselbe[11] sich ungern von Stifts-Ländern und Unterthanen trennen, welche Ihrer Regierung bis hierhin anvertraut gewesen sind. Ew. Fürstl. Gnaden Denkungsart läßt indessen Se. Königl. Majestät keinen Zweifel, daß Höchstdieselbe sich in die Umstände, die nicht abzuändern sind fügen, und dem gemeinen Wohl das Beste bringen werde, endliche Beruhigung des Deutschen Vaterlandes und so drängendes Bedürfnis nach einem festen und gesicherten Bestand. [...]

Berlin 24. July 1802

Ew. Fürstl. Gnaden gehorsamer Diener, ... Königl. Preuß. geheimer Etats-Rath

BAH Generalia I, 41, Blatt 6-7.

---

8 Der preußische König.
9 Majestät/ der preuß. König.
10 Die Beschlüsse des Friedens von Luneville.
11 Der Bischof (bischöfliche Gnaden).

Annotationen

*Fürstbischof - Bischof, geistlicher Leiter einer Diözese und auch Landesherr eines Gebietes (=Fürst).
*„Ew." - Euer/ Eure.
*Sr. Römisch-Kayserl. Majestät - hier Kaiser Franz II.
*Erbliche Reichsstände - Gebiete, in denen die Landesherrschaft vererbt wird.
*Se. Königliche Majestät - hier der König von Preußen.
*„Kathegorie" - Gruppe.
*„Hochstift" - Teil eines Bistums, welches vom Bischof auch landesherrlich regiert wurde.

Mögliche Aufgaben

- Benenne den Absender und den Empfänger des Briefes und seine jeweilige gesellschaftliche Stellung.
- Benenne die Inhalte des Friedens von Lunéville.
- Erkläre, auf welche Weise der preußische König und der Fürstbischof von Hildesheim und Paderborn vom Friedensschluss von Lunéville betroffen sind.
- Untersuche, wie sich der preußische König dem Fürstbischof von Hildesheim und Paderborn gegenüber verhält.
- Überlege, wie sich der Bischof von Hildesheim und Paderborn dem preußischen König gegenüber verhalten könnte.
- Bewerte das Verhalten des preußischen Königs gegenüber dem Fürstbischof von Hildesheim und Paderborn.

Weitere Einsatzmöglichkeiten und methodische Vorschläge

- Verknüpfung mit Quelle M3 (Säkularisation). Einleitende Fragestellung: Überlege, wie sich der Bischof von Hildesheim und Paderborn dem preußischen König gegenüber verhalten könnte.
- Verknüpfung mit M3, Auszug aus dem Reichsdeputationshauptschluss.

Das 19. Jahrhundert

Abb. III.1: Karte, Nordwestdeutschland im 17. und 18. Jahrhundert

M2   Auszug aus dem Reichsdeputationshauptschluss

Der Friede von Lunéville hatte bereits die Präliminarien für eine Neuordnung des Reiches vorgegeben, nun oblag es der außerordentlichen Reichsdeputation, die Ausführung dieser vorzubereiten, sie in einem Reichsbeschluss gesetzlich festzulegen und damit die gefassten Beschlüsse dem Reichsrecht gemäß zu regeln.[12] Beeinflusst wurde die Konkretisierung der Entschädigungsregelungen dadurch,

---
12 Peter HERSCHE, Napoleonische Friedensverträge : Campo Formio 1797, Lunéville 1801, Amiens 1802, Preßburg 1805, Tilsit 1807, Wien-Schönbrunn 1809; 2. Aufl., Bern 1973, S. 3f.

dass Frankreich sich seine Mitwirkung an weiteren Verhandlungen im Frieden von Lunéville hatte zusichern lassen, die geheimen Zusatzabkommen der Friedensschlüsse von Basel und Campo Formio, welche schon seit 1795 die Säkularisation vorbereitet hatten, einzubeziehen waren und auch die im Oktober 1801 geschlossene französisch-russische Geheimkonvention und weitere Verträge einzelner Staaten - darunter auch Preußen - von der Deputation beachten werden mussten. Nach letzten Änderungen war das Vertragswerk schließlich Ende Februar 1803 fertiggestellt; es waren jetzt für sein Inkrafttreten lediglich noch die Zustimmung der allgemeinen Reichsversammlung sowie die Genehmigung des Kaisers notwendig.[13] Deren Zustimmung machte aus einem zuvor weitgehend katholisch dominierten Reich nun endgültig einen überwiegend protestantischen Staatenbund, welcher mit dem alten Heiligen Römischen Reich deutscher Nation nur noch bedingte Ähnlichkeit hatte.[14] Insgesamt verschwanden 112 Reichsstände von der Landkarte, darunter fast alle geistlichen Territorien.

Hauptschluß* der ausserordentlichen Reichsdeputation*.
„Reichsdeputationshauptschluß"
Vom 25. Februar 1803.

[...] Die Austheilung* und endliche Bestimmung der Entschaedigungen geschieht, wie folgt: [...]

§. 3.

Dem Könige von Preußen [...] für das Herzogthum Geldern, und den auf dem linken Rheinufer gelegenen Theil des Herzogthums Cleve, für das Fürstenthum Moeurs [...] und für die Rhein- und Maaszölle: die Bisthümer Hildesheim und Paderborn; das Gebiet von Erfurt [...], alle Mainzischen Rechte und Besitzungen in Thüringen, das Eichsfeld. [...], die Abteyen* Herforden, Quedlinburg, Elten, Essen, Werden und Kappenberg, und die Reichsstädte Mühlhausen, Nordhausen und Goslar; endlich die Stadt Münster, nebst Theile[n] des Bisthums. [...]
Dieser Vertheilung werden noch folgende allgemeine Bestimmungen beigefügt:

---

13 Klaus Dieter HÖMIG, Der Reichsdeputationshauptschluß vom 25. Februar 1803 und seine Bedeutung für Staat und Kirche, Tübingen 1969, S. 28.
14 Karl Otmar Frh. v. ARETIN, Vom Deutschen Reich zum Deutschen Bund, 2. Aufl., Göttingen 1993, S. 10.

§. 34.

Alle Güter der Domkapitel* [...] gehen mit den Bisthümern auf die Fürsten über, denen diese angewiesen sind. [...]

§. 35.

Alle Güter der [...] Stifter, Abteyen und Klöster, in den alten sowohl als in den neuen Besitzungen, [...] werden der freien und vollen Disposition* der [...] Landesherrn, sowohl zum Behuf* des Aufwandes für Gottesdienst, Unterrichts- und andere gemeinnützige Anstalten, als zur Erleichterung ihrer Finanzen überlassen, unter dem bestimmten Vorbehalte der festen und bleibenden Ausstattung der Domkirchen, welche werden beibehalten werden, und der Pensionen für die [...] Geistlichkeit [...].

§. 42.

Die Säcularisation* der geschlossenen Frauenklöster kann nur im Einverständniß mit dem Diöcesan-Bischofe geschehen. Die Mannsklöster hingegen sind der Verfügung der Landesherrn oder neuen Besitzer unterworfen, welche sie nach freiem Belieben aufheben oder beibehalten können. [...]

§. 48.

Allen abtretenden Regenten* bleibt ihre persönliche Würde mit dem davon abhängenden Range [...].

§. 50.

Den sämmtlichen abtretenen geistlichen Regenten ist nach ihren verschiedenen Graden auf lebenslang eine ihrem Range und Stande angemessene freie Wohnung mit Meublement* und Tafelservice*, auch den Fürstbischöfen* und Fürstäbten* [...] ein Sommeraufenthalt* anzuweisen. [...]

§. 51.

Die Sustentation* der geistlichen Regenten, deren Lande [...] an weltliche Regenten übergehen, kann, da ihr Einkommen sehr verschieden ist, nur nach Verhältniß regulirt [...] werden.

Für Fürstbischöfe [beträgt] das Minimum 20,000 und das Maximum 60,000 Gulden;

§. 62.

Die Erz- und Bischöflichen Diöcesen aber verbleiben in ihrem bisherigen Zustande, bis eine andere Diöcesaneinrichtung* auf reichsgesetzliche Art getroffen seyn wird, wovon dann auch die Einrichtung der künftigen Domkapitel abhängt.

§. 63.

Die bisherige Religionsübung eines jeden Landes soll gegen Aufhebung und

Kränkung aller Art geschützt seyn; insbesondere jeder Religion der Besitz und ungestörte Genuß ihres [...] Kirchenguts* [...]; dem Landesherrn steht jedoch frei, andere Religionsverwandte* zu dulden und ihnen den vollen Genuß bürgerlicher Rechte zu gestatten. [...]

Protokoll der außerordentlichen Reichsdeputation zu Regensburg 1803, Band 2, S. 841. Hauptschluß der ausserordentlichen Reichsdeputation (25. Februar 1803), auf: http://www.documentArchiv.de/nzjh/rdhs1803.html, (Stand 30. September 2013).

Annotationen
*Hauptschluß - Beschluss.
*Reichsdeputation - Ausschuss der Vertreter der Reichsstände zur Regelung besonderer Angelegenheiten.
*Austheilung - Aufteilung.
*Abteyen/ Abtei - Kloster.
*Domkapitel - Gruppe von hohen Geistlichen, die den Bischof wählen und ihn beraten.
*Disposition - Verfügung.
*Behuf - Zum Zwecke.
*Säcularisation/ Säkularisation - Verweltlichung/ Auflösung.
*Regenten - Herrscher.
*Meublement - Möbel.
*Tafelservice - Geschirr.
*Fürstbischöfe - Bischof ist zugleich Landesherr über ein bestimmtes Gebiet.
*Fürstäbte - Abt (Klostervorsteher), ist zugleich Landesherr über ein bestimmtes Gebiet.
*Sommeraufenthalt - Sommerresidenz/ Sommersitz.
*Sustentation - Versorgung/ Abfindung.
*Diöcesaneinrichtung - Diözesanstruktur.
*Kirchengut - Kirchenbesitz.
*Religionsverwandte - Andere Konfessionen.

Mögliche Aufgaben
- Fasse die zentralen Aspekte der Quelle zusammen, indem du benennst:
  a) Welche Entschädigungen die Landesherren für die Abtretung linksrheinischer Gebiete nach den napoleonischen Kriegen/dem Frieden von Lunéville erhielten.

b) Welche Befugnisse/Aufgaben die Reichsdeputation den einzelnen Landesherren übertrug.
c) Welche Rechte die Bischöfe behielten und wie ihre Versorgung geregelt war.
d) Welche Entscheidung die Reichsdeputation hinsichtlich der Religionsausübung traf.
- Untersuche, welche Artikel eher religiösen und welche eher politischen bzw. finanzpolitischen Charakter haben.
- Beurteile einzelne Regelungen vor dem Hintergrund der politischen Situation in Europa.

Weitere Einsatzmöglichkeiten und methodische Vorschläge
- Verknüpfung mit den anderen Quellen (M1 und M3), Landkarte.
- § 62 weist einen direkten Bezug zu Regelungen der Bulle Impensa Romanorum Pontificum (Zirkumskription des Bistums 1824/25, Kapitel III.2.) auf.

M3 Eidesvollmacht des Bischofs von Hildesheim

Die Herrschaftssäkularisation des ehemaligen Fürstbistums Hildesheim umfasste neben der reinen Annexion des Staatswesens, welche de facto bereits mit der Besetzung des Territoriums vollzogen war, auch alle Formen der landesherrlichen Gewalt. Das Imperium ging mit allen seinen Rechtstiteln auf einen anderen Herrscher über, der Reichsstand hörte damit praktisch auf zu existieren. De jure aber bedurfte es noch einer Reihe von Verordnungen und Erlassen, um das neue Gebiet an das alte, bereits vorhandene Territorium anzugleichen. Ein Schritt in diesem Prozess ist die Eidesleistung des alten Landesherrn an den neuen. Am 10. Juli 1803 leistete der ehemalige Fürstbischof Franz Egon von Fürstenberg dem König von Preußen „als rechtmäßigen König und Landesherrn der Fürstenthümer Hildesheim und Paderborn den Eid der Treue und des Gehorsams", womit er Friedrich Wilhelm III. als seinen Landesherrn in seinem vormals eigenen Ter-

ritorium anerkannte. Dabei verweist er explizit auf § 48 des RDHS und den ihm danach zustehenden Schutz seiner persönlichen Würde und Unmittelbarkeit als ehemaliger Reichsfürst. In der Folgezeit hatte auch der Klerus und besonders das Domkapitel einen Eid auf den König als neuen Landesherrn zu schwören.[15]

Vollmacht.
Wir Franz Egon Bischof zu Hildesheim und Paderborn, des hl. R. Reiches Fürst urkunden und beteuern, daß nachdem Wir in der Eigenschaft als Mediat*-Bischof der Fürstenthümer Hildesheim und Paderborn auf den 10ten Julij Vormittags 10 Uhr auf die Kapitel-Stube* der hiesigen Domkirche eingeladet worden, um Sr. Königl. Majestät von Preußen als rechtmäßigen König und Landesherrn der Fürstenthümer Hildesheim und Paderborn den Eid der Treue und Gehorsams, jedoch mit Vorbehalt der Uns nach dem § 48 des Reichs-Haupt-Conclusi* vom 28ten Februar als des Hl. R. Reiches Fürsten zustehende Unmittelbarkeit abzuleiten; Wir zu solcher Eidesleistung dem Herrn Carl Friderich Freyherrn v. Wendt, Weybischof*, General Vicar* und Official*, Dompropst*, auch Probst bey dem Collegiat-Stifte* zum Hl. Kreuz zu Hildesheim Auftrag und Unsere Vollmacht gegeben haben. Thuen auch das [...] daß derselbe Unseretwegen am vorbestimmten Tage sich gehörigen Orts anmelde, und Sr. Königl. Majestät von Preußen den Eid der Treu und des Gehorsams unseretwegen in der Eigenschaft als Mediatbischof von Hildesheim und Paderborn in der Maaße und Form wie Uns solcher Eid vorgelegt ist, und hierneben abschriftlich mitgetheilt wird [...] schwören.

   Was nun also unser Bevollmächtigter also thun und verrichten wird, wollen Wir jederzeit für genehm erkennen und halten, als wenn wir es persönlich gethan und verrichtet hätten. Dieser Eid der Treue und des Gehorsams schwören Ihro Königlichen Majestät Leibes- und Lehens-Erben*, [...] getreu, gewärtig, und gehorsam zu seyen, Ihro Königliche Majestät Frommen und Bestes zu werben, Nachtheil und Schaden zu wehren, und alles das zu thun, was ein getreuer [...] Bischof dem Landesherrn zu thun gepflichtet ist.

BAH Generalia I, 41, Blatt 8/8v.

---

[15] BAH Generalia XII, 1, Blatt 8-9 v., Über die Eidesleistung des Klerus und des Domkapitels, Hildesheim im Juli 1803.

Annotationen

*Mediat - mittelbar, der Landesherr/ Bischof ist die Institution, die dem Land den Rechtsstatus eines Reichsstandes verlieh und mit dem König bzw. Kaiser in Beziehung trat. D.h. der eigentliche Reichsstand ist der Bischof.
*Kapitel-Stube - Versammlungsort des Domkapitels.
*Reichs-Haupt-Conclusi - Reichsdeputationshauptschluß (RDHS).
*Weybischof/ Weihbischof - Stellvertreter des Bischofs in geistlichen Angelegenheiten.
*General Vicar/ Generalvikar - Leiter der bischöflichen Verwaltung/ der Verwaltung des Bistums.
*Official/ Offizial - oberster Kirchenrichter eines Bistums.
*Domprobst - Vorsteher des Domkapitels.
*Collegiat-Stifte - Gruppe von in Gemeinschaft lebenden Priestern.
*Lehens-Erben - Amtsnachfolger des Königs, in der Regel die Kinder/ der Sohn.

Mögliche Aufgaben

- Beschreibe, womit der Bischof seinen Weihbischof in dieser Vollmacht beauftragt. Berücksichtige dabei, wem der Bischof diesen Eid leisten muss.
- Erläutere den Vorbehalt, den der Bischof bei der Eidesleistung gegenüber dem König anführt.
- Überlege, warum der Bischof diesen Vorbehalt formuliert.
- Überprüfe, inwieweit § 48 oder andere Artikel des Reichsdeputationshauptschlusses für zukünftige Rechtsansprüche im Hildesheimer Falle in Frage kommen.

Weitere Einsatzmöglichkeiten und methodische Vorschläge

- Verknüpfung mit Reichsdeputationshauptschluss (M2) und Bekanntgabe der Säkularisation des Bistums Hildesheim (M1) (s. Mögliche Aufgaben).

M4 Inbesitznahme des Hildesheimer Territoriums durch den König von Großbritannien Georg III. (6. November 1813)

Im Zuge der Befreiungskriege kam es im Juni 1813 im schlesischen Reichenbach zu Verhandlungen hinsichtlich des gemeinsamen Vorgehens gegen Napoleon. Hier wurde auch bereits die Wiederherstellung der von Frankreich eroberten Staaten als Ziel des Krieges festgelegt. Hannover-England schloss sich in einem Geheimartikel des Reichenbacher Vertrages dem preußisch-russischen Bündnis gegen Napoleon an. Als Gegenzug für die Zahlung von monatlichen Summen zur Finanzierung des Kriegs, der Sicherung des preußischen Territoriums und Handels durch die britische Marine und der Zusage der weitgehenden Wiederherstellung Preußens in den Grenzen von 1806 erhielt das Welfenhaus territoriale Entschädigungen, darunter auch das Fürstentum Hildesheim. Dieses wurde von Hannover gleich nach dem Ende des Königreiches Westfalen besetzt.[16] Damit waren bereits vor dem Wiener Kongress Fakten geschaffen worden, die von diesem auch nicht verändert wurden.[17]

An das Bischöfliche Vikariat*,
Ew. Hochwürden* werden schon erfahren haben, daß wir die Unterzeichneten von Sr. Exzellenz dem Herrn General Grafen von Wallmoden beauftragt sind, das Fürstenthum Hildesheim für Sr. Königl. Majestät von Großbritannien* in Besitz zu nehmen.

Wir wünschen die Herrn, in ihren Funktionen ganz in der bisherigen Form provisorisch fortzufahren, in den Ausfertigungen* sich jedoch allen Formen, die auf die vormalige Errichtung des Königreichs Westphalen Beziehung haben könnten, zu vermeiden.

Auch veranlaßt uns diese gewiß allgemein ersehnte glückliche Veränderung der Dinge, Ew. Hochwürden zu ersuchen, daß Sie am 14. d.M.* in allen Kirchen des ganzen Fürstenthums Hildesheim, mit Einschluß der Stadt Hildesheim ein feyerliches Te Deum* veranstalten wollen, welches in den Hauptkirchen beyder Confessionen* allhier in der Stadt Hildesheim mit feyerlicher Musik zweckmäßig begleitet, letztere auch mit der bekannten Melodie des God save the King* eröffnet und geschlossen werden könnte.

---

16 Hans-Georg ASCHOFF, Staat und katholische Kirche im Königreich Westfalen, in: Die Diözese Hildesheim in Vergangenheit und Gegenwart 71 (2003), S. 131-177, hier S. 133.
17 Hans-Georg ASCHOFF, Die Welfen - Von der Reformation bis 1918, Stuttgart 2010, S. 220ff.

Wir werden die dabey von den Kanzeln zu verlesende Proclamation*, sobald wir dieselbe erhalten können, den Herren zuzufertigen die Ehre haben.
  Die provisorische Regierungs Commission
  Blum   Arenhold

BAH Generalia I, 41, Blatt 64/64v.

Annotationen
*Bischöfliches Vikariat - Bischöfliches Generalvikariat/ oberste kirchliche Verwaltungsbehörde des Bistums.
*Ew. Hochwürden - hier der Bischof.
*Sr. Königl. Majestät von Großbritannien - hier Georg III., König von Großbritannien und Kurfürst von Hannover.
*Ausfertigungen - Dokumente/ Schriftstücke.
*d.M. - des Monats.
*Te Deum - Lobgesang.
*Confessionen/ Konfessionen - evangelisch und katholisch.
*God save the King - britische Nationalhymne.
*Proclamation - Bekanntgabe.

Mögliche Aufgaben
- Gib den Inhalt der Ankündigung in eigenen Worten wieder. Berücksichtige dabei im Besonderen, worüber das „Bischöfliche Vikariat" in Hildesheim informiert wird und wozu es aufgefordert wird.
- Erläutere die vorhergehenden Ereignisse, aufgrund welcher der König von Großbritannien 1813 das Hildesheimer Territorium in Besitz nehmen konnte.
- Stelle Vermutungen an, warum jeder Bezug zum Königreich Westfalen vermieden werden sollte.
- Vergleiche die Ankündigung der Inbesitznahme durch den König von Großbritannien mit der Ankündigung der Durchsetzung des Friedens von Lunéville durch den preußischen König und erläutere die Unterschiede.

Weitere Einsatzmöglichkeiten und methodische Vorschläge
- Entwicklung Hannovers vom Kurfürstentum zum Königreich.
- Koalitionen gegen Napoleon.

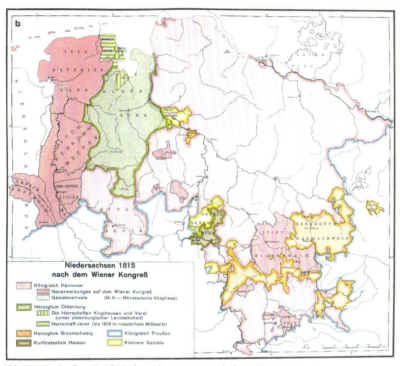

Abb. III.2: Karte, (heutiges) Niedersachsen 1815 nach dem Wiener Kongress

Schlagworte
- 2. Koalitionskrieg [M1 u. 3]
- Abfindung [M2]
- Befreiungskriege [M4]
- Diözesaneinrichtungen [M2]
- Domkapitel [M2 u. 3]
- Eid/Treueeid [M3]
- Entschädigungen [M1 u. 2]
- Franz II. (Kaiser) [M1 u. 2]
- Franz Egon von Fürstenberg [M1 u. 3]

Das 19. Jahrhundert

- Friede von Lunéville [M1-3]
- Georg III. [M4]
- God save the King [M4]
- Graf von der Schulenburg [M1]
- Hannover [M4]
- Kirchengut [M2]
- Klöster [M2]
- Königreich Westfalen [M4]
- Landesherrschaft (weltliche und geistliche Staaten) [M1-3]
- Napoleon/Napoleonische Kriege [M2 u. 3]
- Personalunion (Hannover-Großbritannien) [M4]
- Preußen [M1-3]
- Reichsdeputationshauptschluss [M3]
- Reichsstände [M1]
- Religionsfreiheit [M2]
- Säkularisation [M1- 3]
- Stiftungen [M2]
- Untertan [M3]
- Vollmacht/Bevollmächtigter [M3]
- Weihbischof [M3]
- Wiener Kongress [M4]

Verweise auf Schulbücher

Dieter BRÜCKNER u. Harald FOCKE (Hg.), Das waren Zeiten. Band 3/ Jg. 8 Gymnasium Niedersachsen: Vom Absolutismus bis zur Industrialisierung, Bamberg 2010. (Zu M1-3: S. 63f.; M4: S. 68f. u. S. 72f.)

Joachim CORNELISSEN u. a. (Hg.), Mosaik E2: Der Geschichte auf der Spur. Vom Hochmittelalter bis zum Zeitalter der Revolutionen, München 2009. (Zu M1-3: S. 192f.; M4: S. 194 u. S. 196f.)

Hans-Wilhelm ECKHARDT u. a. (Hg.), Zeit für Geschichte, Band 8 Gymnasium Niedersachsen, Braunschweig 2009. (Zu M1-3: S. 102f.; M4: S. 112f.)

Hans-Otto REGENHARDT u. Claudia TATSCH (Hg.), Forum Geschichte. Allgemeine Ausgabe Band 3: Vom Zeitalter des Absolutismus bis zum Ende des Ersten Weltkriegs, Berlin 2002. (Zu M1-3: S. 116)

Michael SAUER (Hg.), Geschichte und Geschehen, Band 4 Bremen und Niedersachsen, Leipzig 2010. (Zu M1-3: S. 108f.; M4: S. 114-116 u. S. 124-126)

Verweise auf Fachliteratur

Peter ALBRECHT, Was berichtete die zeitgenössische politische Presse über die Säkularisation des Bistums Hildesheim im Zeitraum vom 1. Mai 1802 bis zum 30. September 1803, in: Die Diözese Hildesheim in Vergangenheit und Gegenwart 71 (2003), S. 231-261.
Hans-Georg ASCHOFF, Das Bistum Hildesheim zwischen Säkularisation und Neuumschreibung – Ein Beitrag zum 175. Jubiläum der Zirkumskriptionsbulle „Impensa Romanorum Pontificum", in: Die Diözese Hildesheim in Vergangenheit und Gegenwart 67 (1999), S. 193-246.
Hans-Georg ASCHOFF, Staat und katholische Kirche im Königreich Westfalen, in: Die Diözese Hildesheim in Vergangenheit und Gegenwart 71 (2003), S. 131-177.
Stefan BRINGER, Die Auflösung von Klöstern: Die Augustiner-Chorherrenstifte im Fürstbistum Hildesheim, in: Die Diözese Hildesheim in Vergangenheit und Gegenwart 71 (2003), S. 263-275.
Alexander DYLONG, Die geistliche Verwaltung des Fürstbistums Hildesheim in preußischer und westphälischer Zeit (1802-1813), in: Die Diözese Hildesheim in Vergangenheit und Gegenwart 59 (1991), S. 39-52.
Peter HERSCHE, Napoleonische Friedensverträge : Campo Formio 1797, Lunéville 1801, Amiens 1802, Preßburg 1805, Tilsit 1807, Wien-Schönbrunn 1809, 2. Aufl., Bern 1973.
Klaus Dieter HÖMIG, Der Reichsdeputationshauptschluß vom 25. Februar 1803 und seine Bedeutung für Staat und Kirche, Tübingen 1969.
Friedhelm JÜRGENSMEIER, Die Säkularisation und ihre Auswirkungen auf die Germania Sacra, in: Die Diözese Hildesheim in Vergangenheit und Gegenwart 71 (2003), S. 1-24.
Karl Heinrich KAUFHOLD, Wirtschaft und Gesellschaft in den Fürstbistümern Hildesheim und Osnabrück zur Zeit der Säkularisation, in: Die Diözese Hildesheim in Vergangenheit und Gegenwart 71 (2003), S. 179-208.
Harm KLUETING (Hg.), 200 Jahre Reichsdeputationshauptschluss: Säkularisation, Mediatisierung und Modernisierung zwischen Altem Reich und neuer Staatlichkeit, Tagung der Historischen Kommission für Westfalen vom 3.-5. April 2003 in Corvey, Münster 2005.

Ida-Christine RIGGERT-MINDERMANN, Die Auflösung der Frauenklöster im Bistum Hildesheim zu Beginn des 19. Jahrhunderts, dargestellt am Beispiel der Klöster Wöltingerode, Escherde, Dorstadt und Heinigen, in: Die Diözese Hildesheim in Vergangenheit und Gegenwart 71 (2003), S. 299-317.
Thomas SCHARF-WREDE (Hg.), Umbruch oder Übergang? Die Säkularisation von 1803 in Norddeutschland, Hildesheim 2004.
Christian M. ZACHLOD, Die Staatsfinanzen des Hochstifts Hildesheim vom Ende des Siebenjährigen Krieges bis zur Säkularisation: (1763–1802/03), Stuttgart 2007.

III.2. Die Neuumschreibung des Bistums Hildesheim durch die Zirkumskriptionsbulle Impensa Romanorum Pontificum (26. März 1824)

Einführung

Nach der Übernahme des Hildesheimer Territoriums durch das Königreich Hannover 1813 und der Bestätigung durch den Wiener Kongress begannen 1817 in Rom die Verhandlungen für ein Konkordat zwischen dem Königreich Hannover und dem Heiligen Stuhl. Trotz von Anfang an diametraler Positionen dauerten die Verhandlungen bis 1821, mussten dann, da eine Übereinkunft noch immer nicht erreicht war, als gescheitert erklärt werden. Ein Jahr später gelang es, sich auf die Form einer Bulle zu einigen, die der hannoversche Unterhändler Friedrich von Reden am 2. Dezember 1823 offiziell beim Staatssekretär Leos XII., Kardinal della Somaglia beantragte.[18] Die am 26. März 1824 erlassene Bulle wurde am 20. Mai 1824 von König Georg IV. durch ein Patent bestätigt und erhielt damit Gesetzescharakter.[19] Anders als ein Konkordat regelte die Zirkumskriptionsbulle jedoch im Wesentlichen die äußeren kirchlichen Verhältnisse, wie die Umschreibung des Gebietes der Diözese, die Bischofswahl, die

---

18 Thomas SCHARF-WREDE, Das Bistum Hildesheim im 19. Jahrhundert, Straßburg 1999, S. 8f.
19 Für den Wortlaut des Gesetzes, vgl. Ernst Rudolf HUBER u. Wolfgang HUBER, Staat und Kirche im 19. und 20. Jahrhundert – Dokumente zur Geschichte des deutschen Staatskirchenrechts, Band 1, Berlin 1973, S. 298.

Besetzung des Domkapitels und die Dotation der Diözesaneinrichtungen, zu welchen der Staat aufgrund des Reichsdeputationshauptschlusses verpflichtet war. [20] Wesentliche Aspekte der Bulle sind seit 1824 in ihren Grundzügen unverändert geblieben und wurden durch spätere Konkordate bestätigt. So berief man sich in den Verhandlungen zum Preußenkonkordat beispielsweise direkt auf die Regelungen der Bullen[21] und auch im Reichskonkordat (1933) und im Niedersachsenkonkordat (1965) finden sich zahlreiche Regelungen wieder. Die 1824 festgelegte Umschreibung des Gebietes der Diözese hat sich bis auf den heutigen Tag nur wenig verändert: Durch das Preußenkonkordat von 1929 kamen die Pfarrei Rinteln und die Kuratien Obernkirchen und Bad Nenndorf aus dem Bistum Fulda an das Bistum Hildesheim und mit der Einrichtung des Erzbistums Hamburg 1995 wurden die südlich der Elbe auf Hamburger Gebiet liegenden Gemeinden diesem zugeordnet. Besondere, langfristige Bedeutung sollten jedoch die Festlegung des Wahlmodus' bei der Bischofswahl und die Dotation erlangen. Die Frage des Wahlmodus wurde im Jahre 1928 nach dem Tode Bischof Ernsts und kurz vor dem Abschluss des Preußenkonkordates akut. In diesem Falle trat das laut Bulle wahlberechtigte Domkapitel von seinem Wahlrecht zurück und der Nachfolger Ernsts wurde nach neunmonatiger Sedisvakanz und zahlreichen Verhandlungen vom Papst ernannt.[22]

Die genaue Festlegung der Dotation und die Klärung der Eigentumsverhältnisse der Gebäude am Domhof zogen sich bis in das 20. Jahrhundert und wurden letztlich erst im Urteil des Dombauprozesses 1957 entschieden.[23] Darüber hinaus bildet die ungelöste Dotationsfrage eine der Ursachen der schwierigen wirtschaftlichen Situation des Bistums in der Inflationszeit in den 20er Jahren des 20. Jahrhunderts. Die Höhe der Dotationen war längst zu gering und ein Inflationsausgleich wurde nicht gezahlt, so dass es letztlich einer Eingabe des Apostolischen Nuntius bedurfte, bis schließlich die ‚Preußische Landesver-

---

20 Hans-Georg ASCHOFF, Das Bistum Hildesheim zwischen Säkularisation und Neuumschreibung – Ein Beitrag zum 175. Jubiläum der Zirkumskriptionsbulle „Impensa Romanorum Pontificum", in: Die Diözese Hildesheim in Vergangenheit und Gegenwart 67 (1999), S. 193-246, hier S. 240ff.
21 Historisches Archiv des Staatssekretariates (Segreteria di Stato, Sezione per i Rapporti con gli Stati, Archivio Storico, SS.RR.SS), AA.EE.SS. 507 P.O. 16-17, 1921-1925 Concordato, Blatt 53-61: Pacelli (München) an Card. Gasparri sul Trattative col Governo prussiano (26. Mai 1922).
22 Julia-Carolin BOES, Das Bistum Hildesheim nach der Ära Bischof Bertram: Die Bischöfe Prof. Dr. Joseph Ernst und Prof. Dr. Nicolaus Bares - ein Überblick, unveröffentlichter Aufsatz, Vortrag gehalten anlässlich des Bertram Kolloquiums in Hildesheim 2009.
23 Vgl. Quellen zum 20. Jahrhundert in Kapitel IV (Der Wiederaufbau des Domes.).

waltung der Erhöhung der Bezüge [...] zugestimmt' hatte.[24] Außerdem schrieb Bischof Ernst selbst in diesen Jahren eine Vielzahl von Briefen an potentielle Spender im Ausland, um so die zu geringe Höhe der Dotationsgelder einigermaßen ausgleichen zu können.[25]

M1 Die Zirkumskriptionsbulle* Impensa Romanorum Pontificum 26. März 1824

[...]
I. Die Erhaltung der Bisthümer Hildesheim und Osnabrück
Dieses in der That bezweckte insonderheit Unser Vorgänger, Pius VII., [...] als er, in Folge der Sorgfalt, welche er zum Besten der Religion [...] sein Nachdenken* richtete auf zwei, durch Alter und Würde ausgezeichnete Kirchen, die Hildesheimsche und Osnabrücksche, welche ihren Ursprung aus Carls des Großen Zeit herleiten und gegenwärtig in den Grenzen des Königreichs Hannover sich befinden.

Nachdem deshalb Unterhandlungen mit dem Durchlauchtigsten* Fürsten, Georg IV., König des vereinigten Reiches Großbritannien und Irland, wie auch König von Hannover und Herzog von Braunschweig und Lüneburg statt gefunden hatte, war der Pabst [...] der Meinung [...] jene zwei bischöflichen Sitze mit ihren Capiteln* auf irgend eine Art zu erhalten [...]

II. Die Dotation* der beiden Bistümer
1. Hildesheim.
[...] Was die früheren Rechte, Privilegien* und Vorrechte der vorher namhaft gemachten Kirchen und Capitel betrifft, [...] beschließen Wir [...] daß [...] die jährlichen Einkünfte des Bischofs viertausend Thaler [...] betragen; überdies soll demselben ein Haus zu einer anständigen Wohnung gegeben und, wenn ein solches nicht vorhanden seyn sollte, dafür gesorgt werden, daß er eins erhalte. [...]

---

24 Archivio Segreto Vaticano (ASV), Segr. Stato Germania, Arch. Nunz. Berlino (Nunziatura Pacelli), Busta 82: Mons. E. Pacelli Rapporti fra Chiesa e Stato, Blatt 53, Die Preußische Gesandtschaft in München an Pacelli (05.Januar 1921).
25 Vgl. Quellen zum 20. Jahrhundert in Kapitel IV (Die Situation des Bistums in der Zeit der Inflation).

III. Die Bischofswahl

So oft nun aber einer der vorbenannten bischöflichen Sitze zu Hildesheim und Osnabrück, [...] erledigt wird*, soll das Capitel der erledigten Dom-Kirche dem Königlichen Ministerium eine Liste der aus der Geistlichkeit des gesamten Königreiches ausgesuchten Wahl-Candidaten binnen Monatsfrist*, von dem Tage der entstandenen Erledigung an gerechnet, vorlegen. Jeder der Wahl-Candidaten soll wenigstens das 30. Lebensjahr zurückgelegt haben [...] die Studien in der Theologie* und dem canonischen Recht* rühmlich vollendet und entweder die Seelsorge*, oder das Amt eines Professors in den Seminarien* mit Beifall ausgeübt, oder in der Verwaltung kirchlicher Geschäfte sich ausgezeichnet haben, in dem Besitze des besten Rufes sich befinden und seine Lehre und Sitten ohne alle Tadel seyn. Sollte der Regierung Dieser oder Jener von den auf der Liste sich befindenden Wahl-Candidaten weniger angenehm seyn, so soll ihn das Capitel auf derselben ausstreichen; doch muß noch eine hinreichenden Anzahl von Candidaten, aus welcher der neue Bischof erwählt werden kann, übrig bleiben. Als dann aber hat das Capitel zur canonischen Erwählung eines der auf der Liste übrig gebliebenen Candidaten zum Bischofe [...] zu schreiten und dafür Sorge zu tragen, daß die Wahl-Urkunde in glaubwürdiger Form binnen Monatsfrist an den Pabst eingesendet werde. [...] Ersieht der Pabst aus den ihm vorliegenden Acten, daß der Erwählte mit den nach der Bestimmung der heiligen Kirchen-Satzungen bei einem Bischofe erforderlichen Eigenschaften wirklich begabt sey, so wird er ihm die Bestätigung [...] durch einen apostolischen Brief* ertheilen. [...]

IV. Die Domkapitel

Unter die Anzahl der Capitulare sollen keine Andere aufgenommen werden, also solche, welche ein Alter von wenigstens 30 Jahren haben, mit der Priesterweihe versehen sind und in der Ausübung der Seelsorge, oder in der Verwaltung eines andern Kirchen-Amtes oder des Professorates in dem bischöflichen Seminar sich auszeichneten.

V. Die Zirkumskription

Indem Wir nunmehr übergehen zu einer neuen Grenzbestimmung [...] des Bisthums Hildesheim [und der] Osnabrückschen Kirche, so beschließen wir, [die] Trennung aller und jener Städte, Länder und Pfarreien innerhalb der Grenzen des Königreiches Hannover in zwei Kirchensprengel*, welche der Lauf des Flusses Weser begrenzt, [...] dergestalt, daß die auf der rechten Seite desselben Flusses gelegenen Pfarreien zu der Hildesheimschen Diözese, die Pfarreien hingegen, welche auf dem linken Ufer der Weser sich befinden, zu der Osnabrückschen Diözese gerechnet werden sollen.

1. Hildesheim

Den Hildesheimschen Kirchensprengel sollen [...] 55 Parochial-Kirchen*, welche bereits zu demselben gehören, bilden [...] Außerdem [...] zwanzig Pfarreien und dreizehn Hülfs-Pfarreien, welche in der Provinz Eichsfeld sich befinden, und vormals der alten Erzbischöflich-Mainzischen oder Regensburgischen Kirche unterworfen waren. [...]

VII. Vollzugsanordnung

Endlich, damit alle von Uns bisher gemachtem Vorschriften gehörig zum Vollzug gebracht werden, bestimmen Wir Franz Egon [von Fürstenberg*, den] Bischof von Hildesheim zum Vollzieher dieses apostolischen Briefes mit allen und jeden dazu erforderlichen [...] Vollmachten, damit derselbe [...] zur neuen Einrichtung einer jeden Kirche, wie auch ihres Capitels, desgleichen zur Grenzbestimmung ihres Sprengels schreiten und überhaupt alles Übrige, wie vorbeschrieben, frei und erlaubter Weise ausrichten und anordnen könne und möge. [...]

Ernst Rudolf HUBER u. Wolfgang HUBER, Staat und Kirche im 19. und 20. Jahrhundert - Dokumente zur Geschichte des deutschen Staatskirchenrechts, Band 1, Berlin 1973, S. 299ff.

Annotationen
*Zirkumskription - Umschreibung/ Grenzfestlegung.
*Bulle - päpstlicher Erlass.
*Nachdenken - hier Aufmerksamkeit.
*Durchlauchtigste - Höfische Anrede.
*Capiteln/ Domkapitel - Gruppe von hohen Geistlichen, die den Bischof wählen und ihn beraten.
*Dotation - Vergütung/ finanzielle Ausstattung.
*Privilegien - Sonderrechte/ Vergünstigungen.
*„erledigt wird" - Frei wird (Vorgänger ist verstorben oder versetzt).
*Monatsfrist - Innerhalb eines Monats.
*Theologie - Lehre von Gott.
*Canonisches/ Kanonisches Recht - Kirchenrecht.
*Seelsorge - Ausübung des Pfarramtes.
*Seminar/ Priesterseminar - Ausbildungsstätte für Priester.
*Apostolischer Brief - Päpstliche Urkunde/ Bestätigung.

*Kirchensprengel - Kirchengebiet, hier Diözese.
*Parochial-Kirchen - Pfarrkirche.
*Franz Egon von Fürstenberg - Hildesheimer Bischof von 1789 bis 1825.

Mögliche Aufgaben
- Fasse den Inhalt der Zirkumskriptionsbulle stichwortartig zusammen.
- Beschreibe die Vorgänge, die zur Neuumschreibung des Bistums geführt haben.
- Recherchiere, welche Voraussetzungen man heute erfüllen muss, um Bischof zu werden, und wie die Wahl abläuft.
- Finde heraus, welches Gebiet das Bistum Hildesheim heute umfasst, und vergleiche es mit der Größe von 1824.
- Beurteile die Bedeutung der Bulle für das Bistum Hildesheim.

Weitere Einsatzmöglichkeiten und methodische Vorschläge
- Verknüpfung mit dem Thema Säkularisation – vergleiche Leitfragen.
- Politische Neuordnung Europas.
- Langfristige Auswirkungen der Zirkumskriptionsbulle: der Wiederaufbau des Domes und der Dombauprozess.
- Langfristige Auswirkungen der Zirkumskriptionsbulle: die Bischofsernennung von 1929.
- Langfristige Auswirkungen der Zirkumskriptionsbulle: die Situation des Bistums in der Zeit der Inflation.
- Vergleich mit dem Preußenkonkordat (1929) und/ oder dem Reichskonkordat (1933).

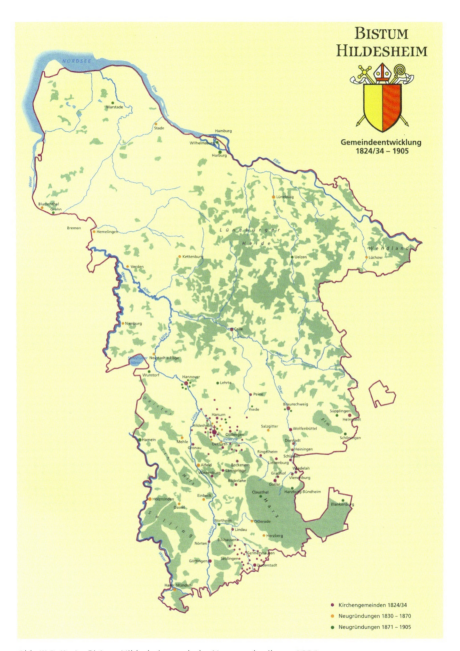

Abb. III.3: Karte, Bistum Hildesheim nach der Neuumschreibung 1824

Schlagworte
- Bischofswahl
- Bistum Osnabrück
- Bistumsgrenzen
- Bulle
- Domkapitel
- Dotation
- Eichsfeld
- Georg IV. (König von Hannover und Großbritannien)
- Karl der Große
- Kirchenstruktur
- Königreich Hannover
- Konkordat
- Leo XIII.
- Neuumschreibung
- Reichsdeputationshauptschluss
- Wiener Kongress

Verweise auf Fachliteratur

Hans-Georg ASCHOFF, Das Bistum Hildesheim zwischen Säkularisation und Neuumschreibung – Ein Beitrag zum 175. Jubiläum der Zirkumskriptionsbulle „Impensa Romanorum Pontificum", in: Die Diözese Hildesheim in Vergangenheit und Gegenwart 67 (1999), S. 193-246.

Friedhelm JÜRGENSMEIER, Die Säkularisation und ihre Auswirkungen auf die Germania Sacra, in: Die Diözese Hildesheim in Vergangenheit und Gegenwart 71 (2003), S. 1-24.

III.3. Auswanderung

Einführung

Das gesamte 19. Jahrhundert hindurch wanderten zahlreiche Menschen aus den verschiedensten Teilen Deutschlands über die Norddeutschen Häfen aus. In Unterkünften bei den großen Auswandererhäfen Bremen und Hamburg warteten die Menschen teils wochenlang auf ihre Überfahrt. So sammelten sich hier, in protestantischen Gebieten, auch Auswanderer aus überwiegend katholischen Regionen Deutschlands und bald wurde die seelsorgliche Versorgung dieser auf eine ungewissen Zukunft Wartenden nötig. Zahlreiche katholische Gemeinden in diesen Gebieten können ihre Ursprünge auf diese Zeit und diesen Kontext zurückführen.

Neben Auswanderern aus wirtschaftlichen Gründen zog es nach den Karlsbader Beschlüssen und der gescheiterten Revolution von 1848/49 vor allem politisch engagierte und unzufriedene Personen in die Fremde. Um die Mitte des 19. Jahrhunderts verschärfte sich die wirtschaftliche Situation zusehends: Zu strukturellen Veränderungen durch die Industrialisierung kamen zwischen 1840 und 1847 eine Reihe von Missernten, die bestehende soziale Probleme verstärkten, in weiten Regionen Deutschlands Hungersnöte hervorriefen und so zahlreiche Menschen an den wirtschaftlichen Abgrund brachten.

Der 1871 gegründete und bis heute bestehende St. Raphaelsverein bot den Auswanderern seelsorgliche und materielle Versorgung und Hilfe sowohl in den Auswandererhäfen als auch in der neuen Heimat durch ein Netz von Mitarbeitern. Besonders wichtig war in diesem Zusammenhang die Information über zuverlässige Reeder und sichere Passagen, denn die Situation auf den Auswandererschiffen, insbesondere in den günstigeren Klassen, z.B. im Zwischendeck, war zum Teil katastrophal. Häufig handelte es sich nicht – wie in den Annoncen beworben - um Passagierschiffe, sondern um Frachtschiffe, die notdürftig für die Aufnahme von Passagieren hergerichtet worden waren.

M1   Auswanderung – Statuten des St. Raphaels-Verein

In den späten 1860er Jahren setzte sich die jährlich tagende Generalversammlung der katholischen Vereine für eine Verbesserung der Situation der Auswanderer ein. Aus den wiederholten Besprechungen und Bemühungen entstand ab

1871 der bis heute bestehende St. Raphaels-Verein. Die Statuten spiegeln das Bedürfnis zahlreicher Auswanderer nach seelsorglicher Betreuung sowohl in den Auswandererhäfen, in denen sie teilweise wochenlang auf die Auswanderung warten mussten, als auch in der neuen Heimat wider.

M1a   Statuten des St. Raphael-Vereins

Der St. Raphaels-Verein zum Schutze der Auswanderer.
Die beklagenswerte Lage und die Gefahren unserer aus Deutschland nach Amerika auswandernden katholischen Mitbürger bildeten seit langer Zeit und wiederholt den Gegenstand von Besprechungen und Verhandlungen bei den jährlichen Generalversammlungen der kath. Vereine.

Zur Abhülfe der hier besprochenen Uebelstände trat im Jahre 1868 ein Comite zusammen, aus welchem einige Jahre später ein kirchlicher Verein, der St. Raphaels-Verein hervorging.

Die Fürsorge, welche derselbe den Auswanderern zuzuwenden sich bemüht, zerfällt in drei Abschnitte:

1) In den Einschiffungshäfen Europas, vorzugsweise Hamburg und Bremen [...] ist es von großer Bedeutung, daß den Auswanderern [...] Gelegenheit geboten wird, sich durch den Empfang der hl. Sakramente zu reinigen und auf die immerhin gefährliche Reise und auf ihre neue Lebenslaufbahn vorzubereiten. [...] Hierbei hat sich der Verein nun zur Aufgabe gesetzt, die in den Hafenstädten vorhandenen seelsorgerlichen Kräfte zu vermehren, wo es erforderlich ist, neue Seelsorgerstationen zu gründen [...].

2) Noch weit wichtiger aber ist die Fürsorge des Vereins für die Auswanderer während der Überfahrt. [...]

3) Unbekannt mit der Sprache, unbekannt mit den örtlichen Verhältnissen der Hafenstadt, in welcher die Schiffe landen, meist ohne irgend einen Bekannten in der neuen Heimath kommen die Auswanderer an. [...] Um die ankommenden Einwanderer vor den ihnen drohenden Gefahren zu schützen, hat der Verein zwei Vertrauensmänner [...] in New-York und in Baltimore [ernannt] welche sich derjenigen Einwanderer annehmen, die von Seiten des Vereines mit Empfehlungskarten versehen sind. Diese Empfehlungskarten können durch Vermittlung der Hochwürdigen Pfarrgeistlichkeit [...], von der Kornacker'schen Buchhandlung [in Hildesheim] oder von dem Herrn Buchbinder in Duderstadt bezogen werden.

Statuten des St. Raphaels-Vereins 1873, aus: Katholisches Sonntagsblatt, Nr. 26, 29. Juni 1873, BAH Generalia I, 209, Blatt 57 und 58.

M1b Auszug aus dem „Katholischen-Sonntagsblatt" mit den Statuten des St. Raphael-Vereins

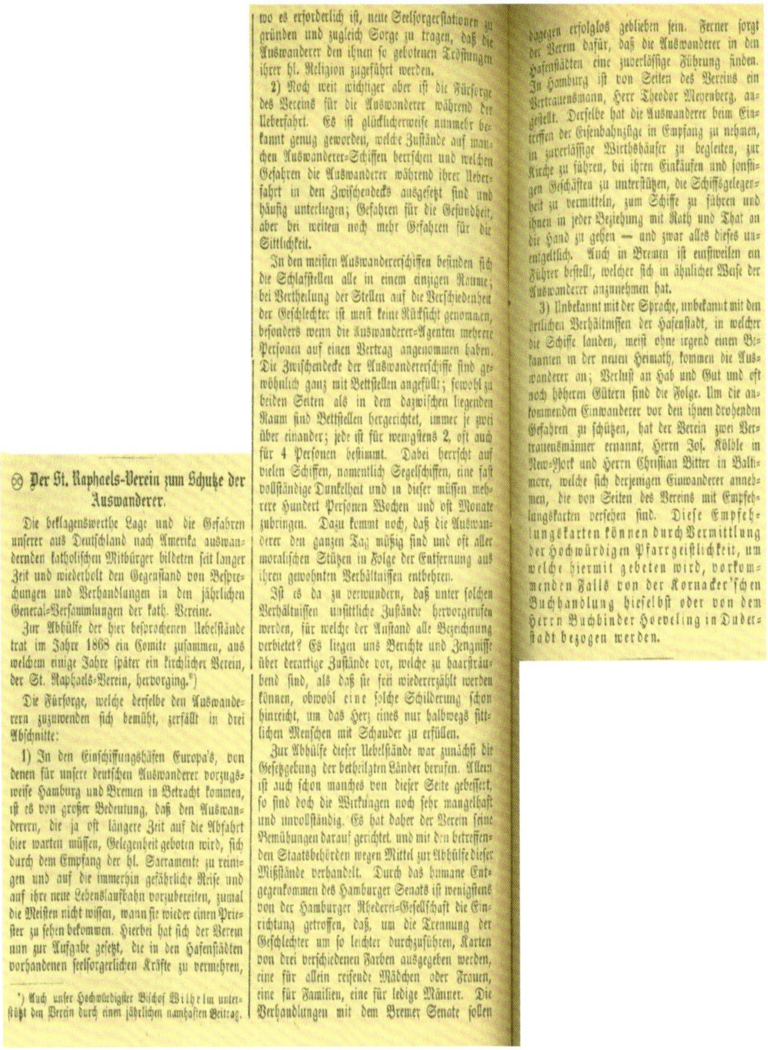

Der St. Raphaels-Verein zum Schutze der Auswanderer.

Die beklagenswerthe Lage und die Gefahren unserer aus Deutschland nach Amerika auswandernden katholischen Mitbürger bildeten seit langer Zeit und wiederholt den Gegenstand von Besprechungen und Verhandlungen in den jährlichen General-Versammlungen der kath. Vereine.

Zur Abhülfe der hier besprochenen Uebelstände trat im Jahre 1868 ein Comité zusammen, aus welchem einige Jahre später ein kirchlicher Verein, der St. Raphaels-Verein, hervorging.*)

Die Fürsorge, welche derselbe den Auswanderern zuzuwenden sich bemüht, zerfällt in drei Abschnitte:

1) In den Einschiffungshäfen Europa's, von denen für unsere deutschen Auswanderer vorzugsweise Hamburg und Bremen in Betracht kommen, ist es von großer Bedeutung, daß den Auswanderern, die ja oft längere Zeit auf die Abfahrt hier warten müssen, Gelegenheit geboten wird, sich durch dem Empfang der hl. Sacramente zu reinigen und auf die immerhin gefährliche Reise und auf ihre neue Lebenslaufbahn vorzubereiten, zumal die Meisten nicht wissen, wann sie wieder einen Priester zu sehen bekommen. Hierbei hat sich der Verein nun zur Aufgabe gesetzt, die in den Hafenstädten vorhandenen seelsorgerlichen Kräfte zu vermehren,

*) Auch unser Hochwürdigster Bischof Wilhelm unterstützt den Verein durch einen jährlichen namhaften Beitrag.

wo es erforderlich ist, neue Seelsorgerstationen zu gründen und zugleich Sorge zu tragen, daß die Auswanderer den ihnen so gebotenen Tröstungen ihrer hl. Religion zugeführt werden.

2) Noch weit wichtiger aber ist die Fürsorge des Vereins für die Auswanderer während der Ueberfahrt. Es ist glücklicherweise nunmehr bekannt genug geworden, welche Zustände auf manchen Auswanderer-Schiffen herrschen und welchen Gefahren die Auswanderer während ihrer Ueberfahrt in den Zwischendecks ausgesetzt sind und häufig unterliegen; Gefahren für die Gesundheit, aber bei weitem noch mehr Gefahren für die Sittlichkeit.

In den meisten Auswandererschiffen befinden sich die Schlafstellen alle in einem einzigen Raume; bei Vertheilung der Stellen auf die Verschiedenheit der Geschlechter ist meist keine Rücksicht genommen, besonders wenn die Auswanderer-Agenten mehrere Personen auf einen Vertrag angenommen haben. Die Zwischendecke der Auswandererschiffe sind gewöhnlich ganz mit Bettstellen angefüllt; sowohl zu beiden Seiten als in dem dazwischen liegenden Raum sind Bettstellen hergerichtet, immer je zwei über einander; jede ist für wenigstens 2, oft auch für 4 Personen bestimmt. Dabei herrscht auf vielen Schiffen, namentlich Segelschiffen, eine fast vollständige Dunkelheit und in dieser müssen mehrere Hundert Personen Wochen und oft Monate zubringen. Dazu kommt noch, daß die Auswanderer an ganzen Tag müßig sind und oft aller moralischen Stützen in Folge der Entfernung aus ihren gewohnten Verhältnissen entbehren.

Ist es da zu verwundern, daß unter solchen Verhältnissen unsittliche Zustände hervorgerufen werden, für welche nur den Anstand alle Bezeichnung verbietet? Es liegen uns Berichte und Zeugnisse über derartige Zustände vor, welche zu haarsträubend sind, als daß sie seit wiedererzählt werden können, obwohl eine solche Schilderung schon hinreicht, um das Herz eines nur halbwegs sittlichen Menschen mit Schauder zu erfüllen.

Zur Abhülfe dieser Uebelstände war zunächst die Gesetzgebung der betheiligten Länder berufen. Allein ist auch schon manches von dieser Seite gebessert, so sind doch die Wirkungen noch sehr mangelhaft und unvollständig. Es hat daher der Verein seine Bemühungen darauf gerichtet, und mit den betreffenden Staatsbehörden wegen Mittel zur Abhülfe dieser Mißstände verhandelt. Durch das humane Entgegenkommen des Hamburger Senats ist wenigstens von der Hamburger Rhederei-Gesellschaft die Einrichtung getroffen, daß, um die Trennung der Geschlechter um so leichter durchzuführen, Karten von drei verschiedenen Farben ausgegeben werden, eine für allein reisende Mädchen oder Frauen, eine für Familien, eine für ledige Männer. Die Verhandlungen mit dem Bremer Senate sollen

dagegen erfolglos geblieben sein. Ferner sorgt der Verein dafür, daß die Auswanderer in den Hafenstädten eine zuverlässige Führung finden. In Hamburg ist von Seiten des Vereins ein Vertrauensmann, Herr Theodor Meyenberg, angestellt. Derselbe hat die Auswanderer beim Eintreffen der Eisenbahnzüge in Empfang zu nehmen, in zuverlässige Wirthshäuser zu begleiten, zur Kirche zu führen, bei ihren Einkäufen und sonstigen Geschäften zu unterstützen, die Schiffsgelegenheit zu vermitteln, zum Schiffe zu fahren und ihnen in jeder Beziehung mit Rath und That an die Hand zu gehen — und zwar alles dieses unentgeltlich. Auch in Bremen ist einstweilen ein Führer bestellt, welcher sich in ähnlicher Weise der Auswanderer anzunehmen hat.

3) Unbekannt mit der Sprache, unbekannt mit den örtlichen Verhältnissen der Hafenstadt, in welcher die Schiffe landen, meist ohne irgend einem Bekannten in der neuen Heimath, kommen die Auswanderer an; Verlust an Hab und Gut und oft noch höhern Gütern sind die Folge. Um die eintreffenden Einwanderer vor den ihnen drohenden Gefahren zu schützen, hat der Verein zwei Vertrauensmänner ernannt, Herrn Jos. Köbke in New-York und Herrn Christian Bitter in Baltimore, welche sich derjenigen Einwanderer annehmen, die von Seiten des Vereins mit Empfehlungskarten versehen sind. Diese Empfehlungskarten können durch Vermittlung der hochwürdigen Pfarrgeistlichkeit, um welche hiermit gebeten wird, vorkommenden Falls von der Kornacher'schen Buchhandlung hieselbst oder von dem Herrn Buchbinder Hoveling in Duderstadt bezogen werden.

Abb. III.4: Statuten des St. Raphael-Vereins

Mögliche Aufgaben
- Benenne die Ziele des St. Raphaels-Vereins.
- Beschreibe, wie der St. Raphaels-Verein den Auswanderern in den Hafenstädten und während der Überfahrt zu helfen versuchte.
- Beschreibe die Unterstützungsmaßnahmen für die Einwanderer nach der Ankunft in der neuen Heimat.
- Überlege, was es für die Auswanderer bedeutete, dass der Raphaels-Verein auch in der neuen Heimat „für sie da ist".
- Diskutiere, warum der St. Raphaels-Verein in dieser Epoche gegründet wurde.
- Benenne weitere Beispiele für katholische Vereine und erkläre, wofür sie sich einsetzen. Recherchiere ihre Entstehungsgeschichte.
- Recherchiere im Internet, ob es den Raphaels-Verein heute noch gibt und welche Aufgaben er hat.

Weitere Einsatzmöglichkeiten und methodische Vorschläge
- Migration (Politikunterricht).
- Soziale Frage/ Nächstenliebe.
- Verbindung mit Arbeitervereinen (Soziale Frage) bzw. dem Hirtenbrief des preußischen Episkopates die Arbeitervereine betreffend.
- Arbeit mit dem Originaltext in Fraktur (M1b).

M2   Zwischendeck eines Auswandererschiffes (1847)

Um 1850 erfolgte die Überfahrt in „die neue Welt" in der Regel auf mittelgroßen Segelschiffen, später auch auf den frühen Dampfschiffen. Die Schiffe dienten auf der Fahrt in die USA als Passagier- bzw. Auswandererschiffe, auf ihrer Rückfahrt nach Europa waren sie Frachtschiffe - im schlimmsten Falle sogar Petroleumfrachter. Die Mehrheit der Auswanderer wurde zumeist in den Frachträumen untergebracht, die notdürftig für die Menschen hergerichtet worden waren. An der mehrwöchigen Überfahrt verdienten neben den Agenten auch die Reeder. Nicht zuletzt deshalb waren die Schiffe aus Gründen der Gewinnmaximierung immer sehr voll und häufig überbelegt.

Das 19. Jahrhundert

Abb. III.5: Zwischendeck eines Auswandererschiffs, Holzstich 1847

Mögliche Aufgaben
- Beschreibe die Situation auf einem Auswandererschiff. Berücksichtige dabei folgende Leitfragen:
  a) Wer wanderte aus?
  b) Warum wanderten ganzen Familien aus?
  c) Welcher sozialen Schichten gehörten die Auswanderer an? Warum?
  d) Wie sah das Leben auf den Auswandererschiffen aus?
- Überlege, warum viele Schiffe keine Kajüten besaßen, sondern nur große, durchgehende Decks.
- Recherchiere, was die Auswanderer in der neuen Welt erwartete.

Weitere Einsatzmöglichkeiten und methodische Vorschläge
- Migration (Politikunterricht).
- Auswanderung aus Deutschland in verschiedenen Epochen.

M3   Berichte über die Situation auf den Auswandererschiffen

Die Mehrheit der Auswanderer war finanziell nicht in der Lage, sich eine komfortable Überfahrt zu leisten, sondern sie konnten sich eben die günstigste Überfahrtsmöglichkeit erlauben. Entsprechend waren die Zustände auf den Auswandererschiffen häufig katastrophal. Die Unterbringung im Zwischen- oder Mitteldeck war extrem einfach und, um es Reedern und Agenten dennoch zu ermöglichen Gewinn zu machen, waren die Kajüten und Decks oftmals stark überbelegt. Diese Enge über mehrere Wochen führte neben furchtbaren hygienischen Zuständen auch zu persönlichen Spannungen und Problemen.

M3a   Auszug aus einem Bericht über die Situation auf dem Dampfer „Bremen"

Bremer Dampfer „Bremen" von Bremen nach New York.
Se. Hochwürden* Herr J.B. Hemsteger, Generalvicar* des Bistums Columbus spricht sich unterm 12. März 1868 folgendermaßen aus: „Die Geschlechter waren auf dem Dampfer „Bremen" nicht voneinander getrennt, ja sie konnten nicht, weil zu viele Passagiere darauf waren, um gesondert plaziert zu werden. Alt und jung, verheiratet und ledig, Burschen und Mädchen – alles lebt und liegt untereinander und durcheinander, wie Kraut und Rüben."

M3b   Auszug aus einem Bericht über die Situation auf dem Dampfer „Teutonia"

Hamburger Dampfer „Teutonia" von Hamburg nach New York via Southampton.
  Franziska Antoinette Rumpel von Memel erklärt, nach 2 ½ tägiger Fahrt, in Southampton angekommen, in einem von dem preußischen Consul* in Southampton beglaubigten Schriftstück, datiert vom 5. November 1866, Folgendes:
  „Von einzelnen Kajüten* auf dem Schiffe Teutonia war gar nicht die Rede, sondern das Zwischendeck war ganz aus eins, es herrschte daselbst die größte Schaamlosigkeit, denn nicht nur die unanständigen Gespräche, die ich in meinem Leben nicht gehört, wurden da geführt, sondern Männer und Mädchen lagen beieinander. Mir wurde auch ein fürchterlicher Platz, ringsum von Männern umgeben, angewiesen.

M3c Auszug aus einem Bericht über die Situation auf dem Dampfer „Helvetia"

Einer der Zeugen, die mit der Barke* Helvetia von Bremen mit 240 Passagieren in 124 Tagen nach Sydney gesegelt war, gab an, daß die Passagiere während des größten Theils der Reise täglich nur ein Seidel* Wasser erhalten hätte. Die Nahrung war so karg zugemessen, daß zuweilen Kinder, um ihre Eßlust zu befriedigen, gierig vom Boden aufhoben und verzehrten, was man den Hühnern als Futter vorgeworfen hatte. Mädchen dagegen, welche mit den Matrosen unerlaubten Umgang pflegen, hatten Nahrung genug und konnten davon sogar anderen überlassen. Als sich einer der Passagiere einmal gegen den Kapitän über die magere Kost und die schlechte Behandlung beklagte, erwiderte dieser, „daß für ihn als Oldenburger die Bremer Gesetze* nicht bindend seien".

BAH Generalia, 209, Blatt 6 ff., Druckschrift: „Authentische Berichte von Augenzeugen über die sittlichen Zustände auf den Auswandererschiffen" Schiffe Bremen, Teutonia, Helvetia.

Annotationen
*Se. Hochwürden - Anrede/ Betitelung für einen Geistlichen.
*Generalvicar - Leiter der Verwaltung eines Bistums.
*Consul - Vertreter Preußens im Ausland.
*Kajüten - Raum auf einem Schiff.
*Barke - Segelschiffstyp.
*Seidel - Krug, ca. 1 Liter.
*Bremer Gesetze - Bremens Gesetze regelten ab 1866 die „Zustände" auf den Auswandererschiffen.

Mögliche Aufgaben
- Beschreibe die Zustände auf den drei Schiffen.
- Fasse die Gründe zusammen, die für die Zustände auf den Schiffen genannt werden.

- Überlege, warum viele Schiffe keine Kajüten besaßen, sondern nur große, durchgehende Decks.
- Stelle die Aussagen der Quellen einander gegenüber und erkläre Gemeinsamkeiten und Unterschiede.

Weitere Einsatzmöglichkeiten und methodische Vorschläge

Bei arbeitsteiliger Gruppenarbeit:
- Beschreibe die Zustände auf dem jeweiligen Schiff mit eigenen Worten. (alle Quellen)
  Quelle 3a: Erkläre, warum die Passagiere nicht nach Geschlechtern getrennt wurden.
  Quelle 3b: Beschreibe, worüber sich die Verfasserin des Berichtes beklagt.
  Quelle 3c: Fasse zusammen, wie einzelne Passagiere ihre Situation verbessern.
- Vergleicht die Berichte und die Zustände auf den Schiffen. Zieht Schlussfolgerungen aus den Berichten.
- Migration (Politikunterricht).
- Vergleich mit Zeitungsannonce (M4), dort wird auch der Dampfer „Bremen" beworben.

M4 Anzeige aus der Hildesheimer Allgemeinen Zeitung: Überfahrten Bremen-Amerika (27. Februar 1860)

Um 1850 erfolgte die Überfahrt in der Regel auf mittelgroßen Segelschiffen. Die Segelschiffe dienten auf der Hinfahrt als Auswandererschiffe / Passagierschiffe, auf ihrer Rückfahrt nach Europa waren sie Frachtschiffe - im schlimmsten Falle sogar Petroleumfrachter. Die Auswanderer wurden für die mehrere Wochen dauernde Überfahrt zumeist in den Frachträumen untergebracht. Da auch die Reeder an den Auswanderern verdienten, waren die Schiffe meist sehr voll bzw. überbelegt. Wer über die notwendigen finanziellen Mittel verfügte, konnte aber auch sehr angenehm reisen. Agenturen im Binnenland vermittelten die Schiffspassagen auch in kleinen Städten oder Dörfern.

Abb. III.6: Anzeige aus der Hildesheimer Allgemeinen Zeitung: Überfahrten Bremen-Amerika (27. Februar 1860)

Annotationen
*Expedition - heute Forschungsreise, hier: Ausreise.
*Cajüte/ Kajüte - Raum auf einem Schiff.
*Norddeutsche Lloyd - Verbund verschiedener Reeder (Schiffseigner).
*Passagepreis - einmaliger Reisepreis/ Preis für eine Überfahrt.
*concessioniert - ermächtigt/ befugt.
*obrigkeitlich angestellter und beeidigter - von staatlicher Stelle mit einer Erlaubnis versehen.
*Schiffsmakler - Vermittler von Schiffsreisen.
*Schiffexpedient - Veranstalter von Schiffsreisen.
*bündige Contracte - verbindliche Verträge.

Mögliche Aufgaben
- Beschreibe, wofür in dieser Anzeige geworben wird.
- Gib wieder, wie die Schiffe und ihre Ausstattung beschrieben werden.
- Analysiere die Anzeige, indem du Vermutungen darüber anstellst, warum in der Anzeige keine Passagepreise genannt sind.
- Der Vermittler bietet in der Anzeige Auskünfte über Nordamerika an. Überlege, welche Auskünfte ein Auswanderer brauchen könnte.
- Vergleiche die Angebote des Vermittlers mit denen des St. Raphaels-Vereins.
- Stelle die Beschreibung der Schiffe in der Anzeige, insbesondere der Bremen, der Beschreibung über die tatsächlichen Zustände auf diesem Schiff (M3a) gegenüber.

 Weitere Einsatzmöglichkeiten und methodische Vorschläge
- Migration (Politikunterricht).
- Vergleich dieser Anzeige mit den Berichten über die wirkliche Situation auf den Schiffen (M3).
- Bezug zu Statuten des Raphael-Vereins (M1).

Schlagworte
- Amerika [M1,3 u.4]
- Auswandererschiffe [M3 u.4]
- Auswanderung/ Lebensbedingungen [M1-4]
- Bremen [M1, 3 u. 4]
- Eichsfeld [M1]
- Hamburg [M1]
- Industrialisierung/ wirtschaftliche Entwicklung [M2-4]
- Katholische Vereine und Verbände (Kolping etc.) [M1]
- Landwirtschaft/ Missernten [M2-4]
- Lebensbedingungen [M4]
- Migration [M1-4]
- Moralvorstellungen des 19. Jahrhunderts [M3]
- Sakramentenempfang [M1]
- Solidarität [M1]

- Soziale Frage [M1 u. 2]
- Vormärz/1848 [M2 u.3]
- Zwischendeck [M3 u. 4]

Verweis auf Schulbücher

Dieter BRÜCKNER u. Harald FOCKE (Hg.), Das waren Zeiten. Band 3/ Jg. 8 Gymnasium Niedersachsen: Vom Absolutismus bis zur Industrialisierung, Bamberg 2010. (Zu M1-4: S. 91, S. 122 u. S. 124.)
Joachim CORNELISSEN u. a. (Hg.), Mosaik E2: Der Geschichte auf der Spur. Vom Hochmittelalter bis zum Zeitalter der Revolutionen, München 2009. (Zu M1-4: S. 234f.)
Ralf TIEKE (Hg.), Durchblick. Geschichte/Politik, Jg. 7/8 Realschule Niedersachsen, Braunschweig 2009. (Zu M1: S. 88 u. S. 113; M2-4: S. 113.)

Verweise auf Fachliteratur

Agnes BRETTING u. Hartmut BICKELMANN, Auswanderungsagenturen und Auswanderungsvereine im 19. und 20. Jahrhundert, (Von Deutschland nach Amerika Band 4), Stuttgart 1991.
Tanja FITTKAU, In die neue Welt: von Bremerhaven nach Amerika. Atlantiküberquerung im 19. Jahrhundert und die Bedingungen an Bord der Schiffe, Stuttgart 2010.
Markus GÜNTHER, Auf dem Weg in die Neue Welt: die Atlantiküberquerung im Zeitalter der Massenauswanderung. 1818 - 1914, Augsburg 2005.
Manfred HERMANNS, Weltweiter Dienst am Menschen unterwegs : Auswandererberatung und Auswandererfürsorge durch das Raphaels-Werk 1871 - 2011, Friedberg 2011.
Thomas SCHARF-WREDE, Das Bistum Hildesheim 1866-1914 - Kirchenführung, Organisation, Gemeindeleben, (Quellen und Studien zur Geschichte des Bistums Hildesheim Band 3), Hannover 1995.
Heinrich SCHENK u. Viktor MOHR, Das Erbe Cahenslys. Festvortrag zum 150. Geburtstag Peter Paul Cahenslys, Mainz 28. Oktober 1988, Hildesheim 1989.
Walter STRUVE, Die Republik Texas, Bremen und das Hildesheimische: ein Bei-

trag zur Geschichte von Auswanderung, Handel und gesellschaftlichem Wandel im 19. Jahrhundert, mit den Briefen eines deutschen Kaufmanns und Landwirts in Texas, 1844–1845, (Quellen und Darstellungen zur Geschichte Niedersachsens Band 96), Hildesheim 1983.

Bernhard WESSELS, Die katholische Mission Bremerhaven. Geschichte der katholischen Kirche an der Unterweser von 1850 von 1911, (Veröffentlichungen des Stadtarchivs Bremerhaven Band 17), Bremerhaven 2007.

http://www.raphaels-werk.de (Raphaels-Werk/ ehem. Raphaels-Verein) (Stand 30. September 2013)

http://www.dah-bremerhaven.de (Deutsches Auswandererhaus Bremerhaven) (Stand 30. September 2013)

http://www.ballinstadt.de (Auswanderermuseum Hamburg) (Stand 30. September 2013)

http://www.deutsche-auswanderer-datenbank.de (Deutsche Auswandererdatenbank des Historischen Museums Bremerhaven) (Stand 30. September 2013)

III.4. Die Revolutionen von 1830/31 und 1848

Einführung

Die Ideen der Revolution von 1830 in Frankreich fanden auch im liberalen Bürgertum der deutschen Staaten Unterstützer und Anhänger. Im Winter 1830/31 schwappte der revolutionäre Gedanke von Frankreich auf Norddeutschland über und es kam auch hier zu Aufständen.

Im Königreich Hannover waren die Hochburgen dieser Aufstände die Städte Osterode, Celle und Göttingen, wo es im Januar 1831 zu einer Zuspitzung der Situation und zu Auseinandersetzungen mit der Staatsmacht kam. Auch in Hildesheim gab es Unterstützer dieser Aufstände, insbesondere am Gymnasium Andreanum waren sie populär.[26] Auf Landesebene folgte auf diese Krise

---

26 Jörg H. LAMPE, Freyheit und Ordnung. Die Januarereignisse von 1831 und der Durchbruch zum Verfassungsstaat im Königreich Hannover, (Veröffentlichungen der Historischen Kommission für Niedersachsen und Bremen Band 250), Hannover 2009, S. 619ff.

die Umgestaltung des bis dahin politisch völlig erstarrten Landes zum Verfassungsstaat von 1833.

Auf kirchlicher Ebene findet sich eine deutliche Reaktion auf die Ereignisse in Göttingen und im ganzen Lande im Hirtenbrief des Bischofs Osthaus vom 12. Februar 1831. In diesem weist er die Geistlichkeit des Bistums an, aufmerksam zu sein und auf die Diözesanen in einem konservativen, ja geradezu reaktionären Sinne mäßigend einzuwirken.

Deutlich anders sieht die Situation 1848/49 aus: Auf die revolutionären Erhebungen im Winter 1830/31 hatte der Staat mit einem strukturellen Umbau zum Verfassungsstaat reagiert. Doch wurde das 1833 erlassene Staatsgrundgesetz, das das Königreich Hannover kurzfristig zu einem der fortschrittlichsten Staaten gemacht hatte, bereits 1837 vom neuen König Ernst August wieder kassiert.

Hatte sich Bischof Osthaus 1831 den liberalen Forderungen gegenüber noch sehr kritisch gezeigt und zur Wachsamkeit aufgerufen, so reagierte Bischof Wandt 17 Jahre später deutlich anders. Wenngleich auch in Hildesheim die Situation im März 1848 teilweise zu entgleiten schien und sogar Waffen zum Einsatz kamen, um die öffentliche Ordnung aufrechtzuerhalten[27], so drückte er in seinem Hirtenbrief vom 18. Mai 1848, dem Tag des ersten Zusammentretens der Nationalversammlung in der Frankfurter Paulskirche, doch seine Hoffnung auf eine friedliche Lösung mit einer neuen Verfassung aus.

M1 Hirtenbrief des Bischofs Godehard Joseph Osthaus betreffend die Revolution von 1831 (12. Februar 1831)

1830/31 schwappte der revolutionäre Gedanke von Frankreich auf die deutschen Staaten über. Auch im Königreich Hannover, insbesondere in der Stadt Göttingen kam es zu Aufständen und Auseinandersetzungen mit der Staatsmacht. Anhänger fanden sich auch in Hildesheim, wo sie insbesondere am Gymnasium Andreanum dokumentiert sind. Der Hirtenbrief ist eine direkte Reaktion auf die Ereignisse im Januar 1831 in Göttingen des Bischofs Osthaus.

---

27 http://www.hildesheim.de/pics/download/1_1257244841/dok_015_revolution_text.pdf (Stand 30. September 2013)

Die beklagenswerten Ereignisse in anderen nahen und fernen Staaten und leider! auch in dem hiesigen Königreiche* haben einen neuen traurigen Beweis geliefert, wie leicht die gegenwärtige Stimmung, das jetzt fast überall sichtbare Streben der Völker nach vermeintlicher Verbesserung ihres Zustandes eine fehlerhafte, der Ruhe und gesetzlichen Ordnung – ja dem inneren Frieden, [...] gefährliche Richtung zu nehmen mag. Wenn dies nun überhaupt das Herz jedes vernünftig denkenden Menschen, [...] insbesondere das Herz jedes christlichen denkenden Staatsbürgers tief betrüben muß, der die rechtlich bestehende Staatsverfassung als Fügung dessen betrachtet, durch Den die Könige regieren und die Gesetzgeber beschließen und ohne Des Willen sein Haar von unserem Haupte fällt; dem das Beispiel der Apostel, die Lehren Jesu Christi, so viele schöne Beweise eines willigen Gehorsams gegen das Gesetz von Dem vorliegen, Welchem alle Macht gegeben war im Himmel und auf Erden: so dürfen Wir gewiß zu Ihnen, Unseren in Christo geliebten Mitarbeitern* am Werke des Herrn, das volle Vertrauen hegen. [...]

Sie werden demnach Ihre erste und ernste Sorge dahin gerichtet seyn lassen, die [...] Vorschriften unserer heiligen Religion allen Ihrer geistlichen Obsorge* Anvertrauten eindringlich und recht warm an das Herz zu legen, [...] daß Sie sie aufmerksam machen auf die edlen, dankbar anerkannten Bestrebungen unserer landesväterlichen Regierung*, den Bedrängnissen dieser schwierigen Zeit überall nach Kräften abzuhelfen; daß sie die Wahrheit recht ins Licht setzen, wie die Übel, welche jetzt Alle mehr oder weniger drücken, eine Folge der Zeitumstände sind, die in allen Ländern empfunden werden, und deren Abwendung nicht in der Macht der Regierung steht, [...] daß Sie sie hinweisen auf die Gefahren und nie zu berechnenden Folgen schneller Veränderungen – zumal durch gesetzwidrige Schritte; daß Sie ihnen darthun, warum Vorsicht und bescheidene Behutsamkeit im Urtheilen und Sprechen, die schon bey den Handlungen der Mitbürger zu beobachten, doppelte Pflicht gegen die Staatsregierung sey; daß Sie ihnen endlich an das Herz legen, wie nur die Gesinnung der Liebe und treue Anhänglichkeit an unsern Allergnädigsten König und Herrn und gegenseitiges Vertrauen zwischen Regierung und Volk die drohenden Gefahren dieser bewegten Zeit abzuwenden, die Wohlfahrt* des Staates aufrecht zu erhalten im Stande seyen. Dabey aber richten Sie auch Ihre Aufmerksamkeit auf die Gemüther der heranwachsenden Jugend, um in ihnen in Verbindung mit den Lehrern echt religiösen Bürgersinn zu wecken und zu begründen, und so schon bey Zeiten jenen finstern Geist den Eingang zu verschließen, welcher in unsere Tagen der Obrigkeit fast Hohn zu sprechen, die höhern Würden frech zu lästern droht. [...]

BAH Generalia I, Hirtenbriefe, Blatt 8 u. 9.

Das 19. Jahrhundert

Annotationen
*„Hiesiges Königreich" - Königreich Hannover.
*„Unseren in Christo geliebten Mitarbeitern" - Den Pfarrern in den Gemeinden.
*Obsorge - Fürsorge/ Sorge.
*„Landesväterlichen Regierung" - Königlichen Regierung.
*Wohlfahrt - Existenz/ Wohlergehen.

Mögliche Aufgaben
- Untersuche, wie der Bischof die Situation im Königreich Hannover im Februar 1831 beschreibt.
- Beschreibe, wie die Pfarrer auf ihre Gemeindemitglieder einwirken sollen.
- Erläutere, warum die Pfarrer insbesondere die Jugend ansprechen sollen.
- Analysiere die Situation im Königreich Hannover 1831 und überlege, was sich der Bischof von diesem Aufruf verspricht.
- Erörtere den Zusammenhang der in dieser Quelle beschriebenen Situation und den Auseinandersetzungen um das hannoversche Staatsgrundgesetz.

Weitere Einsatzmöglichkeiten und methodische Vorschläge
- Vergleich mit Hirtenbrief Jacob Joseph Wandts vom 18. Mai 1848 (M2).

M2   Hirtenbrief des Bischofs Jacob Joseph Wandt betreffend die Revolution 1848 (18. Mai 1848)

Der Hirtenbrief Bischof Wandts wurde am Tag der ersten Sitzung der Nationalversammlung in Frankfurt veröffentlich. In diesem bezieht sich der Bischof sowohl auf die Ereignisse der Märzrevolution in Europa, Deutschland und auch in Hildesheim als auch auf das Geschehen in Frankfurt und die Hoffnungen und Erwartungen, die zahlreiche Deutsche mit dem Zusammentreten der Nationalversammlung verbinden. Auch die persönliche Einstellung des Bischofs wird aus dieser Quelle deutlich.

EINBLICKE. 1200 JAHRE BISTUM HILDESHEIM IN QUELLEN | 193

[...] Vielgeliebte Diözesanen*, wir leben in einer verhängnisschweren Zeit; die bisherigen Ereignisse derselben und die Vorzeichen der Zukunft beengen die Brust, wie vor einem schweren Gewitter, mit banger Erwartung. Die meisten Völker Europas sind in Gährung* oder unter den Waffen, überall Krieg oder Kriegsgeschrei. [...] Freiheitsschwindel hat die Nation ergriffen; und ein großer Tag des Gerichts scheint uns zu nahen. Bestürzt fragen wir einander: „Wie wird das Alles noch enden? Wer wird die auseinanderstrebenden Kräfte zur Einheit bringen? Wer die von außen und von innen drohenden Gefahren von unserem Vaterlande abwenden, oder sie unschädlich an ihm vorüberführen?" Das kann und vermag nur der Eine. [...] Daher haben in manchen Orten viele, die sich katholische Christen nennen, im Rausche einer eingebildeten Freiheit alle Bande des Gesetzes und der bürgerlichen Ordnung zerrissen, und sich zügellos ihrer Leidenschaft überlassen, Rache und Verfolgung geübt. [...] Was hat nicht [...] unser Auge gesehen, unser Ohr vernommen? Während zweimal zwölf Stunden bei Tag und Nacht Sturmgeheul der Glocken, - das Gesetz vor der Gewalt verstummt, die Stadt vom Gräuel der Anarchie* durchtost, persönliche Sicherheit und Eigenthum gefährdet, obrigkeitliche Personen* gewaltsam gefangen, ihre Wohnung und ihr Besitztum zum Theil zerstört. [...] So reinigt denn Eure Herzen von aller Verschuldung*, kehrt zurück von Euern Verwirrungen, vergütet* so viel ihr es vermöget, das zugefügte Unrecht, laßt fahren allen Haß, Groll und Feindschaft, bietet einander die Hand zur Versühnung*, und faßt den festen Entschluß´, künftig die Gebote Eures Gottes zu beobachten, Gerechtigkeit und Liebe gegen Eure Mitbrüder zu üben, fest auf gesetzliche Ordnung zu halten, in Eintracht und Frieden mit einander zu leben und Euch des Segens einer gesetzlichen Freiheit würdig zu zeigen. Damit diese aber Euch zum Segen werde, thut es vor Allem Noth, daß Ihr Euch selbst erst frei macht: frei von aller Selbstsucht und Leidenschaft: von Haß und Groll, von Neid und Habsucht, von Rache und Verfolgungslust, und daß Gerechtigkeit und Bruderliebe* einträchtig bei Euch wohnen; dann wird das Reich Gottes zu Euch kommen und mit ihm das Reich politischer Freiheit. Seht, schon sitzen am Gestade* des Mains in erlauchter* Versammlung deutsche Männer aus allen Gauen* unseres Vaterlandes erkoren, Deutschlands Freiheit und Wohlfahrt zu berathen, um den Plan eines Staatengebäudes* zu entwerfen, in dem Wahrheit, Gerechtigkeit, Freiheit und Sicherheit, Stärke und Frieden wohnen. [...] „Wenn aber der Herr das Haus nicht bauet, lehrt die hl. Schrift, so arbeiten die Bauleute vergebens." (126. Psalm, Vers 1) Möge daher der oberste Ordner und Lenker aller Dinge der hohen Versammlung seinen hl. Geist senden, daß sie seinem Willen gemäß in Eintracht mit den Fürsten den großen Bau anfange und vollende. [...]

BAH Generalia I, Hirtenbriefe, Blatt 41 u. 42.

Annotationen
*Diözesanen - Alle Gläubigen einer Diözese.
*Gährung - Aufruhr.
*Anarchie - Gesetzlosigkeit.
*obrigkeitliche Personen - Hochstehende Persönlichkeiten.
*Verschuldung - Schuld.
*vergütet - hier vergebt.
*Versühnung - Versöhnung.
*Bruderliebe - Nächstenliebe.
*Gestade - Ufern; hier Gestade des Mains = Frankfurt am Main.
*erlaucht - Wichtig, hochstehend.
*Gauen - Regionen.
*Staatengebäudes - Verfassung/ Staatsorganisation.

Mögliche Aufgaben
- Fasse zusammen, wie der Bischof die Situation im Mai 1848 in Deutschland beschreibt.
- Erläutere, wozu er die Menschen aufruft.
- Skizziere, wie das Paulskirchenparlament beschrieben wird.
- Charakterisiere die Erwartungen, die Bischof Jacob Joseph Wandt in das Paulskirchenparlament setzt.
- Ordne die Aussagen des Hirtenbriefes in den historischen und politischen Kontext ein und erläutere auf dieser Grundlage die Haltung des Bischofs.
- Stelle die Hirtenbriefe von 1831 und 1848 und ihre Aussagen einander gegenüber und nimm zu den Unterschieden Stellung.

Weitere Einsatzmöglichkeiten und methodische Vorschläge
- Vergleich mit Hirtenbrief von Godehard Joseph Osthaus vom 12. Februar 1831 (M1).

Schlagworte
- Bischof Jacob Joseph Wandt [M2]
- Bischof Osthaus [M1]
- Demokratie [M2]
- Fürstenherrschaft [M2]
- gesetzliche Ordnung [M2]
- Gewalt/ Unruhen [M2]
- Göttinger 7 [M1]
- Königreich Hannover [M1]
- Liberalismus [M1 u. 2]
- Parlamentarismus [M2]
- Paulskirche [M2]
- Revolution 1830 [M1]
- Revolution 1848 [M2]
- Verfassung [M2]
- Verfassungskonflikt/ Staatsgrundgesetz [M1]
- Vormärz/Biedermeier [M1]
- Wilhelm IV. [M1]

Verweis auf Schulbücher

Dieter BRÜCKNER u. Harald FOCKE (Hg.), Das waren Zeiten. Band 3/ Jg. 8 Gymnasium Niedersachsen: Vom Absolutismus bis zur Industrialisierung, Bamberg 2010. (Zu M1: S. 77 u. S. 80; M2: S. 84f., S. 87-89 u. S. 93.)
Joachim CORNELISSEN u. a. (Hg.), Mosaik E2: Der Geschichte auf der Spur. Vom Hochmittelalter bis zum Zeitalter der Revolutionen, München 2009. (Zu M1: S. 200-203; M2: S. 204-207.)
Hans-Wilhelm ECKHARDT u. a. (Hg.), Zeit für Geschichte, Band 8 Gymnasium Niedersachsen, Braunschweig 2009. (Zu M1: S. 120f.; M2: S. 128-133.)
Michael SAUER (Hg.), Geschichte und Geschehen, Band 4 Bremen und Niedersachsen, Leipzig 2010. (Zu M1: S. 134f.; M2: S. 145f.)

Verweise auf Fachliteratur

Hans-Georg ASCHOFF, Das Verhältnis von Staat und katholischer Kirche im Königreich Hannover 1813-1866, (Quellen und Darstellungen zur Geschichte Niedersachsen Band 86), Hildesheim 1976.
Jörg H. LAMPE, Freyheit und Ordnung. Die Januarereignisse von 1831 und derDurchbruch zum Verfassungsstaat im Königreich Hannover, (Veröffentlichungen der Historischen Kommission für Niedersachsen und Bremen Band 250),Hannover 2009.
Julius SEITERS, Das „Geistliche Kommissariat des diesseitigen Eichsfeldes" in der Mitte des 19. Jahrhunderts, in: Die Diözese Hildesheim in Vergangenheit und Gegenwart 59 (1991), S. 89-103.
Julius SEITERS, Abitur im Revolutionsjahr 1848 am Gymnasium Josephinum in Hildesheim, in: Die Diözese Hildesheim in Vergangenheit und Gegenwart 70(2002), S. 315-337.
http://www.hildesheim.de/pics/download/1_1257244841/dok_015_revolution_text.pdf (Stand 30. September 2013)

III.5. Die Industrialisierung und die Soziale Frage

Einführung

Wenngleich das Bistum Hildesheim keine größeren, zusammenhängen Industriegebiete aufweisen konnte, so wurden die Veränderungen, die diese Epoche mit sich brachte, doch auch hier deutlich. Deutliche Unterschiede gab es zwischen den ländlichen Regionen und den großen Städten Hannover und Braunschweig. Aber auch in zunächst kleineren Gemeinden – oft in der Nähe von Städten – gab es vitale industrielle Ansiedlungen. Hier wären u.a. Orte wie Neustadt am Rübenberge[28], Gehrden, Ilsede, aber auch heutige Vororte der Hansestädte Hamburg und Bremen zu nennen. Die Quelle M3 verdeut-

---

[28] Vgl. Hubert HÖING, Das Eisenhüttenwerk und die katholische Missionsstation in Neustadt a. Rbge. Eine Diasporagemeinde im Auf und Ab der Hochindustrialisierung, in: Die Diözese Hildesheim in Vergangenheit und Gegenwart 52 (1984), S. 87-109.

licht die klassischen Push- und Pullfaktoren im Kleinen auf sehr eindrucksvolle Weise: Das Eichsfeld war eine wirtschaftlich schwache Region mit geschlossen katholischer Bevölkerung. Um den Unterhalt der Familie zu sichern, mussten zahlreiche Eichsfelder als Saisonarbeiter in Hannover, im Braunschweigischen oder anderen wirtschaftlich erfolgreicheren Gegenden arbeiten. So wird allein für die Gemeinde Hannover-Linden von ca. 1000 Saisonarbeitern berichtet.[29] Darüber hinaus führte das Eichsfelder Erbrecht dazu, dass zahlreiche Familien im überbevölkerten Eichsfeld keine ausreichende Lebensgrundlage bilden konnten, weswegen viele von ihnen sich letztlich dauerhaft in den niedersächsischen Städten, insbesondere in Hannover niederließen. Zugleich wirkten die Städte mit ihren aufstrebenden Industrien und Fabriken als Pullfaktoren und versprachen für Eichsfelder Verhältnisse vergleichsweise gute Löhne. Schnell bildeten die Katholiken eine zahlenstarke Gruppe innerhalb der Industriearbeiterschaft und forcierten das Wachstum katholischer Gemeinden in zuvor praktisch rein protestantischen Regionen. So vervierfachte sich beispielsweise die Zahl der Katholiken in Hannover von ca. 7.000 im Jahre 1867 auf 28.000 um 1900 und stieg bis 1910 sogar auf 40.000.[30]

Die veränderten wirtschaftlichen und sozialen Verhältnisse erzeugten aber auch im Bistum Hildesheim zahlreiche Probleme sowohl unter den Industriearbeitern als auch in der sonstigen Bevölkerung, die ebenfalls direkt oder indirekt von den massiven Veränderungen betroffen war. Der Umgang mit der sogenannten Sozialen Frage beschäftigte kirchliche Stellen zunehmend. Deutlich wird dies zum einen an zahlreichen Bittschriften verarmter respektive in Not geratener Katholiken an das Generalvikariat, aber gegen Ende des 19. Jahrhunderts auch am Einsatz der Kirchenleitung und des Klerus für Arbeitervereine. Eine der Grundlagen bildete die Sozialenzyklika „Rerum Novarum", welche später vom preußischen Episkopat konkretisiert wurde und mit klaren Leitlinien für die Organisation und Leitung der Arbeitervereine versehen wurde.

---

29 BAH, OA Hannover St. Godehard 12, Blatt 1-8.
30 Thomas SCHARF-WREDE, Das Bistum Hildesheim im 19. Jahrhundert, Straßburg 1999, S. 41.

M1 Gemeinsames Hirtenwort des preußischen Episkopates betreffend die Arbeitervereine (22. August 1900)

Das gemeinsame Hirtenwort des preußischen Episkopates entstand im Rahmen der alljährlichen Beratungen in Fulda, d.h. dem Vorläufer der heutigen Fuldaer Bischofskonferenz. Hirtenworte anlässlich dieser Treffen sind keine Seltenheit, doch zeichnet sich dieses durch seine sehr präzisen Handlungsanweisungen aus. Es konkretisiert die Inhalte der Enzyklika „Rerum Novarum" des Jahres 1891, auf welche es auch Bezug nimmt. Mit „Rerum Novarum" legte Papst Leo XIII. wesentliche Grundlinien der katholischen Soziallehre fest und forderte auf, einen „dritten Weg" zwischen Sozialismus und Liberalismus zu beschreiben, bei welchen sich der Staat sozialpolitisch betätigen sollte.

Gemeinsames Hirtenwort der in Fulda versammelten Bischöfe 22.08.1900: Im Anschlusse an das Schreiben des Papstes Leo XIII. [...] haben wir in unserem Hirtenschreiben vom 23. August 1890 Euch, ehrwürdigen Mitbrüder, und unsere gesammelten Diöcesanen* ermahnt, alle Kräfte aufzubieten, um die socialen Bewegungen unserer Zeit in Bahnen zu leiten, welche zur dauernden Sicherung der Wohlfahrt der arbeitenden Klassen, zum Frieden in der bürgerlichen Gesellschaft und zur gedeihlichen Förderung der irdischen wie der ewigen Interessen Aller führen. Unsere Mahnungen hielten im folgenden Jahre eine hocherfreuliche und machtvolle Hülfe in der Encyclica* des Hl. Vaters vom 17. Mai 1891, welche mit den Worten beginnt „Rerum Novarum". Darin zeichnet der hl. Vater in meisterhaften Zügen die soziale Bewegungen der neuen Zeit in ihren Ursachen, Erscheinungen und Zielen. [...] An vielen Orten unserer Diöcesen wurden Dank der thatkräftigen Initiative unseres ehrwürdigen Clerus* neben den schon bestehenden zahlreiche neue Arbeiter- und Arbeiterinnen-Vereine gegründet; es entstanden Veranstaltungen und Einrichtungen, welche die geistige und materielle Wohlfahrt* der Vereinsmitglieder wirksam fördern; im Westen wie im Osten schlossen sich die Arbeiterverein zu Verbänden zusammen, um ihre Aufgaben besser und sicherer lösen zu können. [...] Der religiöse Gedanke soll die ganze Vereinsthätigkeit heiligen. Er soll ohne aufdringlich und lästig zu werden im ernsten Unterricht wie auch in der Erholung durchklingen und verhindern, daß Gottmißfälliges, Niedriges, Zank und Streit das Leben und Wirken des Vereins vergiften. Der Verein wird sich aber auch angelegen sein* lassen müssen, den geistigen Fortschritt seiner Mitglieder zu fördern. Dazu werden zunächst Vorträge dienen, welche in den Vereinsversamm-

lungen regelmäßig gehalten werden. Dieselben sollen alles umfassen, was den geistigen und materiellen Interessen der Arbeiter dienlich ist. Sie werden religiös apologetisch* sein und vor Allem jene Wahrheiten behandeln müssen, die von grundlegender Bedeutung für die christliche Lebensauffassung gegenüber den materialistischen Irrthümern sind. Es wird auch nothwendig sein, aus dem Gebiete der Geschichte wichtige und entscheidende Epochen darzustellen. Diese Vorträge sollen sich endlich mit Socialpolitik befassen und die Mitglieder über die Grundsätze belehren, welche bei der Beurtheilung socialpolitischer Tagesfragen theoretisch und praktisch festgehalten werden müssen, wie sie auch Belehrung über die sociale Gesetzgebung enthalten sollen. [...] Nicht weniger können sich katholische Juristen* verdient machen, wenn sie über die Erläuterung und praktische Anwendung der socialen Gesetzgebung in den Vereinen Vorträge halten. Ebenso können Ärzte durch angemessene Vorträge über die Hygiene vielen Nutzen stiften. [...] Die Arbeitervereine sollen auch bestrebt sein, durch zweckmäßige Wohlfahrtseinrichtungen ihren Mitgliedern materielle Vortheile zuzuwenden, wie zu unserer Freude auch geschieht. Es sind Sparkassen eingerichtet, aus welchen Zuschüsse zu den Krankengeldern, Beihülfen in Todesfällen und Unterstützungen in außerordentlichen Nothfällen gewährt werden. Diese Einrichtungen sind sorgfältig zu pflegen und weiter fortzubilden. Insbesondere empfehlen wir auch die Gründung von Hospizen* für Arbeiterinnen, um diese vor den zahlreichen Gefahren zu schützen, die sie bedrohen. [...] Die Vereinsleiter werden auch den Mitgliedern Gelegenheit zu angemessenen Erholungen und Unterhaltungen bieten, indeß werden sie dabei ihren ganzen Einfluß geltend machen, daß kostspielige Feste vermieden werden. Die Mitglieder sollen durch die Vereine nicht zu zweckwidrigen* und übermäßigen Ausgaben verleitet werden. Darum empfiehlt es sich, auch die regelmäßigen Versammlungen möglichst an Orten abzuhalten, an welchen die Mitglieder nicht genöthigt sind Ausgaben zu machen, und die Zeit für jene so zu wählen und in dem Maße zu beschränken, daß das Familienleben nicht geschädigt wird. [...]
gez. Der in Fulda versammelte preußische Episkopat*.

BAH Generalia I, 218, Blatt 92.

Annotationen
*Diöcesanen - Alle Gläubige einer Diözese.
*Encyclica - Lehrsatz des Papstes (als öffentliches Rundschreiben verbreitet).
*Clerus - Geistlichkeit.
*Wohlfahrt - hier Wohlergehen.
*angelegen sein - zur Aufgabe machen müssen.
*apologetisch - Erklärend/ erläuternd.
*katholische Juristen - Anwälte und andere, die Rechtswissenschaften (Jura) studiert haben.
*Hospiz - hier Wohnheim (für Arbeiterinnen).
*zweckwidrig - hier dem Sinn/ Zweck des Vereins widersprechend (zum Geldausgeben oder -unangemessenen Verhalten verleitend).
*Preußischer Episkopat - alle Bischöfe Preußens.

Mögliche Aufgaben
- Charakterisiere den politischen und sozialen Hintergrund, vor welchem der preußische Episkopat dieses Hirtenwort veröffentlichte.
- Benenne die Ziele, die die Arbeitervereine nach dem Willen der Bischöfen verfolgen sollen.
- Beschreibe die Aufgaben, die die Arbeitervereine übernehmen sollen.
- Überlege, welchen Problemen durch Übernahme dieser Aufgaben vorgebeugt werden soll.
- Erörtere, warum die Bischöfe den Arbeitervereinen eine solch große Bedeutung beimessen.

M2   **Bittschriften an das Bischöfliche Generalvikariat zu Hildesheim**

Eine Reihe schlechter Ernten, die einsetzende Industrialisierung und der damit verbundene Strukturwandel waren die Gründe für weit verbreitete Armut, Hunger und Verelendung um die Mitte des 19. Jahrhunderts. Der Mangel an sozialer Absicherung sorgte bei unvorhergesehenen Schicksalsschlägen schnell für existentielle Probleme. In ihrer Not wandten sich zahlreiche Menschen mit Bitten um finanzielle Unterstützung an den Bischof respektive das Bischöfliche Generalvikariat.

M2a   Gesuch Carl Severins an das Bischöfliche Generalvikariat (19. September 1847) mit der Bitte um Unterstützung zur Hausmiete

An das Hochwürdige Bischöfliche General Vikariat zu Hildesheim
Eine ganz unterthängste fußfällig* Bitte von Seiten Einer Armen Unglücklichen Famielie, Namens Carl Severin und dessen Ehefrau in Hildesheim
   Um eine kleine Unterstützung zur Haußmiethe
   Die größte Verzweiflungsvollste Noth treibt uns an diesen Schritt, zu thun, und folgendermaßen unterthänigst fußfälligst zu Bitten.
   Wir sind beiderseits Römisch katholischen Conffession* auch unsere Kinder desselben Kirchenrechts, auch einwenden wir wie auch unsere Kinder, unseren Glauben ... obwohl nicht selten uns die größte Noth, zur Verzweiflung bringt, wir haben beiderseits stets danach gestrebt unser tägliches dürftiges Fortkommen*, durch unserer Hände arbeit zu verdienen, aber Gegenwärtig sind wir nicht dazu im Stande, zumal wir beiderseits unsere Langwierigen Krankheiten ertragen haben, wodurch unsere Gesundheitszustände und Härzenkräfte gänzlich zerrüttet sind, besonders meine Gattin, hat seit einer langen reihe von Jahren, an einem Härzen-fehler* gelitten, und unter Ärztlicher Behandlung gestanden, auch ich habe Mehrfache Schicksahle an Arm und Händen erlitten, so daß ich zur Schweren arbeit ganz unfähig bin. Durch diese große Theuerung sind wir in einen Armuthvollen zustand gerathen, welchen ich kaum zu schildern vermach, ich habe schon müssen alles zusetzen, was ich in früheren Jahren hart und Mühsam verdient habe, wir haben aber jetzt nichts mehr, keine Kleidung, keine Nahrungsmittel, ein wenig Stroh macht unser Bette. Da wir nun die halbjährige Haußmiethe bezahlen müssen, wissen aber nicht mehr wie dieses Geld nehmen sollen. So wagen wir diesem harten Schritt und Bitten ganz unterthänigst fußfälligst, uns doch zur Hausmiethe eine Gnädige Unterstützung huldreichst* angedeihen lassen zu wollen und die Bitte einer unglüklichen Famielie doch gnädigst zu Berücksichtigen.
   Mit tiefster Ehrerbiethung verharre ich Euer Hochwürdigen Bischöflichen General-Vikariat unterthänigster Diener
   Carl Severin
   Tagelöhner
   Hildesheim, den 19ten September 1847

BAH Generalia I, 440, Blatt 8.

M2b Bittschrift des Drechslers Büngen an das Bischöfliche Generalvikariat zu Hildesheim

Gehorsamste Bitte von Seiten des Drechslers* Johann Christoph Büngen, Sohn des Verstorbenen Gastgeber* Heinrich Büngen aus Hildesheim

Bitte unterthänigst ein hochwürdigstes bischöfliches General-Vikariat hierselbst.
  Da ich jetzt bereizt mit einem Geschwür 23 Wochen krank liege und zwar an der Rechten Hand des Daums wo ich nicht im Stande bin mit zu Arbeiten und alles habe müssen zu setzen und nicht im Stande bin mein Land mich zu verdienen, und ich daher in meiner höchsten Noth ein Hochwürdiges Bischöfliches General Vikariat in Anspruch zu nehmen mir aus dem Finkensteinsche Legat* wo ich meine Zupflucht in meiner höchsten Noth an nehmen muß , eine Unterstützung mir zukommen zu lassen, welches bereitzt fünf Jahre jetzt sind, wo ich mit 5 Talern auch in einer traurigen Lage geholfen wurde, und ich auch jetzt diesen Weg noch nicht gethan hätte, wenn mich nicht die größte Noth da zu gezwungen hätte, den sonst bin ich immer der Mann, der sich mit seiner Hände Arbeit selbst helfen und ernähren kann, und Arbeit genug habe und auch leisten kann, wenn ich meine Gesundheit habe. Wärs der Linke Daum ich könnte mich wohl noch helfen, aber so ist es nicht möglich, denn beim Drechsler ist die rechte Hand unentberlich, welche ich zu jeder Zeit vorzeigen kann, daß ich in einen Viertel Jahr noch nichts leisten kann, den in dieser verflossenen* Woche ist mich der zweite Knochen herausgenommen.
  Bitte daher huldreichs ein hochwürdige Bischöflichen General-Vikariat* da ich es jetzt so groß bedürftigt bin mir in meiner größesten Noth zu helfen, den so lange wie ich mich habe können helfen, habe ich gethan und das jenige was ich mich Sauer verdient habe zu gesetzt. [...]
  Allerunterthänigster Diener
  Johann Christoph Büngen

BAH Generalia I, 440, Blatt 53/ 53 v.

**M2c   Bittschrift an das Bischöfliche Generalvikariat zu Hildesheim –
          Unterstützungsgesuch der Witwe Engelke**

An das Bischöfliche Generalvikariat hierselbst

Gehorsames Gesuch und Bitte von Seiten der Wittwe des Schullehrers Joh. Engelke zu Heiningen, jetzt in Hildesheim, die gütige Bewilligung einer Unterstützung mit einer sogenannten Pröbe* betreffend.

Wohl wird es Hochwürdigen Bischöflichen General-Vikariat bekannt sein, daß mein Mann, der Schullehrer Engelke zu Heiningen, welcher stets aufs eifrigste und pünktlichste seinen Berufspflichten oblag*, mir vor vier Jahren in der Mitte seine thätigen Lebens* durch den Tod entrissen wurde. Jetzt stehe ich mit meinen sechs Kindern von denen vier noch ganz hilflos sind von allen verlassen da, und habe mich nur meines spärlichen Gehaltes zu erfreuen. Dazu kommt noch, daß ich seit dem Tode meines Mannes kränklich geworden bin und somit außer Stande bin irgend wie zu meinem und meiner Kinder Unterhalte etwas zu erwerben. Ich nehme deshalb vertrauensvoll meine letzte Zuflucht zu hohem bischöflichen General-Vikariat und bitte hochdasselbe mit einer gütigen Unterstützung, einer sogenannten Pröbe, meine harten Lage in etwas zu mildern. In der tiefen Hoffnung, daß dieser Hilferuf einer hartbedrängten Wittwe nicht unbeachtet verhallen werde zeichne ich mit Hochachtung und Ehrfurcht:

   Eure Hochwürdigen Bischöflichen General-Vikariate
   ganz ergebenste
   Theresa Engelke
   Schullehrer-Wittwe

   Hildesheim, den 12ten Oktober 1853

BAH Generalia I, 440, Blatt 55/ 55v.

M2d   Bittschrift des Ludolf Meyer an das Bischöfliche Generalvikariat zu Hildesheim

An Seiner hochwohlgeboren Herrn,
Herrn Bischöfliche Gnaden in Hildesheim

Ich sehe mich veranlaßt meine Noth Seiner Bischöflichen Gnaden schriftlich mit zutheilen, indem ich verschidenemal von der Dienerschaft abgewisen bin.
   Meine Frau ist bereitz schon 8 Wochen krank und habe keine Unterstützung bekommen und kann auch von der Armenanstalt keine erhalten. Ich bin in einer traurigen Lage und weis nicht wo hin ich mich wenden sol, als das ich meine große Noth Seiner Bischöflichen Gnaden vortrage. Ich habe nicht zu Leben für meine Frau und Kinder, und weiß nicht woher ich was nemen soll, und kein Holz wo von ich meine kranke Frau und Kinder erwärmen soll, ich habe keinen Verdienst, ich habe bereits alles zugesetzt und habe nun schon seit 3 Wochen kein warmes Essen gehabt, weil ich keine Mitteln habe mir solches zu verschaffen, so lebe ich jetzt in einer hilfenbedürftigen Lage. Ich so wie meine Frau, hägen nur den Wunsch, daß mir die Kinder abgenommen werden, und bei guten Leuten untergebracht und meine Frau ins Barmherzigeschwestern-Kloster* zur Pflege und Herstellung ihrer Krankheit aufgenommen würde, weshalb ich seiner Bischöflichen Gnaden um Hilfe und Unterstützung flehe. Ich habe auf den Wunsch des Herrn Prädiger* den katolischen Glauben meiner Kinder bei gelegt*. [...] Ich stütze meine Hofnung auch darauf, daß ich von katolischer Seite gewis auch nicht verlassen werde. Weshalb ich jetzt in dieser großen Noth Seiner bischöflichen Gnaden um Hilfe flehe, denn diesen harten Schrit geschit nicht ohne große Noth.
   Keine Fehl-Bitte gethan zu haben erstrebe ich in tiefstem Danke als Seiner Bischöflichen Gnaden unterthänigster Diener
   Ludolf Meyer
   Commissionär*

Hildesheim, den 3. Februar 1855

BAH Generalia I, 440, Blatt 79.

Annotationen
*fußfällig - Wie „auf Knien".
*Conffession - Religionszugehörigkeit (evangelisch/ katholisch).
*dürftiges Fortkommen - Auskommen (das zum Leben notwendige).
*Härzen-fehler - Herzfehler.
*huldreichst - Wohlwollend/ großzügig.
*Drechsler - Spezialisierter Tischler.
*Gastgeber - Gastwirt.
*Finkensteinsches Legat - Stiftung.
*verflossen - Vergangenen.
*General-Vikariat - Verwaltungsbehörde eines Bistums/ Diözese.
*Pröbe - Regelmäßige Unterstützungszahlung.
*Berufspflichten obliegen - hier nachkam.
*thätiges Leben - Seines Berufslebens.
*Barmherzigeschwestern-Kloster - Orden der Vinzentinerinnen, diese betrieben auch ein Krankenhaus in Hildesheim.
*Prädiger - Prediger/ hier Pfarrer.
*„den katolischen Glauben meiner Kinder bei gelegt" - hier Nachweis über die katholische Konfession seiner Kinder beigefügt.
*Commissionär - Verwalter.

Mögliche Aufgaben (zu M2a-M2d)
- Gib die zentralen Aussagen wieder, berücksichtige dabei folgende Leitfragen:
  a) Was erfährst du über den Bittsteller und seine Notlage?
  b) Welchen Beruf übt die Person aus?
  c) In welcher Situation befindet sich die Familie/ der Bittsteller?
  d) Welchen Ausweg sieht der Bittsteller aus seiner Notsituation?
  e) Welche Versicherung/ soziale Absicherung könnte die Familie heute in Anspruch nehmen?
- Ordne die Quellen in den historischen Zusammenhang ein.
- Untersuche die Sprache der Bittbriefe und erläutere, welche Rückschlüsse sich aus ihr ziehen lassen.
- Vergleiche die in den Quellen genannten Gründe für die Bittbriefe und nimm zu diesen Stellung.

Weitere Einsatzmöglichkeiten und methodische Vorschläge (zu M2a-M2d)
- Fach Wirtschaft/Politik-Wirtschaft (Sozialversicherung/Versicherungswesen).
- Gruppenarbeit (alle vier Bittbriefe) bzw. Einzelarbeit (einen Brief auswählen).
- Bismarcks Sozialversicherungsgesetze (1880er Jahre).
- Arbeitsteilige Gruppenarbeit (alle vier Briefe).
- Einen Brief exemplarisch bearbeiten.

M3   Der Pfarrer aus Rhumspringe berichtet über die Situation Eichsfelder Wanderarbeiter

Rhumspringe sah - wie zahlreiche andere Eichsfelder Gemeinden auch — alljährlich eine große Anzahl seiner Gemeindemitglieder in die Städte oder landwirtschaftlich produktivere Gegenden ziehen, um mit der Arbeit dort den Unterhalt der Familie zu sichern. Da das Eichsfeld eine der wenigen geschlossenen katholischen Regionen des Bistums darstellt, mussten die Saisonarbeiter natürlich im Hannoverschen oder Braunschweigischen auf eine bestenfalls konfessionell gemischte, in der Regel aber praktisch rein protestantische Gesellschaft treffen.

M3a   Brief des Pfarrers aus Rhumspringe an den Bischof (4. März 1868)

Der Pfarrer aus Rhumspringe an den Bischof (4. März 1868):

Hochwürdigster Bischof! Exzellenz!
Wieder ist die Zeit da, wo von meinen Pfarrkindern Hunderte beiderlei Geschlechts als Maurer und zur Feld- und Fabrikarbeit fortziehen in das vielfach so gesegnete Braunschweiger Land, aber meist ohne religiöse Pflege* bleiben den größten Theil des Jahres. Wohl dürfen Manche sich freuen in Braunschweig, Wolfenbüttel oder Helmstedt dem Gottesdienste beizuwohnen, aber weitaus die Meisten würden nur dann ihrer religiösen Pflicht nachkommen können, wenn ebenfalls in Königslutter, Schöppenstedt, und Schöningen katholischer Gottesdienst wäre. Am allernothwendigsten jedoch wäre eine katholische Seelsorgestation in Königslutter. Da würden sich wenigstens 600 Katholiken Sammeln, um sich in Gott zu erquicken, während sie bislang zur nächsten Kirche in Braunschweig oder Helmstedt c.* 5 Stunden fahren, die nur von den Eifrigsten und Rüstigsten und auch von diesen nur selten gemacht werden können.

   Ich müßte kein Herz haben, wenn ich diese Noth nicht endlich Euer Bischöflichen Exzellenz offenbaren wollte mit der ebenso flehendlichen als ergebenen Bitte, hochgeneigtest helfen zu wollen, wenn irgend zu helfen ist.

  In tiefster Ehrfurcht
  Ew. Bischöflichen Exzellenz
  Gehorsamster Diener
  Johannes Nürnberg, Pfarrer
  Rhumspringe, den 4. März 1868

BAH Generalia I, 440, Blatt 168/168v.

M3b   Brief des Pfarrers aus Rhumspringe an den Bischof (4. März 1868)

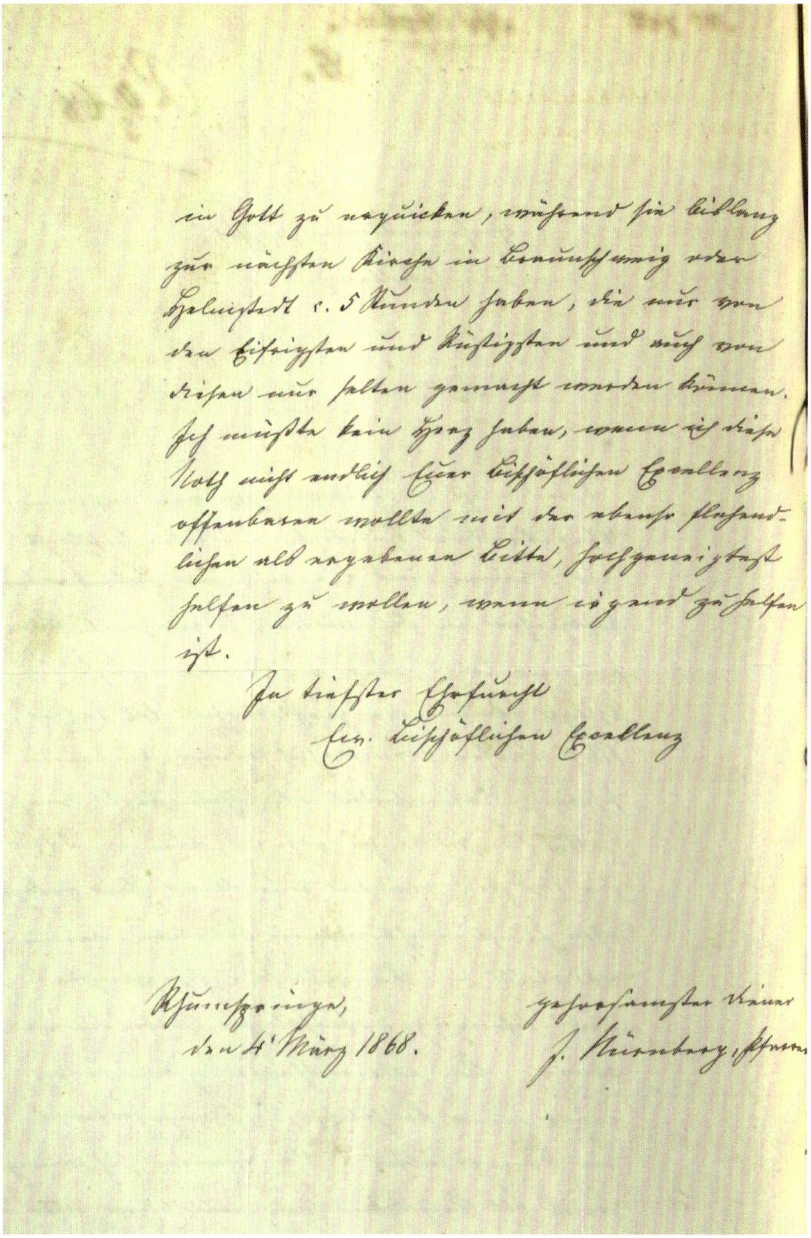

Abb. III.7: Brief des Pfarrers aus Rhumspringe an den Bischof (4. März 1868)

Annotationen
*ohne religiöse Pflege - Ohne Seelsorger und Gottesdienst.
*c. - Circa.

Mögliche Aufgaben
- Beschreibe die Situation der Arbeiter aus dem Eichsfeld.
- Überlege, warum die Arbeiter jedes Jahr ihre Heimat verließen, um in anderen Städte zu arbeiten.
- Überlege, warum der Gottesdienstbesuch für die Arbeiter aus dem Eichsfeld so wichtig gewesen sein könnte.
- Recherchiere die geographische und wirtschaftliche Situation des Eichsfeld damals und heute.

Weitere Einsatzmöglichkeiten und methodische Vorschläge
- Migration.
- Wanderarbeiter heute.
- Wachstum der Städte.
- Lesen/Bearbeitung der Originalquelle (M3b) in deutscher Schrift.

Schlagworte
- Arbeitervereine / Arbeiterbewegung [M1]
- Armut und Verelendung [M2]
- Braunschweig [M3]
- Eichsfeld [M3]
- Fuldaer Bischofskonferenz [M1]
- Gottesdienst [M3]
- Konfessionelle Unterschiede [M3]
- Rerum Novarum [M1]
- Seelsorge [M3]
- Soziale Absicherung [M1]
- Soziale Frage [M1-3]
- Sozialpolitik [M1]
- Sozialversicherung [M2]

- Stiftung [M2]
- Teuerung [M2]
- Unterstützung [M2]
- Wanderarbeiter/Saisonarbeiter [M3]

Verweis auf Schulbücher

Markus BERNHARD u. a. (Hg.), Durchblick. Geschichte/ Politik/ Erdkunde, Jg. 7/8 Hauptschule Niedersachsen, Braunschweig 2005. (Zu M1: S. 92; M2: S. 44-49.)
Dieter BRÜCKNER u. Harald FOCKE (Hg.), Das waren Zeiten. Band 3/ Jg. 8 Gymnasium Niedersachsen: Vom Absolutismus bis zur Industrialisierung, Bamberg 2010. (Zu M1: S. 132-134; M2: S. 84, S. 122f., S. 126f. u. S. 132f.; M3: S. 122f., S. 126f. u. S. 132f.)
Joachim CORNELISSEN u. a. (Hg.), Mosaik E2: Der Geschichte auf der Spur. Vom Hochmittelalter bis zum Zeitalter der Revolutionen, München 2009. (Zu M1: S. 246f.; M2: S. 216-219, S. 230f. u. S. 236f.; M3: S. 216f., S. 230f. u. S. 236f.)
Hans-Wilhelm ECKHARDT u. a. (Hg.), Zeit für Geschichte, Band 8 Gymnasium Niedersachsen, Braunschweig 2009. (Zu M1: S. 164f. u. S. 176-178; M2: S. 126, S. 158-161 u. S. 168f.; M3: S. 158-161 u. S. 168f.)
Michael SAUER (Hg.), Geschichte und Geschehen, Band 4 Bremen und Niedersachsen, Leipzig 2010. (Zu M1: S. 192-195; M2: S. 135, S. 185f., S. 192f. u. S. 203; M3: S. 185f., S. 192f. u. S. 203.)
Ralf TIEKE (Hg.), Durchblick. Geschichte/ Politik, Jg. 7/8 Realschule Niedersachsen, Braunschweig 2009. (Zu M2: S. 146ff.)

Verweise auf Fachliteratur

Friedrich EYMELT, Adolf Kolpings Werk in Norddeutschland: Der Beginn der Organisation, in: Die Diözese Hildesheim in Vergangenheit und Gegenwart 52 (1984), S. 111-115.

Hubert HÖING, Das Eisenhüttenwerk und die katholische Missionsstation in Neustadt a. Rbge. Eine Diasporagemeinde im Auf und Ab der Hochindustrialisierung, in: Die Diözese Hildesheim in Vergangenheit und Gegenwart 52 (1984), S. 87-109.

Franz PRINZ, Kirche und Arbeiterschaft: gestern, heute, morgen, (Geschichte und Staat Band 175/176), München 1974.

Thomas SCHARF-WREDE, Das Bistum Hildesheim 1866-1914 - Kirchenführung, Organisation, Gemeindeleben, (Quellen und Studien zur Geschichte des Bistums Hildesheim Band 3), Hannover 1995.

Lieselotte STERNER, Die Kongregation der Barmherzigen Schwestern vom Hl. Vinzenz von Paul in Hildesheim von 1852 bis zum Zweiten Vatikanischen Konzil, (Quellen und Studien zur Geschichte des Bistums Hildesheim Band 6), Hannover 1999.

Adam WEYER, Kirche und Soziale Frage im 19. Jahrhundert, (Göttinger Quellenhefte für Unterricht und Arbeitsgemeinschaft Band 19), Göttingen 1981.

III.6. Der Kulturkampf

Einführung

Der gleichsam direkt nach der Reichsgründung beginnende Kulturkampf stellt eine der einschneidensten Zäsuren in der Entwicklung des politischen Katholizismus und der Entwicklung vieler Diözesen dar. Der durch diese Periode der Auseinandersetzungen zwischen Staat und katholischer Kirche ausgelöste Schockzustand wirkt noch lange im deutschen Episkopat und im politischen Katholizismus fort. So sind katholische Politiker trotz der späteren Wahlerfolge des Zentrums im späten 19. und frühen 20. Jahrhundert auf Reichsebene in der Regel wenig einflussreich. Die katholische Bevölkerung weiter Teile des Deutschen Reiches fühlt sich oftmals als „Bürger zweiter Klasse" und im deutschen Episkopat setzt sich die deutliche Skepsis dem Staat gegenüber bis in die 1920er, teilweise sogar 30er Jahre hinein fort, hatten doch zahlreiche Bischöfe dieser Zeit den Kulturkampf und seine Auswirkungen noch selbst als Schüler oder junge Priester erfahren. Auch die Haltung der katholischen Kirche und des Zentrums im Ersten Weltkrieg lassen sich teilweise auf die Kulturkampferfahrungen zurückführen.[31] Selbst wenn man – insbesondere in der 2. Kriegshälfte - unter den Folgen des Krieges litt und die Probleme, die er für die Bevölkerungen mit sich brachte, deutlicher sah als andere, scheute man sich vielfach Kritik zu üben, um nicht wieder in eine vergleichbare Situation gebracht zu werden.

Der Kulturkampf ist eng verbunden mit der Person Bismarcks, welcher als Reichskanzler und preußischer Ministerpräsident durchaus als der maßgebliche Architekt dieser restriktiven Gesetze bezeichnet werden kann. Mit der Reichsgründung hatte Bismarck eines seiner lange angestrebten politischen Ziele realisieren können, so dass in der Folgezeit die Festigung und Sicherung dieses neuen Staates Priorität in der Innenpolitik Bismarcks besaß. Einen innenpolitisch mächtigen Gegner oder gar eine Intervention auswärtiger Mächte konnte und wollte er in dieser Situation nicht zulassen. Genau eine solche Gefahr aber stellte, aus der Sicht Bismarcks, der politische Katholizismus dar. Von diesem befürchtete er, dass er von einer überstaatlichen Macht, die nach dem Wegfall ihrer direkten staatlichen Macht doch wenigstens ihren indirekten Einfluss zu sichern suchte und mit den internen, hierarchisch gegliederten Strukturen der katholischen Kirche über eine gute Organisation verfügte und weite Bereiche des Lebens des gläubigen Katholiken durchdrang.

Im direkten Zusammenhang mit dem Beginn des Kulturkampfes steht auch das Infallibilitätsdogma: In einer höchst fragilen staatlich-politischen Situation in Italien[32] hatte Papst Pius IX. 1869 das Erste Vatikanische Konzil nach Rom einberufen, auf welchem mit der Konstitution 'Pastor Aeternus' auch das Dogma der Infallibilität beschlossen und am 18. Juli 1870 promulgiert wurde. Wenngleich offiziell auf kirchliche Lehrsätze beschränkt, so verstand der neoultramontanistische Kontext des Konzils diesen päpstliche Anspruch doch als sich auf alle irgendwie im Zusammenhang mit der Kirche stehenden Bereiche

---

31 Als gutes Beispiel kann hier der Hildesheimer Bischof Dr. J. Ernst gelten. Obwohl er im Hildesheimischen geboren und aufgewachsen war, verbrachte er seine Studienzeit und die Zeit seiner Priesterausbildung in Würzburg, Rom und Dillingen.
32 Vgl. Giuliano PROCACCI, Geschichte Italiens und der Italiener, München 1989, S. 281ff.

erstreckend, selbst wenn es sich dabei um den eigentlich staatlichen Bereich handelte.[33]

Der Beginn des eigentlichen Kulturkampfes lässt sich auf den 10. Dezember 1871, den Tag des Inkrafttretens des Reichsgesetzes betreffend die Ergänzung des Strafgesetzbuches für das Deutsche Reich, datieren. Mit diesem Gesetz, dem sogenannten Kanzelparagraphen, wurde Paragraph 130a des Strafgesetzbuches um einen Straftatbestand erweitert. Von nun an war es Geistlichen verboten, in Ausübung ihres Berufes ‚*öffentlich vor einer Menschenmenge, oder in einer Kirche[...] Angelegenheiten des Staates in einer den öffentlichen Frieden gefährdenden Weise zum Gegenstand einer Verkündigung oder Erörterung*'[34] zu machen. Bei Zuwiderhandlung wurde dies mit Gefängnis oder Festungshaft von bis zu zwei Jahren bestraft.[35] Auf den so genannten Kanzelparagraphen, welcher sich noch nicht speziell an bzw. gegen katholische Geistliche richtete, folgten eine Reihe weiterer Gesetze und Verordnungen mit größtenteils deutlicher Stoßrichtung gegen den Katholizismus.

Insgesamt wurden die erlassenen Gesetze und Verordnungen zunehmend restriktiver und das kirchliche Leben gestaltete sich zunehmend schwieriger, da der Staat auf immer mehr innerkirchliche Angelegenheiten Einfluss zu nehmen suchte.

Im Jahre 1872 wurden alle Schulen unter eine staatliche Schulaufsicht gestellt und Mitte desselben Jahres der Jesuitenorden verboten.

Einen ersten großen Höhepunkt fand der Kulturkampf in den preußischen Maigesetzen des Jahres 1873. Diese Gesetze, die alle zwischen dem 11. und 14. Mai erlassen worden waren, stellten die bis dahin tiefsten Eingriffe in das kirchliche Leben dar. Besonders hervorzuheben sind an dieser Stelle das Gesetz

---

33 Deutlich wird der päpstliche Anspruch auf alles, was in irgendeiner Form mit Kirche in Zusammenhang steht – auch wenn es sich dabei um den teilweise staatlichen Bereich handelt in der das Dogma umfassenden Konstitution, in welcher es unter anderem heißt:
‚Wer also sagt, der römische Bischof habe nur das Amt einer Aufsicht oder Leitung und nicht die volle und oberste Gewalt der Rechtsbefugnis über die ganze Kirche – und zwar nicht nur in Sachen des Glaubens und der Sitten, sondern auch in dem was zur Ordnung und Regierung der über den ganzen Erdkreis verbreiteten Kirche gehört -, oder wer sagt, er habe nur einen größeren Anteil, nicht aber die ganze Fülle dieser höchsten Gewalt, oder diese seine Gewalt sei nicht ordentlich und unmittelbar, ebenso über die gesamten und die einzelnen Kirchen, wie über die gesamten und einzelnen Hirten und Gläubigen, der sei ausgeschlossen.' Georg DENZLER, Das Papsttum – Geschichte und Gegenwart, München 1997, S. 97.
34 Rudolf LILL (Hg.), Der Kulturkampf, (Beiträge zur Katholizismusforschung, Reihe A, Quellentexte zur Geschichte des Katholizismus, Band 10), Paderborn u.a. 1997, S. 84f. (Reichsgesetzblatt, 1871, S.442).
35 Ebd.

über die Vorbildung und Anstellung der Geistlichen sowie das Gesetz über die kirchliche Disziplinargewalt und die Errichtung des königlichen Gerichtshofes für kirchliche Angelegenheiten. Beide Gesetze greifen deutlich in den innerkirchlichen Bereich ein und beanspruchen bisher ungekannte staatliche Einflussmöglichkeiten. Im folgenden Jahr, 1874, folgten das Zivilstandsgesetz, welches allein den neu geschaffenen Standesämtern das Recht zur Beurkundung von Geburten, Trauungen und Todesfällen einräumte sowie das Expatriierungsgesetz, welches den staatlichen Behörden die Möglichkeit gab, Geistlichen nach einem Verstoß gegen eines der Maigesetze einen Aufenthaltsort zuzuweisen oder dieselben des Landes zu verweisen.

Einen weiteren und zugleich letzten Höhepunkt hinsichtlich der gesetzlichen Maßnahmen brachte das Jahr 1875. Mit dem so genannten Brotkorbgesetz wurden alle staatlichen Zuwendungen an die katholische Kirche eingestellt und das Ordensgesetz verbot in Preußen alle Orden, einzig Krankenpflegeorden blieben weiterhin geduldet. Der katholischen Kirche war ein aktiver Kampf gegen diese Maßnahmen nicht in jeder Hinsicht möglich. Zwar focht das Zentrum auf politischer Ebene im Sinne der katholischen Kirche und versuchte weitere staatliche Maßnahmen und Gesetze zu verhindern, doch letztlich blieb spätestens seit den Maigesetzen nur noch die Frage, sich dem Staat zu unterwerfen oder dagegen zu opponieren und die entsprechenden Konsequenzen zu tragen. Man entschied sich in den Kirchenleitungen für Letzteres. Mit zunehmender Restriktivität der Gesetzgebung entwickelte sich ein immer offenerer Widerstand. Die Mehrheit der Bischöfe war sich einig, sich dem Staat und seinen Maßnahmen nicht zu unterwerfen, sondern so gut es ging mit dem kirchlichen Leben und den Traditionen fortzufahren. Dazu gehörten auch Stellenbesetzungen unter Umgehung der behördlichen Genehmigungen. Im Bistum Hildesheim, welches bei Beginn des Kulturkampfes gerade erst fünf Jahre Teil Preußens war die Ausgangslage an sich schon kompliziert, da das Bistums Hildesheim durch seine Diasporalage und geopolitische Lage sehr unterschiedlich strukturiert war, was entsprechende Auswirkungen auf die Verwaltung und Organisation der Diözese mit sich brachte.[36] Besonders betroffen war Hildesheim durch die Auflösung seines Priesterseminars und der Theologisch-Philosophischen Lehranstalt zum Ende des Jahres 1873. Kurz

---

36 Vgl. Thomas SCHARF-WREDE, Das Bistum Hildesheim 1866-1914. Kirchenführung, Organisation, Gemeindeleben, (Quellen und Studien zur Geschichte des Bistums Hildesheim Band 3), Hannover 1995, S. 29 ff.

zuvor hatten bereits die Lazaristen das Bistum verlassen müssen, was zum vorläufigen Ende des Konviktes am Gymnasium Josephinum geführt hatte. Da 1873 relativ schnell deutlich wurde, dass das Priesterseminar geschlossen werden würde – zumal sich in einem weiteren Fall ebenfalls eine direkte Auseinandersetzung mit den staatlichen Kräften anbahnte – beugte sich der Bischof den staatlichen Behörden nicht und das Ende der beiden Institutionen war lediglich noch eine Frage der Zeit.[37]

Eine weitere ernstzunehmende Auseinandersetzung brachten die Fälle Seulingen und Grasdorf: Hier waren 1873 Pfarrstellen vakant geworden und vom Bischof ohne Rücksprache mit und Genehmigung von den staatlichen Stellen neu besetzt worden. Nachdem sich der Bischof weigerte, die Stellenbesetzungen rückgängig zu machen oder staatliche Genehmigungen einzuholen, wurden beide Geistliche verhaftet und in das Bezirksgefängnis Hameln gebracht. In den folgenden Jahren verzichtete Sommerwerck daher auf die Neubesetzung vakanter Stellen gänzlich. Allerdings widersprach auch dies den Kulturkampfgesetzen, die eine Neubesetzung innerhalb eines Jahres vorsahen. Wegen dieses Verhaltens erließ die preußische Regierung in den folgenden Jahren insgesamt über 60 Strafandrohungen und verhängte zahlreiche Geldstrafen gegen den Bischof. Anders als in anderen Bistümern kam es jedoch nicht zur Amtsenthebung des Bischofs durch staatliche Stellen.

Stark getroffen wurde das kirchliche Leben im Bistum auch durch die nach dem Ordensgesetz von 1875 erfolgende Ausweisung von Orden und Ordensangehörigen. Dies betraf besonders die Schulorden und damit verbunden auch die katholischen Schulen des Bistums für die, sollten sie erhalten bleiben, eine neue Lösung und Finanzierung gefunden werden musste.

Der letzte große Schlag, der das Bistum traf, war das sogenannte Brotkorbgesetz, welches sämtliche staatlichen Zuwendungen an die Kirche beendete. Zum einen traf diese natürlich die Finanzierung des kirchlichen Lebens, zum andern handelte es sich dabei aber im Falle Hildesheims auch um Zuwendungen an das Bistums, die nach dem Ende des Fürstbistums Hildesheim 1803 mit dem Königreich Hannover vertraglich fixiert worden waren und nach der Annexion Hannovers an den Staat Preußen übergegangen waren.

Die Situation in Hildesheim ist trotz aller Rückschläge insgesamt eher positiv zu bewerten, als es zu den wenigen Bischofssitzen gehörte, die am Ende des

---
37 Vgl. M4-6.

Kulturkampfes noch einen Bischof vor Ort hatten, also nicht auf auswärtige Hilfe, Übergangslösungen z.B. Koadjutoren oder ähnliche Lösungen angewiesen waren.[38]

Nicht zuletzt aufgrund der Auflösung des Priesterseminars und der Theologisch-Philosophischen Lehranstalt war der Mangel an Priesteramtskandidaten eklatant. Aber auch die Versorgung der Gemeinden mit Geistlichen war problematisch, wenngleich regional unterschiedlich. Vor allem im ehemaligen Hochstift konnte die Situation durch die geographische Nähe verhältnismäßig gut aufgefangen werden. Die Nähe der Gemeinden ermöglichte eine Versorgung mehrerer Gemeinden durch einen Geistlichen. Ähnliches ist für das Eichsfeld zutreffend. Anders die Situation in anderen Gebieten des Diasporabistums, wo die Gemeinden weiter auseinander lagen und daher eine Versorgung mehrerer Gemeinden durch einen oder wenige Geistliche schwierig war. Insgesamt waren am Ende des Kulturkampfes etwa ein Drittel aller Gemeinden im Bistum Hildesheim verwaist.[39]

Das Ende des Kulturkampfes ist aufgrund der gesetzlichen Maßnahmen gut zu bestimmen. Zahlreiche Gründe können für das Ende des Kulturkampfes angeführt werden. Von letztlich überragender Bedeutung aber wird es gewesen sein, dass die Kulturkampfgesetze in vielen Fällen genau das Gegenteil dessen erreichten, was Bismarck mit ihnen bewirken wollte: Die Katholiken ‚rückten' enger zusammen und erkannten in Bismarck ihren gemeinsamen Gegner und es kam zur oben bereits erwähnten Bildung einer Gesellschaft innerhalb der Gesellschaft und Skepsis dem Staat gegenüber. Außerdem hatte das Zentrum in den Jahres seit seiner Gründung bis etwa 1880 kontinuierlich an Wählerstimmen gewinnen können und seinen politischen Einfluss beständig ausgeweitet und unter den Katholiken Deutschland eine große und weiterhin steigende Popularität erlangt.

Seit 1878, dem Jahr des Pontifikatswechsels und einer damit verbundenen, veränderten Haltung Roms, kam es zu Verhandlungen mit dem Vatikan und ab 1880 zu einer Reihe von Milderungs- und Friedensgesetzen. Mit diesen wurden in den folgenden Jahren die meisten der Kulturkampfgesetze wieder zurückgenommen.

---

38 1878 waren von den 12 preußischen Bischofssitzen lediglich noch drei regulär besetzt.
39 Thomas SCHARF-WREDE, Das Bistum Hildesheim im 19. Jahrhundert, Straßburg 1999, S. 29ff.

M1   Das Soester Programm des Zentrums (1870)

Bereits im Paulskirchenparlament hatte es eine katholische Gruppierung gegeben, doch löste sich dieser lose Zusammenschluss katholischer Abgeordneter nach dem Ende der Revolution wieder auf. So kam es zunächst nicht zu einer Parteibildung, doch sind die u.a. von Bischof von Ketteler initiierten Soester Konferenzen der folgenden Jahrzehnte durchaus als ein Vorläufer des späteren Zentrums zu betrachten. Hier formierte sich der politische Katholizismus. Die eigentliche Parteigründung liegt im Jahre 1869 bzw. 1870. Im Soester Programm, einer der grundlegenden programmatischen Schriften der Partei, finden sich die Leitlinien der Politik des Zentrums für die nächsten Jahrzehnte.

Das Soester Programm des Zentrums
Für Wahrheit, Recht und Freiheit!
1. Erhalt der verfassungsmäßig anerkannten Selbständigkeit und der Rechte der Kirche. Abwehr jeden Angriffs auf die Unabhängigkeit der kirchlichen Organe, auf die Entwicklung religiösen Lebens und die Entfaltung christlicher Liebestätigkeit*.
2. Tatsächliche Durchführung der Parität* der anerkannten Religionsbekenntnisse.
3. Abweisung jedes Versuches zur Entchristlichung* der Ehe.
4. Konfessionelle Schulen*
5. Für das ganze deutsche Vaterland ein Bundesstaat, der im Notwendigen die Einheit schafft, in allem übrigen aber die Unabhängigkeit und freie Selbstbestimmung der Bundesländer sowie deren verfassungsmäßige Rechte unangetastet läßt. [...]
9. Freiheit für alle den gesetzlichen Boden nicht verlassenden Bemühungen zur Lösung der sozialen Aufgaben. Gesetzliche Beseitigung solcher Übelstände, welche den Arbeiter mit moralischem oder körperlichem Ruin bedrohen.
Soest, den 28. Oktober 1870

Rudolf MORSEY (Hg.), Katholizismus, Verfassungsstaat und Demokratie. Vom Vormärz bis 1933, (Beiträge zur Katholizismusforschung, Reihe A, Quellentexte zur Geschichte des Katholizismus, Band 1), Paderborn u.a. 1988, S. 56.

Annotationen
*Liebestätigkeit - Caritas/ Nächstenliebe/ Wohlfahrt.
*Parität - Gleichberechtigung/ Gleichwertigkeit.
*Entchristlichung - hier Verstaatlichung.
*Konfessionelle Schulen - An ein Bekenntnis (z.B. evangelisch, katholisch etc.) gebunden.

Mögliche Aufgaben
- Benenne die Ziele, die die Zentrumspartei verfolgt.
- Untersuche, bei welchen Zielen es sich um primär konfessionelle Ziele handelt und welche konfessionsübergreifend sind.
- Das Zentrum wollte sich späterhin als eine grundsätzlich überkonfessionelle Partei verstanden wissen. Überprüfe, inwieweit sich dieser Anspruch im Soester Programm wiederspiegelt.

Weitere Einsatzmöglichkeiten und methodische Vorschläge
- Gegenüberstellung mit Programm der SPD/ anderer Parteiprogramme möglich.
- Reden Bismarcks und Windthorsts über das Zentrum vom 30. Januar 1872 vor dem preußischen Abgeordnetenhaus.
- Einordnung in den historischen Kontext, d.h. in die Zeit des deutsch-französischen Krieges.
- Verknüpfung mit M2 und M3.

M2 „Die Nacht am Rhein – Lieb Vaterland, magst ruhig sein???"

Die „Berliner Wespen" waren eine wöchentlich erscheinende Satirezeitschrift im Kaiserreich. Wenngleich sie den Kulturkampf wie auch Bismarcks Kampf gegen die Sozialdemokratie nicht unterstützte, waren ihre Beiträge doch teilweise stark antiklerikal. Deutlich wird dies u.a. an der Karikatur „Die Nacht am Rhein - Lieb Vaterland, magst ruhig sein???", welche bereits vor dem Erlass des sogenannten Kanzelparagraphen am 10. Dezember 1871 erschien. Nichtsdestotrotz spiegelt sie die Sichtweise und Haltung Bismarcks und der Reichsregierung sehr gut wider. Den konkrete Bezugspunkt der Karikatur bilden die Wahlen zum ersten deutschen Reichstag am 3. März 1871.

Das 19. Jahrhundert

Abb. III.8: Karikatur, Die Nacht am Rhein - Lieb Vaterland, magst ruhig sein???

Mögliche Aufgaben
- Analysiere die Karikatur. Gib die wesentlichen Bildelemente mit eigenen Worten wieder. Berücksichtige dabei besonders:
  a) Wer sind die schwarz gekleideten Männer?
  b) Wohin zieht die Gruppe?
  c) Was bedeutet die Aufschrift „Wahl-Lokal"?
  d) Was bedeutet die Bildunterschrift?
- Setze die Karikatur und die Quellen M1 und M3 zueinander in Beziehung.
- Formuliere die Hauptaussage der Karikatur.
- Arbeite heraus, welchen Eindruck diese Karikatur bei den verschiedenen Konfessionen hinterlassen könnte.

Weitere Einsatzmöglichkeiten und methodische Vorschläge
- Religionsunterricht: Thema „Kirche und Staat".
- Verknüpfung mit den Quellen M1 und M3.

M3   Sitzverteilung des ersten Deutschen Reichstages 1871

Nach der Gründung des Deutschen Reiches wurde am 3. März 1871 der erste Deutsche Reichstag gewählt. Als Grundlage für die Wahl dieser gesamtdeutschen Volksvertretung diente das Wahlgesetz des Norddeutschen Bundes, welches mit nur minimalen Änderungen als Reichswahlgesetz übernommen wurde. Da die Reichsverfassung keine Parteien als politische Entscheidungsträger kannte, wurden in jedem Wahlkreis Einzelkandidaten nachdem Mehrheitswahlrecht gewählt. Nach dem absoluten Mehrheitswahlrecht errang in jedem der 382 Wahlkreise der Kandidat das Mandat, der mehr als 50 Prozent der abgegebenen Stimmen auf sich vereinen konnte

Sitzverteilung im Deutschen Reichstag 1871
Nationalliberale* 125
Zentrum/ Zentrumspartei* 63
Deutschkonservative* 57
Linksliberale* 47
Freikonservative*/Deutsche Reichspartei 37
SPD* 2
Sonstige 51[40]

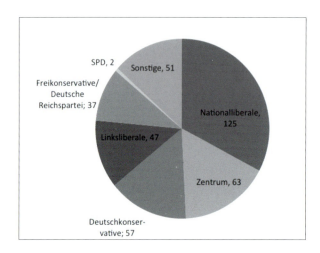

Abb. III.9: Sitzverteilung im Deutschen Reichstag 1871

---
40 http://www.dhm.de/lemo/html/kaiserreich/innenpolitik/parteien/index.html (Stand 30. September 2013).

Annotationen
*Nationalliberale - Wählerschaft: Bürgertum und Wirtschaft.
*Zentrum - Wählerschaft: Katholiken aller Schichten/Klassen.
*Konservative - Wählerschaft: Gutsbesitzer und Offiziere.
*Linksliberale - Wählerschaft: Bürgertum/ gebildetes Bürgertum.
*Sozialdemokraten/ SPD - Wählerschaft: Arbeiter.

Mögliche Aufgaben
- Werte das Kreisdiagramm mit der Darstelllung der Wahlergebnisse aus. Untersuche dabei insbesondere folgende Aspekte:
  a) Welches war die stärkste Partei?
  b) Welche Koalitionen sind möglich oder wahrscheinlich?
  c) Welche Stellung nimmt das Zentrum ein?
- Erläutere, welche Interessenkonflikte sich ergeben könnten.
- Analysiere den Wahlausgang für das Zentrum.

Weitere Einsatzmöglichkeiten und methodische Vorschläge
- Politikunterricht - Thema „Wahlen".
- Entwicklung des Zentrums in der Kaiserzeit, im Ersten Weltkrieg und der Weimarer Republik.
- Parteien im Kaiserreich.
- Verknüpfung mit M1 und M2.

M4   Gesetz über die Vorbildung und Anstellung der Geistlichen (1873)

Das Gesetz über die Vorbildung und Anstellung der Geistlichen gehört zur sogenannten Gruppe der Maigesetze. Mit Erlass dieser Gruppe von Gesetzen gewann der 1871 mit dem Kanzelparagraphen begonnene Kulturkampf nochmals deutlich an Schärfe. Neben der in diesem Gesetz festgelegten staatlichen Aufsicht über die Ausbildung der Geistlichkeit bedeuteten vor allem die Anzeigepflicht bei Stellenbesetzungen und das staatliche Einspruchsrecht für die katholische Kirche eine massive Einschränkung ihrer Freiheiten und führte bis zum Ende des Kulturkampfes zu zahlreichen vakanten Pfarrstellen und Bischofsstühlen.

Gesetz über die Vorbildung und Anstellung der Geistlichen vom 11. Mai 1873

§ 1. Ein geistliches Amt darf in einer der christlichen Kirchen nur einem Deutschen übertragen werden, welcher seine wissenschaftliche Vorbildung* nach den Vorschriften dieses Gesetzes gethan hat und gegen dessen Einstellung kein Einspruch von der Staatsregierung* erhoben worden ist. [...]

§ 4. Zur Bekleidung eines geistlichen Amtes ist die Ablegung der Entlassungsprüfung* auf einem Deutschen Gymnasium, die Zurücklegung* eines dreijährigen Studiums auf einer Deutschen Universität, sowie die Ablegung einer wissenschaftlichen Staatsprüfung erforderlich. [...]

§ 6. Das theologische Studium kann in den bei Verkündigung dieses Gesetzes in Preußen bestehenden, zur wissenschaftlichen Vorbildung der Theologen bestimmten kirchlichen Seminaren* zurückgelegt werden, wenn der Minister der geistlichen Angelegenheiten* anerkennt, daß dieses Studium das Universitätsstudium zu ersetzen geeignet sei. [...]

§ 9. Alle kirchlichen Anstalten*, welche der Vorbildung der Geistlichen dienen stehen unter Aufsicht des Staates. [...]

§ 13. Werden die [...] Vorschriften oder die getroffenen Anordnungen der Staatsbehörden nicht befolgt, so ist der Minister der geistlichen Angelegenheiten ermächtigt, bis zur Befolgung die der Anstalt gewidmeten Staatsmittel einzubehalten oder die Anstalt zu schließen.

Rudolf LILL (Hg.), Der Kulturkampf, (Beiträge zur Katholizismusforschung, Reihe A, Quellentexte zur Geschichte des Katholizismus, Band 10), Paderborn u.a. 1997, S. 86ff.

Annotationen
*wissenschaftliche Vorbildung - Wissenschaftliche Ausbildung/Studium.
*Staatsregierung - hier Regierung Preußens.
*Entlassungsprüfung - Abitur.
*Zurücklegung - Absolvierung.
*kirchliche Seminare - Kirchliche Lehranstalt zur Priesterausbildung.
*Minister der geistlichen Angelegenheiten - Kultusminister.
*Alle kirchlichen Anstalten - Schulen, Seminarien, Universitäten, usw.

Das 19. Jahrhundert

Mögliche Aufgaben
- Gib wieder, wer in Preußen ein kirchliches Amt bekleiden darf und welche Voraussetzungen dafür erfüllt sein müssen.
- Zeige auf, wo ein angehender Priester in Preußen studieren darf.
- Stelle die Rolle des Staates bei der Priesterausbildung in Preußen dar, und erläutere warum er diese Rolle übernahm.
- Beurteile die Folgen, die dieses Gesetz haben könnte.

Weitere Einsatzmöglichkeiten und methodische Vorschläge
- Verknüpfung mit M5 und M6.
- Vergleich mit dem Klostergesetz und dem Beispiel der Marienschule (M7-9).

M5   Protokoll der Revision des Hildesheimer Priesterseminars (30. Oktober 1873)

Aufgrund des Gesetzes über die Vorbildung und Anstellung der Geistlichen vom 11. Mai 1873 wurden alle an der Ausbildung der Geistlichkeit beteiligten diözesanen Einrichtungen auf ihre Tauglichkeit im Sinne des neuen Gesetzes hin überprüft. Im Hildesheimer Falle handelt es sich um das Priesterseminar bzw. die philosophisch-theologische Lehranstalt. Bis zu diesem Zeitpunkt fand die Ausbildung der Theologen in der Regel komplett in Hildesheim statt. Nur wenige angehende Priester studierten an auswärtigen staatlichen oder kirchlichen Institution oder Hochschulen.

Hildesheim 30.10.1873
Protokoll über die Revision* (Königlicher Provinzialschulrat* Dr. Schulz)
Im Auftrag des Herrn Oberpräsidenten* von Hannover Grafen zu Eulenburg vom 14. August d.J.* hatten sich die Comissarien* nach vorheriger Anmeldung am heutigen Morgen um 9 Uhr in hiesigem bischöflichen Klerikalseminar* eingefunden um die [...] Revision des Institutes vorzunehmen. Sie fanden den Herrn Regens* Dr. Koch anwesend, zugleich auch den Generalvikar* Kopp, welcher von dem Herrn Bischofe beauftragt war [...] zu Protokoll zu erklären, daß die Revision in sanitäts-, bad- und feuerpolizeilicher Hinsicht nicht verhindert

werde, daß aber der inneren Angelegenheiten dieser Anstalten nicht gestattet werden darf.

Nds.HstA Hannover, Hann. 122a Nr. 3766, Blatt 24/ 24 v.

Annotationen
*Revision - Überprüfung.
*Provinzialschulrat - Beamter der Schulaufsicht in einer Provinz.
*Oberpräsident - Höchster Staatsbeamter in einem Bezirk/ Provinz.
*d.J. - Des Jahres.
*Comissarien - Beamte, welche die Revision vornehmen.
*Klerikalseminar - Priesterseminar.
*Regens - Vorsteher des Priesterseminars.
*Generalvikar - Leiter der Verwaltung des Bistums.

Mögliche Aufgaben
- Beschreibe den Ablauf der staatlichen Überprüfung des Hildesheimer Priesterseminars.
- Erkläre, was kontrolliert werden durfte und welche Bereiche der Kontrolle entzogen worden waren.
- Diskutiere die Folgen, die das Handeln des Bischofs haben könnte.

Weitere Einsatzmöglichkeiten und methodische Vorschläge
- Revision des Priesterseminars resultiert aus dem Gesetz über die Vorbildung und Anstellung der Geistlichen von 1873, § 13; M4.
- Verknüpfung mit M4 und M6.
- Vergleich mit dem Klostergesetz und dem Beispiel der Marienschule (M7-9).

M6   Die Schließung des Hildesheimer Priesterseminars

Auf der Grundlage des Gesetzes vom 11. Mai 1873 über die Vorbildung und Anstellung der Geistlichkeit hatte am 30. August 1873 eine Inspektion des Hildesheimer Priesterseminars und der philosophisch-theologischen Lehranstalt statt-

finden sollen. Der Hildesheimer Bischof Sommerwerck ließ jedoch durch seinen Generalvikar Kopp eine Überprüfung der inneren Angelegenheiten des Seminars verhindern. Die folgende Bekanntmachung ist die notwendige und logische Folge dieser Weigerung. In der Folgezeit fand die Ausbildung der Hildesheimer Geistlichen an staatlichen oder kirchlichen Universitäten bzw. Priesterseminaren außerhalb der Diözese statt.

Berlin, den 4.12.1873
Cultusminister Falk
Einverstanden mit den gefälligen Ausführungen in den Berichten vom 11. v.M, verfüge ich hierdurch auf Grund des §13 des Gesetzes vom 11. Mai über die Vorbildung und Anstellung der Geistlichen, daß das bischöfliche Clerical-Seminar* und die damit verbundene philosophisch-theologische Lehranstalt* zu Hildesheim zu schließen, bis der Bischof von Hildesheim und die Vorsteher dieser Anstalten sich rückhaltslos den Vorschriften des Gesetzes vom 11. Mai und den auf Grund derselben von der staatl. Regierung erlassenen Anordnungen unterwerfen.

Nds.HstA Hannover, Hann. 122a Nr. 3766, Blatt 40 u. 41.

Annotationen
*Clerical-Seminar - Priesterseminar.
*philosophisch-theologische Lehranstalt - Vorläufer einer Universität zur Priesterausbildung.

Mögliche Aufgaben
- Beschreibe den Beschluss, den der Kultusminister auf Grund des Revisionsergebnisses des Hildesheimer Priesterseminars vom 30. Oktober 1873 fasst.
- Erkläre, auf welcher gesetzlichen Grundlage der Beschluss basiert.
- Erläutere die Bedingungen, unter welchen der Beschluss rückgängig gemacht werden konnte.
- Erörtere, welche Folgen die Schließung des Priesterseminares und der philosophisch-theologischen Lehranstalt für die weitere Ausbildung der Geistlichen haben könnte.

Weitere Einsatzmöglichkeiten und methodische Vorschläge
- Verknüpfung mit M4 und M5.
- Vergleich mit dem Klostergesetz und dem Beispiel der Marienschule (M7-9).

M7   **Gesetz zur Auflösung der geistigen Orden (1875)**

Nachdem im Jahre 1872 bereits der Jesuitenorden in Preußen verboten worden war, folgte ca. 3 Jahre später das Kloster- oder Ordensgesetz, welches alle Orden - außer Krankenpflegeorden - binnen einer 6-monatigen Frist aus Preußen verwies respektive zur Auflösung zwang. Dieses wurde flankiert durch das sogenannte Brotkorbgesetz (ebenfalls 1875), welches der Kirche staatliche Zuwendungen entzog.

Gesetz zur Auflösung der geistigen Orden
„Das am 31. Mai d. J.* vollzogene, am 3. Juni verkündete Gesetz, betreffend die geistlichen Orden der katholischen Kirche, […] erklärt alle Orden […] außer den Orden für Krankenpflege, als von dem Gebiete der preußischen Monarchie ausgeschlossen.
Die Errichtung von Niederlassungen derselben ist untersagt, die zur Zeit bestehenden Niederlassungen dürfen vom Tage der Verkündung des Gesetzes neue Mitglieder nicht aufnehmen und sollen binnen sechs Monaten aufgelöst werden. […] Niederlassungen der Orden, welche sich ausschließlich der Krankenpflege widmen, bleiben fortbestehen; sie können jedoch jederzeit durch Königliche Verordnung aufgehoben werden. […]

Zit. nach Preußisches Amtsblatt, Juni 1875.

Annotationen
*d. J. - Des Jahres.

Mögliche Aufgaben
- Benenne die wesentlichen Aussagen des Gesetzes.
- Fasse zusammen, welche Orden von diesem Gesetz betroffen sind und welche nicht.
- Erörtere die Folgen, die dieses Gesetz für die Orden und die Bevölkerung haben könnte.
- Stelle Vermutungen über die Intention des Gesetzes an.

 Weitere Einsatzmöglichkeiten und methodische Vorschläge
- Folgen des Gesetzes am Beispiel der Marienschule Hildesheim (M8 und M9).
- Vergleich mit dem Gesetz über Vorbildung und Anstellung der Geistlichen und der Auflösung des Hildesheimer Seminars.

M8 Bericht aus dem Katholischen Sonntagsblatt über den Weggang der Ursulinen aus Hildesheim

Das 1875 erlassene Klostergesetz, welches sämtliche Orden mit Ausnahme der Krankenpflegeorden in Preußen verbot, traf die Bevölkerung in einem besonderen Maße, da neben den kontemplativen Orden auch Orden betroffen waren, die sich der Erziehung und sozialen Aufgaben widmeten. In Folge dieses Gesetzes mussten auch die Hildesheimer Ursulinen, welche 1853 die sieben Jahre zuvor gegründete Marienschule übernommen hatten, das Land verlassen. Der Fortbestand der Marienschule wurde durch eine Gruppe Hildesheimer Katholiken gewährleistet, die Schulleitung übernahm Carla Sermes.

‚Die hiesigen Ursulinerinnen* werden unsere Stadt bald verlassen […]. Die Katholiken der Stadt Hildesheim beklagen jedoch ihren Abgang schmerzlich, denn sie verlieren in ihnen nicht allein die vortrefflichsten Lehrerinnen und Erzieherinnen ihrer Kinder, sondern es erwächst ihnen auch aus ihrem Abgange eine neue namhafte Last in der Unterhaltung ihrer konfessionellen Schulen*.
    Was der Staat für Nutzen zieht aus dem Fortgange dieser ausgezeichneten Lehrerinnen, ist uns bei unserem beschränkten Untertanen-Verstande unerfindlich.'

Katholisches Sonntagsblatt Nr. 41, Hildesheim, den 10. Oktober 1875, S. 327.

Annotationen
*Ursulinerinnen - Ursulinen.
*Konfessionelle Schulen - An ein Bekenntnis (z.B. evangelisch, katholisch etc.) gebunden.

Mögliche Aufgaben
- Gib die wesentlichen Aussagen des Zeitungsartikels mit eigenen Worten wieder.
- Überlege, welche Probleme auf die Schulen zukommen könnten.
- Erkläre, warum die Ursulinen Hildesheim verlassen müssen, nimm dazu M7 zu Hilfe.
- Stelle dir vor, du hast den Artikel vom 10. Oktober 1875 im katholischen Sonntagblatt gelesen. Verfasse einen Leserbrief und nimm zur Situation Stellung.

Weitere Einsatzmöglichkeiten und methodische Vorschläge
- Verbindung mit den Quellen M7 und M9.
- Vergleich mit der Schließung des Hildesheimer Seminars (M4-6).

M9   Antrag der Marienschule auf staatliche Beihilfe

Als Folge des Klostergesetzes hatten die Hildesheimer Ursulinen 1875 das Land verlassen müssen und die Leitung der Marienschule lag seitdem in den Händen von Carla Sermes. Neben personellen Veränderungen und damit verbundenen höheren Kosten hatte das ebenfalls 1875 erlassene Brotkorbgesetz, welches der Kirche staatliche Unterstützungen entzog, die Situation weiter verschärft. Ab 1878 kam es zu einer Milderung der Kulturkampfgesetze und sukzessiver Rücknahme derselben.

Aus einem Antrag auf staatliche Beihilfe (finanzielle Unterstützung) der Schulleitung der Marienschule an das preußische Unterrichtsministerium vom 30.12.1880:
„Der Nothstand, in dem wir durch den Fortgang der Ursulinen gerathen sind, indem wir jetzt aus einer sehr billigen, eine sehr theure Schule mit einem so

erheblichen jährlichen Deficit* haben, dürfte unseres Erachtens nach [...] geeignet sein, uns einer Beihülfe* aus demselben theilhaftig zu machen.'

Nds.HstAH, Hann. 122a, 5144, Blatt 16 ff.; Julia-Carolin BOES, Quellen zur Geschichte der Marienschule, Schulgebäude und Schulfinanzierung, in: BISTUMSARCHIV HILDESHEIM (Hg.), Marienschule Hildesheim. 150 Jahre, 1846-1996, (Hildesheimer Chronik. Beiträge zur Geschichte des Bistums Hildesheim Band 1), Hildesheim 1996, S. 149-166.

Annotationen:
*Deficit - Fehlen an Geld.
*Beihülfe - Zuschuss.

Mögliche Aufgaben
- Erkläre, warum jetzt „aus einer sehr billigen, eine sehr theure Schule" geworden ist.
- Skizziere das in der Quelle beschriebene Problem mit eigenen Worten.
- Entwickle Lösungsansätze für den Fall, dass die erhoffte staatliche Finanzhilfe ausbleibt.

Weitere Einsatzmöglichkeiten und methodische Vorschläge
- Verknüpfung mit M7 und M8.
- Vergleich mit Schließung des Priesterseminars.

Schlagworte
- Ausbildung / Priesterausbildung [M5]
- Demokratie [M3]
- Deutsch-französischer Krieg [M1]
- Finanzen [M8 u. 9]
- geistliches Amt [M4]
- Gymnasium [M4]
- Kirchliche Organe [M1]
- Klostergesetz [M7-9]
- Konfessionen/Konfessionelle Schule [M1 u. 8]
- Kopp [M5]

- Kulturkampf [M1 u. 2]
- Maigesetze [M4-8]
- Marienschule [M8 u. 9]
- Orden [M7]
- Parteien im Kaiserreich [M1 u. 2]
- Politischer Katholizismus [M2]
- Priesterausbildung [M4 u. 6]
- Priesterseminar [M5 u. 6]
- Preußen [M2 u. 4-9]
- Reichstag (1871)/ Parlament [M3]
- Reichstagswahlen 1871 [M2]
- Sozialpolitik [M1]
- Staatliche Kontrolle [M4- 6]
- Staatsbeihilfe [M9]
- Studium [M4]
- Ursulinen [M8]
- Verfassung [M1 u. 3]
- Verhältnis Kirche und Staat [M4-6]
- Wahlergebnisse [M3]
- Wahlrecht (Mehrheitswahlrecht) [M3]
- Weggang der Ursulinen aus Hildesheim [M9]
- Zentrum/Zentrumspartei [M2 u. 3]

Verweis auf Schulbücher

Thomas BERGER V. D. HEIDE (Hg.), Entdecken und Verstehen. Geschichte, Band 2/ Jg. 7/8 Realschule Niedersachsen: Von der Reformation bis zur Weimarer Republik, Berlin 2009. (Zu M1-3: S. 168f.)
Dieter BRÜCKNER u. Harald FOCKE (Hg.), Das waren Zeiten. Band 4/ Jg. 9 Gymnasium Niedersachsen: Deutschland, Europa und die Welt von 1871 bis zur Gegenwart, Bamberg 2010. (Zu M1-9: S. 17.)
Joachim CORNELISSEN u. a. (Hg.), Mosaik E3: Der Geschichte auf der Spur. Vom Deutschen Kaiserreich bis zur Gegenwart, München 2010. (Zu M1-9: S. 20f.)
Michael SAUER (Hg.), Geschichte und Geschehen, Band 5 Bremen und Niedersachsen, Leipzig 2011. (Zu M1-9: S. 26f.)

Hans-Otto REGENHARDT (Hg.), Forum Geschichte. Jg. 9/10 Niedersachsen: Vom Kaiserreich bis zur Gegenwart, Berlin 2010. (Zu M1-9: S. 22f.)

Verweise auf Fachliteratur

Konrad ALGERMISSEN, Ein großer Führer und seine Mahnung: zur Erinnerung an die 150. Wiederkehr seines Geburtstages [Ludwig Windthorst], in: Die Diözese Hildesheim in Vergangenheit und Gegenwart 31 (1962), S. 64-67.
Hans-Georg ASCHOFF u. Heinz-Jörg HEINRICH, Ludwig Windthorst, Briefe 1834-1880, (Veröffentlichungen der Kommission für Zeitgeschichte, Reihe A Band 45), Paderborn 1995.
Hans-Georg ASCHOFF, Ludwig Windthorst, Briefe 1881-1891, (Veröffentlichungen der Kommission für Zeitgeschichte, Reihe A, Band 47), Paderborn 2002.
Hans-Georg ASCHOFF, Ludwig Windthorst und die deutschen Katholikentage – Ein Beitrag zum 100. Todestag des Zentrumsführers, in: Die Diözese Hildesheim in Vergangenheit und Gegenwart 59 (1991), S. 145-159.
Hans-Georg ASCHOFF, Ludwig Windthorst – Christlicher Politiker in einer Zeit des Umbruchs, Hannover 1991.
Hans-Georg ASCHOFF (Hg.): Ludwig Windthorst 1812-1891. Quellentexte zur Geschichte des Katholizismus, Paderborn 1991.
Julia-Carolin BOES, Quellen zur Geschichte der Marienschule, Schulgebäude und Schulfinanzierung, in: Bistumsarchiv Hildesheim (Hg.), Marienschule Hildesheim. 150 Jahre, 1846-1996, (Hildesheimer Chronik. Beiträge zur Geschichte des Bistums Hildesheim Band 1), Hildesheim 1996, S. 149-166.
Wolfgang DITTRICH u.a. (Hg.), Ludwig Windthorst Ausgewählte Reden gehalten in der Zeit von 1851-1891, Bände 1-3, 2. Aufl., Hildesheim 2003.
Josef VAN ELTEN, Pfarrstellenbesetzung im Bistum Hildesheim während des Kulturkampfes (1873-1884/1886), in: Die Diözese Hildesheim in Vergangenheit und Gegenwart 56 (1988), S. 79-108.
Friedhelm JÜRGENSMEIER: Die katholische Kirche im Spiegel der Karikatur der deutschen satirischen Tendenzzeitschriften von 1848 bis 1900, Trier 1969.
Justina KABOTH (Hg.): Es kommt oft anders, als man denkt: die Auswirkungen der Bismarckschen Kulturkampfgesetze auf den Duderstädter Ursulinenkonvent, (Hildesheimer Chronik. Beiträge zur Geschichte des Bistums Hildesheim Band 20), Hildesheim 2011.

Rudolf LILL (Hg.), Der Kulturkampf, (Beiträge zur Katholizismusforschung, Reihe A, Quellentexte zur Geschichte des Katholizismus, Band 10), Paderborn u.a. 1997.
BISTUMSARCHIV Hildesheim (Hg.), Marienschule Hildesheim. 150 Jahre, 1846-1996, (Hildesheimer Chronik. Beiträge zur Geschichte des Bistums Hildesheim Band 1), Hildesheim 1996.
Rudolf MORSEY (Hg.), Katholizismus, Verfassungsstaat und Demokratie. Vom Vormärz bis 1933, (Beiträge zur Katholizismusforschung, Reihe A, Quellentexte zur Geschichte des Katholizismus, Band 1), Paderborn u.a. 1988.
Manfred OVERESCH, Das Bernward-Denkmal von 1893 als politische Antwort der katholischen Kirche auf den Kulturkampf Bismarcks, in: Die Diözese Hildesheim in Vergangenheit und Gegenwart 61 (1993), S. 103-116.
Thomas SCHARF-WREDE, Das Bistum Hildesheim 1866-1914 - Kirchenführung, Organisation, Gemeindeleben, (Quellen und Studien zur Geschichte des Bistums Hildesheim Band 3), Hannover 1995.
Lieselotte STERNER, Die Kongregation der Barmherzigen Schwestern vom Hl. Vinzenz von Paul in Hildesheim von 1852 bis zum Zweiten Vatikanischen Konzil, (Quellen und Studien zur Geschichte des Bistums Hildesheim Band 6), Hannover 1999.
Anton THEYSSEN, Ludwig Windthorst. Versuch einer Würdigung, in: Die Diözese Hildesheim in Vergangenheit und Gegenwart 31 (1962), S. 52-63.
Bernhard TREUGE, Priestermangel heute und in der Zeit des Kulturkampfes, in: Die Diözese Hildesheim in Vergangenheit und Gegenwart 50 (1982), S. 201-204.
Massimiliano VALENTE, Leo XIII. und die diplomatischen Aktivitäten des Heiligen Stuhls zur Beilegung des Kulturkampfes in Preußen, in: Jörg Zedler (Hg.), Der Heilige Stuhl in den internationalen Beziehungen 1870-1939, (Spreti-Studien, Band 2), München 2010, S. 93-144.
http://www.berliner-wespen.de (Stand 30. September 2013)
http://www.ludwig-windthorst-stiftung.de (Stand 30. September 2013)
http://www.dhm.de (Stand 30. September 2013)

III.7. Krieg 1870/71

M1 Ausschreiben des Bischöflichen Generalvikariats zu Kriegsbeginn 1870

Nach der französischen Kriegserklärung an Preußen am 19. Juli 1870 trat für die süddeutschen Staaten der Bündnisfall ein, sie mussten aufgrund bestehender Verpflichtungen den preußischen Truppen beistehen. Bismarck war damit seinem Ziel des einheitlichen deutschen Staates einen Schritt näher gekommen. Die Zahl der sofort bereitstehenden deutschen Soldaten übertraf die des französischen Heeres deutlich, da französische Truppen auch in anderen Teilen Europas und in Übersee gebunden waren.
Die am 22. Juli 1870 erlassene Anordnung des Bischöflichen Generalvikariates erschien in ähnlicher Weise in fast allen deutschen Diözesen am Beginn des deutsch-französischen Krieges. Beim Verfasser dieses Ausschreibens, dem Generalvikar Jacobi, handelt es sich um den späteren Bischof Sommerwerck von Hildesheim, welcher in den 1870er Jahren das Bistum Hildesheim in der Zeit des Kulturkampfes leitete.

M1a Text des Ausschreibens

Ausschreiben* des Bischöflichen General-Vikariats*.
Im Hinblicke auf den ernsten Kampf, der unserm deutschen Vaterlande bevorsteht*, verordnen wir für alle Pfarrkirchen unserer Diöcese, wie auch für die Filialkirchen*, welche eigenen Gottesdienst haben, wie folgt:
1. Nach Einläutung am Vorabende wird am nächsten Mittwoch, den 27. Juli, ein feierliches Hochamt und zwar Missa tempore belli* mit sakramentalischem Segen gehalten.
2. Während der Dauer des Krieges ist an allen Sonn- und Festtagen in dem „Allgemeinen Gebete nach der Predigt" zwischen dem ersten und zweiten Absatze Folgendes einzuschalten: Besonders bitten wir Dich, o Gott, führe uns im gegenwärtigen Kampfe um des Vaterlandes theuerste Güter zum Siege, - gib denen, die für uns kämpfen, die Gnade, auch gegen die Feinde selbst im heißesten Streite sich als Christen zu verhalten, - gib denen, die daheim bleiben, die Kraft, im Vertrauen zu Deinem allmächtigen Beistande auch die schwers-

ten Opfer, die der Krieg uns auferlegt, bereitwillig zu bringen, - und laß uns in Gnaden nach kurzer Frist zu einem Frieden gelangen, der die Ehre und Unabhängigkeit Deutschlands dauernd verbürgt.
Hildesheim, den 22. Juli 1870
Bischöfliches General-Vikariat
D.W. Jacobi

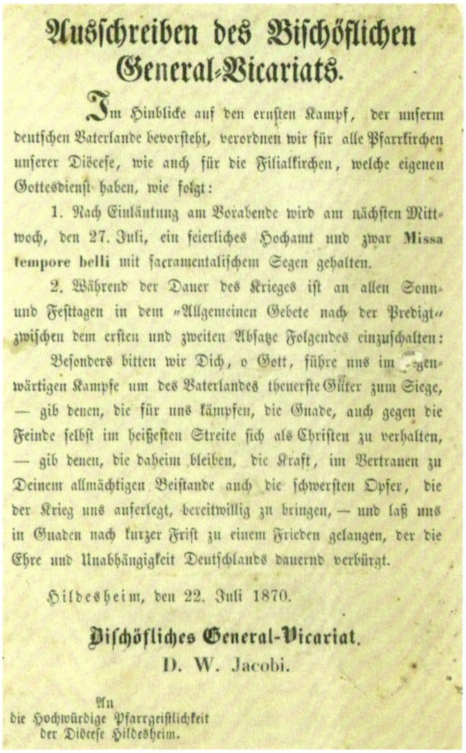

An
die Hochwürdige Pfarrgeistlichkeit
der Diöcese Hildesheim.

BAH Ausschreiben 1830-1888.

M1b Ausschreiben des Bischöflichen Generalvikariats

Abb. III.10: Ausschreiben des Bischöflichen Generalvikariats

Das 19. Jahrhundert

Annotationen
*Ausschreiben - Anordnung.
*General-Vikariat - Verwaltung des Bistums, Generalvikar = Leiter der Bistumsverwaltung (Generalvikar Jacobi = späterer Bischof von Hildesheim).
*„Kampf, der unserm deutschen Vaterlande bevorsteht" - Kriegsausbruch: 19. Juli 1870.
*Filialkirchen - Hauptkirche und weitere Kirche(n) die zu einer Pfarrgemeinde gehören.
*Missa tempore belli - Vorgabe des Ablaufes der Messe in Kriegszeiten.

Mögliche Aufgaben
- Benenne die Anordnungen und Begründungen, die für die Anordnungen gegeben werden.
- Stelle dar, welche grundsätzliche Stellung der Kirche zum Krieg in der Quelle deutlich wird.
- Analysiere die Intention der Ausschreibung.
- Erläutere die Intention des genannten Gebetes.
- Charakterisiere den Begriff ‚Vaterland' aus Sicht der Kirche.

Weitere Einsatzmöglichkeiten und methodische Vorschläge
- Gerechter Krieg?
- Vergleich des Ausschreibens von 1870/71 mit den Anordnungen von 1866, 1914 (Kirchlicher Anzeiger 10, 03. August 1914, Bischof Adolf Bertram) oder 1939.
- Kirche, Krieg und Politik.

Schlagworte
- 1866 Norddeutscher Bund
- 1870 Gedanke der Reichseinheit unter preußischer Führung
- Deutsch-Französischer Krieg
- Emser Depesche
- Frieden

Verweis auf Schulbücher

Dieter BRÜCKNER u. Harald FOCKE (Hg.), Das waren Zeiten. Band 4/ Jg. 9 Gymnasium Niedersachsen: Deutschland, Europa und die Welt von 1871 bis zur Gegenwart, Bamberg 2010, S. 10-14.
Joachim CORNELISSEN u. a. (Hg.), Mosaik E3: Der Geschichte auf der Spur. Vom Deutschen Kaiserreich bis zur Gegenwart, München 2010, S. 16-19.
Michael SAUER (Hg.), Geschichte und Geschehen, Band 4 Bremen und Niedersachsen, Leipzig 2010,S. 160f.
Michael SAUER (Hg.), Geschichte und Geschehen, Band 5 Bremen und Niedersachsen, Leipzig 2011, S. 9-11.
Hans-Otto REGENHARDT (Hg.), Forum Geschichte. Jg. 9/10 Niedersachsen: Vom Kaiserreich bis zur Gegenwart, Berlin 2010,S. 11-13.

Verweise auf Fachliteratur

Thomas SCHARF-WREDE, Das Bistum Hildesheim 1866-1914 - Kirchenführung, Organisation, Gemeindeleben, (Quellen und Studien zur Geschichte des Bistums Hildesheim Band 3), Hannover 1995.

Literatur zum 19. Jahrhundert

Karl Otmar Frh. v. ARETIN, Vom Deutschen Reich zum Deutschen Bund, 2. Aufl., Göttingen 1993.
Hans-Georg ASCHOFF, Das Verhältnis von Staat und katholischer Kirche im Königreich Hannover 1813-1866, (Quellen und Darstellungen zur Geschichte Niedersachsen Band 86), Hildesheim 1976.
Hans-Georg ASCHOFF, Die Welfen - Von der Reformation bis 1918, Stuttgart 2010.
Hans-Georg ASCHOFF, Zur Entwicklung des Pfarreiwesens und des Diözesanklerus im Bistum Hildesheim im 19. und 20. Jahrhundert, in: Die Diözese Hildesheim in Vergangenheit und Gegenwart 53 (1985), S. 117-123.
Friedrich EYMELT, Adolf Kolpings Werk in Norddeutschland: Der Beginn der Organisation, in: Die Diözese Hildesheim in Vergangenheit und Gegenwart 52 (1984), S. 111-115.

Erwin GATZ (Hg.), Die Bischöfe der deutschsprachigen Länder 1785/1803-1945, Berlin 1983.

Erwin GATZ (Hg.), Die Bistümer der deutschsprachigen Länder von der Säkularisation bis zur Gegenwart, Freiburg i. Br. u.a. 2005.

Erwin GATZ (Hg.), Geschichte des kirchlichen Lebens in den deutschsprachigen Ländern seit dem Ende des 18. Jahrhunderts, 8 Bände, Freiburg i. Br. 1991-2008.

Karl HAUSBERGER, Reichskirche - Staatskirche - „Papstkirche": der Weg der deutschen Kirche im 19. Jahrhundert, Regensburg 2008.

Peter HERSCHE, Napoleonische Friedensverträge: Campo Formio 1797, Lunéville 1801, Amiens 1802, Preßburg 1805, Tilsit 1807, Wien-Schönbrunn 1809, 2. Aufl., Bern 1973.

Hubert HÖING, Das Eisenhüttenwerk und die katholische Missionsstation in Neustadt a. Rbge. Eine Diasporagemeinde im Auf und Ab der Hochindustrialisierung, in: Die Diözese Hildesheim in Vergangenheit und Gegenwart 52 (1984), S. 87-109.

Klaus Dieter HÖMIG, Der Reichsdeputationshauptschluß vom 25. Februar 1803 und seine Bedeutung für Staat und Kirche, Tübingen 1969.

Heinz HÜRTEN, Kurze Geschichte des deutschen Katholizismus 1800-1960, Mainz 1986.

Karl Heinrich KAUFHOLD, Wirtschaft und Gesellschaft in den Fürstbistümern Hildesheim und Osnabrück zur Zeit der Säkularisation, in: Die Diözese Hildesheim in Vergangenheit und Gegenwart 71 (2003), S. 179-208.

Jörg H. LAMPE: Freyheit und Ordnung. Die Januarereignisse von 1831 und der Durchbruch zum Verfassungsstaat im Königreich Hannover, (Veröffentlichungen der Historischen Kommission für Niedersachsen und Bremen Band 250), Hannover 2009.

Rudolf LILL (Hg.), Der Kulturkampf, (Beiträge zur Katholizismusforschung, Reihe A, Quellentexte zur Geschichte des Katholizismus, Band 10), Paderborn u.a. 1997.

Franz PRINZ, Kirche und Arbeiterschaft: gestern, heute, morgen, (Geschichte und Staat 175/176), München 1974.

Rudolf MORSEY (Hg.), Katholizismus, Verfassungsstaat und Demokratie. Vom Vormärz bis 1933, (Beiträge zur Katholizismusforschung, Reihe A, Quellentexte zur Geschichte des Katholizismus, Band 1), Paderborn u.a. 1988.

Anton RAUSCHER (Hg.), Der politische und soziale Katholizismus: Entwicklungslinien in Deutschland 1803-1963, 2 Bände, München 1982.

Klaus SCHATZ, Zwischen Säkularisation und Zweitem Vatikanum, Frankfurt am Main 1986.

Thomas SCHARF-WREDE, Das Bistum Hildesheim im 19. Jahrhundert, Straßburg 1999.

Thomas SCHARF-WREDE, Das Bistum Hildesheim 1866-1914 - Kirchenführung, Organisation, Gemeindeleben, (Quellen und Studien zur Geschichte des Bistums Hildesheim Band 3), Hannover 1995.

Thomas SCHARF-WREDE, Bischof Eduard Jacob Wedekin (1849/50-1870) – Das Bistum wird zum Hochstift, in: Die Diözese Hildesheim in Vergangenheit und Gegenwart 59 (1991), S. 105-130.

Julius SEITERS, Das „Geistliche Kommissariat des diesseitigen Eichsfeldes" in der Mitte des 19. Jahrhunderts, in: Die Diözese Hildesheim in Vergangenheit und Gegenwart 59 (1991), S. 89-103.

Lieselotte STERNER, Die Kongregation der Barmherzigen Schwestern vom Hl. Vinzenz von Paul in Hildesheim von 1852 bis zum Zweiten Vatikanischen Konzil, (Quellen und Studien zur Geschichte des Bistums Hildesheim Band 6), Hannover 1999.

Adam WEYER, Kirche und Soziale Frage im 19. Jahrhundert, (Göttinger Quellenhefte für Unterricht und Arbeitsgemeinschaft Band 19), Göttingen 1981.

IV. Das 20. Jahrhundert

Wenn die Zahl der Katholiken auf die Bedeutung eines Bistums schließen lässt, dürfte das Bistum Hildesheim bis 1950 als Diasporabistum eher am unteren Ende eines Rankings deutscher Bistümer im 20. Jahrhundert zu finden sein. Dies würde auch trotz des beträchtlichen Anstiegs von 120.000 Katholiken im Jahr 1890 auf ca. 670.00 im Jahr 1950 noch gelten, deren Anzahl inzwischen wieder auf ca. 616.000 zurückgegangen ist.[1] Durch eine Reihe bedeutender Einzelpersonen erhielt Hildesheim im 20. Jahrhundert jedoch eine wichtige, weit über die Bistumsgrenzen hinausreichende Bedeutung. Am 9. August 1887 berief Papst Leo XIII. den Duderstädter Georg Kopp zum Fürstbischof von Breslau. Im Jahre 1900 übernahm dieser als Kardinal die Leitung der Fuldaer Bischofskonferenz. Für seine Vermittlerrolle zwischen Papst und Kaiser erhielt Kopp 1906 von Kaiser Wilhelm II. den Schwarzen Adlerorden, verbunden mit einer Aufnahme in den Preußischen Adel.[2]

---

1 Die Katholikenzahlen von 1890 und 1950 finden sich bei Thomas SCHARF-WREDE, Das Bistum Hildesheim im 20. Jahrhundert, Straßburg 2001, S. 6 u. S. 25. Die aktuellen Zahlen finden sich auch auf der Homepage des Bistums.
2 Georg Kopp (1837-1914) legte sein Abitur am Hildesheimer Gymnasium Josephinum ab. Danach studierte er ebenfalls in Hildesheim Theologie und wirkte anschließend als Kaplan und Religionslehrer, bevor er an das Generalvikariat wechselte und 1872 Domkapitular und Generalvikar wurde. 1881 wurde er zum Bischof von Fulda gewählt.

1914 folgte der Hildesheimer Bischof Adolf Bertram Kopp auf dem Fürstbischofssitz in Breslau. Als Vorsitzender der Fuldaer Bischofskonferenz lenkte er nach dem Tod des Kölner Kardinals Felix Hartmann ab 1920 die Geschicke des deutschen Katholizismus bis zu seinem Tod 1945.[3] Kardinal Bertram weihte schließlich am 25. Juli 1934 unter Assistenz der Bischöfe Wilhelm Berning und Clemens August Graf von Galen Joseph Godehard Machens zum Bischof von Hildesheim. Machens wurde kurz vor seinem Tod 1956 von Papst Pius XII. zum Erzbischof ernannt. Für ein Suffraganbistum der Erzdiözese Paderborn ein eher ungewöhnlicher Schritt, der mit der Rolle Machens im Nationalsozialismus zu tun hatte. Wie der Münsteraner Bischof von Galen gilt Machens als mutiger Verteidiger der kirchlichen Rechte gegenüber den zahllosen Übergriffen der Nationalsozialisten.[4] In den aus dem Bistum Hildesheim stammenden Personen Georg Kopp, Adolf Bertram und Joseph Godehard Machens spiegelt sich die Bedeutsamkeit des Hildesheimer Bistums vor allem für die erste Hälfte des 20. Jahrhunderts wieder.

Für die zweite Hälfte des 20. Jahrhunderts stehen die Episkopate von Heinrich Maria Janssen und Josef Homeyer. Beide Bischöfe wurden für ihr kirchenpolitisches und seelsorgerliches Engagement mehrfach ausgezeichnet: So erhielt Bischof Janssen u.a. das große Verdienstkreuz der Bundesrepublik Deutschland und Bischof Homeyer mehrere Verdienstorden von osteuropäischen Kirchen. Beide Bischöfe haben - ob als Vertriebenenbischof oder als Präsident der Kommission der Bischofskonferenzen in der EU - über die Grenzen ihrer Diözese hinaus gewirkt.[5] Der vorliegende Beitrag will jedoch keine Quellensammlung einer diözesanen Bischofsgeschichte sein. Die jeweiligen Episkopate bilden aus chronologischen und systematischen Gesichtspunkten eher

---

3 Adolf Bertram (1859-1945) studierte nach dem Abitur am Gymnasium Josephinum in Würzburg und München Theologie und Kanonisches Recht, promovierte 1883, wurde 1894 Domkapitular, 1905 Generalvikar und 1906 Bischof von Hildesheim.

4 Joseph Godehard Machens (1886-1956) studierte nach dem Abitur am Gymnasium Josephinum in Innsbruck, Münster und Rom Theologie, promovierte 1919, lehrte als Professor Dogmatik, Moral und Liturgie am Priesterseminar in Hildesheim und wurde schließlich vom Domkapitel am 3. Mai 1934 zum Bischof von Hildesheim gewählt.

5 Heinrich Maria Janssen (1907-1988) studierte nach dem Abitur am Collegium Augustianum in Gaesdonck in Münster und Freiburg Theologie, wirkte als Priester der Diözese Münster von 1934-1945 in einer Gemeinde der Freien Prälatur Schneidemühl, kam über seine Flucht nach Bonzell in der Diözese Fulda (1945-1946) zurück in die Diözese Münster, wo er von 1949-1955 Pfarrer der St. Antonius Gemeinde des Wallfahrtsortes Kevelaer wurde. Am 3. Februar 1957 wurde er von Papst Pius XII. zum Bischof von Hildesheim ernannt.
Josef Homeyer (1929-2010) studierte nach dem Abitur in Warendorf (Westfalen) in Münster und Innsbruck Theologie und Philosophie, promovierte 1955, wurde 1966 Schulreferent des Bistums Münster und war von 1972 bis 1983 Sekretär der Deutschen Bischofskonferenz. Am 25. August 1983 wurde er von Papst Johannes Paul II. zum Bischof von Hildesheim ernannt.

einen vorgegebenen Rahmen, der inhaltlich - sei es durch Ereignisse, einzelne Personen oder Institutionen - gefüllt werden muss.[6] Ebenso bilden das politische und kirchliche Geschehen auf regionaler wie überregionaler Ebene den inhaltlichen Bezugsrahmen. Eine systematisch angelegte Bistumsgeschichte sollte darüber hinaus die Priester und Laien in ihren Gemeinden, Orden, kirchlichen Einrichtungen, Verbänden und Vereinen, wie auch die Institutionen selbst und die sie tragenden Gebäude berücksichtigen. All dieses kann der vorgelegte Beitrag nicht leisten, so dass hier lediglich neun Schlaglichter auf Aspekte der Hildesheimer Bistumsgeschichte im 20. Jahrhundert geworfen werden. Die Auswahl ist subjektiv, folgt jedoch schuldidaktischen Gesichtspunkten. Hier wurde insbesondere der Ansatz des biographischen Lernens berücksichtigt. Da die Aufarbeitung des Episkopats von Bischof Heinrich Maria Janssen gerade erst begonnen hat und die Bestände aus dem Episkopat von Bischof Josef Homeyer noch nicht erschlossen sind, liegt der Fokus des behandelten Zeitraumes auf den Jahren von 1900 bis etwa 1965.

Als Schlaglichter wurden folgende Aspekte ausgewählt:
1) Das Jahr 1900, genauer der 31. Oktober 1900, der ein Zusammentreffen Bischof Sommerwercks mit Kaiser Wilhelm II. am Rosenstock markiert.
2) Eine gemeindlich überlieferte Form des Erinnerns und Gedenkens an die beiden Weltkriege. Hier wurde das Beispiel Sorsum ausgewählt.
3) Die wirtschaftliche Notsituation im Bistum in der Zwischenkriegszeit. Hierfür steht das Engagement von Bischof Joseph Ernst als Fundraiser seiner Diözese.
4) Die Auseinandersetzung Bischof Joseph Godehard Machens mit der NS-Euthanasie, die in Bezug zu den Protesten Bischof Clemens August Graf von Galens gesetzt wird.
5) Das Schicksal einzelner Priester im Nationalsozialismus. Ausgewählt wurde das Schicksal des Groß Düngener Pfarrers Joseph Müller.
6) Das seelsorgerische Engagement der Kirche in der Diaspora. Hierfür steht Pastor Antonius Holling, der 1940 von Bischof Machens in die Stadt des KdF-Wagens (Wolfsburg) geschickt wurde.

---
6 Die Episkopate in chronologischer Abfolge: Daniel Wilhelm Sommerwerck (1871-1905); Adolf Bertram (1906-1914); Joseph Ernst (1915-1928); Nikolaus Bares (1929-1933); Joseph Godehard Machens (1934-1956); Heinrich Maria Janssen (1957-1982); Josef Homeyer (1983-2004).

7) Die Vertriebenensituation, wie sie sich nach 1945 im Bistum darstellte. Hier soll der Fokus auf die Rolle der Caritas im Durchgangslager Friedland gerichtet werden.
8) Das systemübergreifende Engagement Bischof Joseph Godehard Machens zur Sicherung und Bewahrung der Bekenntnisschule. Hierfür steht die Auseinandersetzung mit dem neu gegründeten Land Niedersachsen.
9) Der Wiederaufbau und die Weihe des Mariendomes 1960, die auch mit Blick auf die Domweihe als Auftakt des Bistumsjubiläums im Jahr 2014 einen Schlussstein für das 20. Jahrhundert markiert.

IV.1. Der Besuch Kaiser Wilhelms II. im Dom zu Hildesheim am 31. Oktober 1900

Einführung

„Wo unser einer ein Leben lang zu forschen hätte, wendet so einer eine Viertelstunde an."[7] Der Unmut, der aus diesen nachträglich formulierten Worten des Hildesheimer Domkapitulars Adolf Bertram spricht, galt Kaiser Wilhelm II. und seinem strengen Besuchsprogramm im Hildesheimer Mariendom. Am 31. Oktober 1900 besuchte Wilhelm II. anlässlich der Denkmaleinweihung für seinen Großvater, Wilhelm I., die Stadt Hildesheim. Ein großer Bahnhof wurde ihm bereitet. Minutiös wurde das Besuchsprogramm verwirklicht. Hierzu zählte auch die Erläuterung der Hildesheimer Kunstschätze (Bernwardstüren, Christussäule, Hezilo-Leuchter, Bernwardskreuz, Rosenstock etc.) und die der vielschichtigen Baugeschichte des Mariendoms durch Adolf Bertram im Beisein der Kaisergattin und des Hildesheimer Diözesanbischofs Daniel Wilhelm Sommerwerck. Adolf Bertram wird 1906 der Nachfolger Sommerwercks im Bischofsamt und 1914 Fürstbischof von Breslau. Die Integration der Katholiken in das Kaiserreich lässt sich zwar am Empfang des Kaisers im Mariendom ablesen, Vorbehalte gegenüber einem protestantischen Herrscher werden aber in der Äußerung Bertrams sichtbar.

---
7 Maike KOZOK, Hildesheim zur Kaiserzeit, 3. Aufl., Hildesheim 2013, S. 159.

Das 20. Jahrhundert

M1 Kaiser Wilhelm II. am Rosenstock

Abb. IV.1: Das Kaiserpaar am 1000-jährigen Rosenstock.

Annotationen

Das Foto zeigt den Hildesheimer Rosenstock an der Rückseite der Chorapsis des Mariendomes. Domkapitular Adolf Bertram überreicht Bischof Sommerwerck ein goldenes Kreuz mit einem eingefassten Holzstück vom Rosenstock als Geschenk für das Kaiserpaar. Die Kaisergattin ist ein wenig verdeckt. Das Foto machte der prominente Hildesheimer Fotograph Franz Heinrich Bödeker (1836-1917) im Rahmen des Kaiserbesuches.

Mögliche Aufgaben
- Beschreibe anhand des Fotos das Verhältnis von katholischem Bischof und protestantischem Kaiser.
- Charakterisiere die Stellung der Katholischen Kirche im Kaiserreich um 1900. Beziehe dabei die Erfahrungen der katholischen Geistlichen im Kulturkampf mit ein.

Weitere Einsatzmöglichkeiten und methodische Vorschläge
- Geschichtsunterricht: Kaiserreich (Jg. 9).
- Religionsunterricht: Verhältnis Staat - Kirche (Jg. 10).

Das 20. Jahrhundert

M2   Kaiser Wilhelm II. bei der Einweihung des Kaiserdenkmals

Abb. IV.2: Einweihung des Kaiserdenkmals

Annotationen

Die Abbildung des Denkmals zeigt die Szene nach der Enthüllung des Reiterstandbildes Kaiser Wilhelms I. auf dem Sedanplatz am 31. Oktober 1900. Anwesend sind neben Kaiser Wilhelm II., der ganz rechts im Bild auf dem Pferd zu sehen ist, die Hildesheimer Honoratioren auf zwei errichteten Tribünen um das Standbild herum. Dieses Foto stammt ebenfalls von Franz Heinrich Bödecker.

Mögliche Aufgaben
- Stelle anhand des Fotos Vermutungen über das Selbstverständnis des deutschen Kaisers an.

Weitere Einsatzmöglichkeiten und methodische Vorschläge
- Geschichtsunterricht: Kaiserreich (Jg. 9).
- Religionsunterricht: Verhältnis Staat - Kirche (Jg. 10).

M3   Der Besuch Kaiser Wilhelms II. in Hildesheim am 31. Oktober 1900

„Das Reiterstandbild zeigt den alten Kaiser als Sieger, in Kürassierpanzer* und mit dem Lorbeerkranz um den Adlerhelm, umflattert vom Mantel. Die rechte Hand hält den Feldherrnstab. Eine germanische Jungfrau, die neben dem Roß schreitet, hält dem Sieger die Kaiserkrone entgegen. Unter den Hufen des Rosses krümmt sich verendend der Drache."
Hermann Löns*

„Dem Neubegründer des Deutschen Reiches
Das war ein Tag, wie ihn die Stadt in ihrer elfhundertjährigen Geschichte bis dahin nicht erlebt hatte, dieser 31. Oktober 1900. Der Kaiser kam, Kaiser Wilhelm II., um das Denkmal an der Sedanstraße einzuweihen. Die Straßen waren herausgeputzt und mit Fahnen, Girlanden, mit Grün und Gold geschmückt, die alten Fachwerkhäuser frisch gestrichen und aufgemöbelt. Und wo es auf dem Weg vom Bahnhof zum Denkmalplatz 2, durch Hildesheims neue Stadtviertel, an alt-ehrwürdigen Architekturen fehlte, da waren großartige Dekorationen aufgebaut aus der Bilderwelt des Mittelalters, Triumphbogen, Türme,

Tore, Ehrenpforten, Wahrzeichen des Handwerks und eines standesbewussten Bürgertums. Seine Majestät fand lobende Worte, und auch die Herren von der Presse aus Berlin sollen sich beifällig über das festliche Bild, das Hildesheim bot, geäußert haben." [...]
[Karl Bauer]

Festvorbereitungen
Folgenden Weg durch die Stadt sollte der kaiserliche Zug nehmen:
1. Bahnhof - Denkmal: Bahnhofsallee, Zingel, Paradeplatz (Hindenburgplatz), Schul- (Küsthardt)straße, Braunschweiger Straße = 1690 m.
2. Denkmal - Rathaus: Goslarsche Straße, Friesenstraße, Platz (Pelizaeus), Altpetristraße, Hoher Weg, Rathausstraße = 920 m.
3. Rathaus - Dom: Marktstraße, Hoher Weg, Altpetristraße, Kreuzstraße, Domhof = 970 m.
4. Dom - Michaeliskirche: Stein, Burgstraße = 480 m.
5. Michaeliskirche - Bahnhof: Langer und Kurzer Hagen, Almstraße, Bernwardstraße = 800 m. [...]

Wie die Einweihung des Denkmals verlief, haben wir schon berichtet. Im Rathaussaal, im Anblick der imposanten Wandgemälde zur Hildesheimer Geschichte, hielt der Kaiser eine kurze Ansprache. Er begann: „Es wird Ihnen wohl begreiflich sein, dass auf so historischem Boden, wie auf dem, auf welchem die Stadt Hildesheim steht, dem Landesherrn das Herz doppelt hoch schlagen muss." Und er endete: „Möge es mir vergönnt sein, ihr allezeit ein friedvoller Schützer und Förderer zu sein." Dann nahm er einen Schluck aus dem Maigrafenbecher*, den ihm der Oberbürgermeister reichte.

Festlich verlief auch der Besuch im Dom. Beim Betreten der Kathedrale brauste die Orgel auf, der Domchor sang die von Professor Nick eigens komponierte Motette „Salvum fac imperatorem"*. „Von der uralten Domkrone Hezilos strahlten 72 Kerzen", notierte der Chronist Karl Bauer.

Es gibt, außer dem Denkmalssockel, noch zwei Erinnerungsstücke an diesen Tag. Das ist das Kaiserporträt an der alten Bürgermeisterkette, mit der Oberbürgermeister Struckmann* erstmals am 31. Oktober 1900 erschien. Eine Gemme* mit dem Profil Wilhelm II., heute im Tresor des Roemer-Museums verwahrt. Und ist das Titelblatt des Goldenen Buches der Stadt Hildesheim, angelegt zum 31. Oktober, von Max Leeser* gestiftet. Auch dieses kunstvolle Blatt trägt das Bildnis des Kaisers und ist mit seinem Namenszug versehen. Angesengt hat es den Brand am 22. März 1945, beim Luftangriff auf Hildesheim, im Stahlschrank des Rathauses überstanden und befindet sich heute im Roemer-Museum.

Dem großen, rechteckförmigen Felsstein aus dem Norden, an dem täglich der Verkehrsstrom vorbeizieht, dem Unterbau des Denkmals, sieht heute niemand mehr an, dass er einst die Kaiserherrlichkeit Hildesheims trug.

Zit. nach Erich HEINEMANN, Ein Denkmal für Kaiser Wilhelm I. Zur Einweihung am 31. Oktober 1900 kam Wilhelm II. nach Hildesheim, in: Hildesheimer Heimatkalender 221 (1990), S. 83, S. 90 u. S. 95.

Annotationen
*Kürassierpanzer - Brustpanzer einer Kavallerieeinheit.
*Hermann Löns - Berühmter norddeutscher Heimatdichter (1866-1914).
*Maigrafenbecher - Trinkgefäß für Ehrengäste der Stadt Hildesheim.
*Salvum fac imperatorem - Musikkomposition zur Ehre des Herrschers.
*Oberbürgermeister Struckmann - Gustav Struckmann (1837-1919) war von 1885 bis 1909 Oberbürgermeister von Hildesheim.
*Gemme - Bildnis in Medaillonform an der Kette des Oberbürgermeisters.
*Max Leeser - Direktor der Hildesheimer Bank (1855-1935). Förderer der Kunst- und Denkmalpflege.

Mögliche Aufgaben
- Beschreibe, wie Wilhelm II. in Hildesheim aufgenommen wird.
- Erläutere die jeweiligen Motive für diesen Empfang.

Weitere Einsatzmöglichkeiten und methodische Vorschläge
- Geschichtsunterricht: Kaiserreich (Jg. 9).
- Religionsunterricht: Verhältnis Staat - Kirche (Jg. 10).

Das 20. Jahrhundert

M4   Deckblatt des Goldenen Buches der Stadt Hildesheim bis 1945

Abb. IV.3: Deckblatt des Goldenen Buches der Stadt Hildesheim

Annotationen

Über dem Kaiserportrait steht der Satz: „Da pacem domine in diebus nostris", übersetzt: „Herr, gib Frieden in unseren Tagen". Am unteren Rand der Seite unterhalb der Jahreszahl ADMCM [1900] stehen die Worte: „Vier Kaiser zogen bei uns ein, der fünfte heut, im Ruhmesschein. So soll dies Buch ein Denkmal sein". Neben der zentralen Figur des Chronisten des Hl. Bernward, Thangmar, sind in fünf Medaillons die fünf Kaiser abgebildet: Konrad II., Heinrich III., Heinrich II., FrImp [Friedrich Imperator?], Wilhelm II. Letzterer ist als einziger Kaiser im Siegerkranz abgebildet.

Mögliche Aufgaben

- Überlege und notiere, wie der Kaiser reagiert haben könnte, als er sein eigenes Portrait auf der ersten Seite des Goldenen Buches der Stadt Hildesheim sah.
- Nimm abschließend Stellung zur Haltung Adolf Bertrams zum Kaiserbesuch im Mariendom.

Weitere Einsatzmöglichkeiten und methodische Vorschläge

- Geschichtsunterricht: Kaiserreich (Jg. 9).
- Religionsunterricht: Verhältnis Staat - Kirche (Jg. 10).

Schlagworte

- Bertram
- Nationalismus
- Patriotismus
- Rosenstock
- Sommerwerck
- Verhältnis Staat - Kirche
- Verhältnis Katholiken – Protestanten
- Wilhelm I.
- Wilhelm II.

Verweise auf Fachliteratur

Erich HEINEMANN, Ein Denkmal für Kaiser Wilhelm I. Zur Einweihung am 31. Oktober 1900 kam Wilhelm II. nach Hildesheim, in: Hildesheimer Heimatkalender 221 (1990), S. 83-95.
Maike KOZOK, Hildesheim zur Kaiserzeit, 3. Aufl., Hildesheim 2013.

IV.2. Das Kriegstotengedenken in Hildesheim am Beispiel der Kirchengemeinde St. Kunibert in Sorsum

Einführung

Geburt und Tod begegnen uns heute in der St. Kunibert Kirche in Hildesheim-Sorsum unmittelbar beim Betreten des Haupteinganges. Dieser sogenannte Turmraum beherbergt auf der linken Seite ein Taufbecken und eine Tafel der verstorbenen Gemeindepfarrer in der Geschichte des Kirchortes und auf der rechten Seite zwei Gefallenentafeln aus dem Zweiten Weltkrieg und eine Gedenktafel für die Gefallenen des Ersten Weltkrieges. Gemeindeausschuss und kirchliche Pfarrgemeinde konnten sich 1921 auf eine gemeinsame Gedenktafel in einem kirchlichen Raum einigen. Diese Zusammenarbeit wurde auch während der NS-Zeit und in der Nachkriegszeit weitergeführt: Im Jahr 1939 wurde für die 24 Kriegsgefallenen des Ersten Weltkrieges jeweils eine Eiche auf dem Kirchengelände gepflanzt; 1940 wurde eine Gedenktafel für die Gefallenen des Zweiten Weltkrieges angelegt - eine Arbeit, die erst mit der zweiten Tafel 1946 abgeschlossen wurde; 1953 wurde schließlich eine Totenglocke für die Gefallenen beider Weltkriege eingeweiht. Die Kirche St. Kunibert steht in der Ortsmitte. Ungefähr 98 % der Einwohner der politischen Gemeinde Sorsum im angegebenen Zeitraum waren katholisch. Die Kirche wurde somit zum zentralen Gedenkort für die Gefallenen der beiden Weltkriege.

M1 Die Totenglocke in St. Kunibert

Abb. IV.4: Sorsum, St. Kunibert, Totenglocke

Das 20. Jahrhundert

Annotationen

„Glocke für die Gefallenen[8] [...]
Das obere Schriftband [der Glocke] lautet: Lamm Gottes schenk uns Frieden", das Schriftband am unteren Rand enthält die Widmung: „In Dankbarkeit den Gefallenen, in Hoffnung den Vermissten, in Liebe dem Vaterland. Gemeinde Sorsum. Juli 1953 Gegossen von Feldmann und Marschel in Münster." [...] Die Glocke dient als Totenglocke. Sie drückt zugleich Klage, Mahnung und Zuversicht auf Auferstehung aus. „[...] Trost und Zuversicht verheißt diese Widmung. Der ewige Frieden der Verstorbenen ist die Tröstung, der Erhalt des irdischen Friedens die Zuversicht."
Das Foto wurde auf dem Glockenturm in St. Kunibert, Sorsum aufgenommen.

Mögliche Aufgaben
- Beschreibe die abgebildete Glocke.
- Erläutere die Funktion der Glocke und stelle einen Zusammenhang zwischen der Abbildung und den beiden Schriftbändern her.

Weitere Einsatzmöglichkeiten und methodische Vorschläge
- Geschichtsunterricht: Erster Weltkrieg (Jg.9), Zweiter Weltkrieg (Jg.10).
- Erarbeitung der eigenen Familiengeschichte.

---

8 Hartmut HÄGER, Kriegstotengedenken in Hildesheim. Geschichte, Funktionen und Formen, Hildesheim 2006, S. 420.

M2 Gedenktafel für die Gefallenen des Ersten Weltkriegs

M2a Foto der Gedenktafel

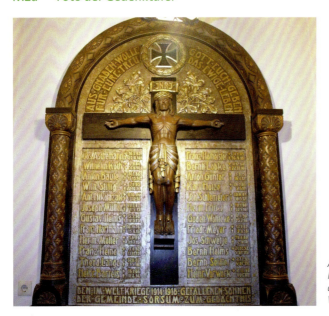

Abb. IV.5: Sorsum, St. Kunibert, Gedenktafel für die Gefallenen des Ersten Weltkrieges

M2b Transkription der Inschrift der Gedenktafel

Linke Seite:

Jos. Aschemann	*14.3.92	† 22.8.14
Wilhelm Koch	*2.6.84	† 4.9.14
Anton Baule	*14.3.86	† 15.10.14
Wilh. Stillig	*7.1.95	† 22.10.14
Ant. Nikolazak	*11.10.94	† 3.12.14
Joeseph Müller	*23.3.92	† 1.5.15
Gustav Helms	*15.5.90	† 19.5.15
Franz Hartmann	*30.11.78	† 15.6.15
Herm. Möller	*15.8.89	† 21.7.15
Franz Heine	*3.6.82	† 13.11.15
Theod. Lange	*31.8.85	† 7.5.16
Heinr. Bartels	*16.1.81	† 11.8.16

Rechte Seite:

Franz Homeister	*31.1.95	† 26.9.16
Bernh. Löbke	*31.12.94	† 31.12.94
Anton Günter	*3.3.75	† 16.4.17
Karl Holze	*20.2.95	† 5.5.17
Joh. Schlemeier	*20.8.97	† 6.5.17
Herm. Fricke	*19.1.96	† 30.5.18
Godeh. Wöhleke	*4.4.99	† 15.7.18
Friedr. Meyer	*14.1.82	† 9.8.18
Jos. Schwetje	*29.9.88	† 2.9.18
Bernh. Helms	*24.10.92	verm
Bernh. Seidler	*27.2.93	verm.
Heinr. Vorwerk	*2.1.98	verm.

Transkription nach Hartmut HÄGER, Kriegstotengedenken in Hildesheim. Geschichte, Funktionen und Formen, Hildesheim 2006, S. 415-416.

Annotationen

„Ehrenmal für die Gefallenen des Ersten Weltkriegs [...]
Auf einem ca. 20 cm hohen, 1,90 m breiten und 1,10 m tiefen Sockel steht an der Wand ein 1,65 m breiter und ca. 80 cm hoher Altar, dessen portalförmiger ca. 1,50 m breiter und 2,00 m hoher geschnitzter Aufbau von einem Kruzifix aufgeteilt wird. Säulen und Bogen sind mit Blumenornamenten verziert. Über dem Christuskopf prangt ein eichenumkränztes Eisernes Kreuz*. Links und rechts vom Kopf sind vom Kreuzwinkel aus jeweils ein Eichenbruch mit Früchten herausgeschnitzt worden. Vom linken Kreuzbalken aus wölbt sich in zwei Archivolten* der Schriftzug (aus Majuskeln*) „AUS - GNADEN - WOLLT [...] GOTT - EUCH - GEBEN / FÜR - EURE TREU [...] DAS - EWIGE - LEBEN". [...]. Unter dem Kreuz (Majuskeln): „DEN - IM - WELTKRIEGE - 1914-1918 - GEFALLENEN - SÖHNEN / DER - GEMEINDE - SORSUM - ZUM - GEDÄCHTNIS". [...] Die Tafel ist wie ein Rundbogenfenster geformt, wie ein Fensterkreuz wirkt das Kruzifix, wie schimmerndes Fensterglas das Gold der Schrift und des Dekors. [...] Eine weitere Aufwertung erfährt es [das Eichenlaub] durch seine Stellung über dem Kruzifix, über der Dornenkrone Jesu. Bild und Text verknüpfen den Kreuzestod Jesu eng mit dem Tod der Kriegsteilnehmer. Ihre treue Hingabe ähnelt der seinen, ihr Opfer dem seinen. Deshalb dürfen sie auf die Gnade des Herrn hoffen und das ewige Leben erwarten. Die seitli-

chen Säulen sind reich verziert, ebenso der Bogen. Gold wurde großzügig verwendet. Die Gemeinde bringt ihre Treue den Toten gegenüber glanzvoll zum Ausdruck. Sie bezeichnet ihre Toten als „Söhne", drückt damit ihre besonders innige verwandtschaftliche Beziehung zu ihnen aus. Da sie ihren Dienst treu bis in den Tod erfüllten, erfleht die Gemeinde für sie das ewige Leben. Wie der dargestellte gekreuzigte Sohn Gottes treu seine Pflicht erfüllte, so dienten die aufgelisteten Söhne der Gemeinde treu und aufopfernd. [...]"

Hartmut HÄGER, Kriegstotengedenken in Hildesheim. Geschichte, Funktionen und Formen, Hildesheim 2006, S. 415-416.

*Eisernes Kreuz - Hohe militärische Auszeichnung.
*Archivolten - Rundbögen.
*Majuskel - Großbuchstaben.

Mögliche Aufgaben
- Benenne, was dir bei den Geburts- und Sterbedaten auffällt.
- Erkläre den Begriff „Treue" inhaltlich.
- Erläutere einen möglichen Zusammenhang zwischen dem Opfertod Christi und dem Tod der Soldaten.

Weitere Einsatzmöglichkeiten und methodische Vorschläge
- Geschichtsunterricht: Erster Weltkrieg (Jg.9), Zweiter Weltkrieg (Jg.10).
- Erarbeitung der eigenen Familiengeschichte.

Das 20. Jahrhundert

M3 Gedenktafel für die Gefallenen der Gemeinde Sorsum im Zweiten Weltkrieg

M3a Foto der Gedenktafel 1. Teil

Abb. IV.6a:
Sorsum, St. Kunibert,
Gedenktafel für
die Gefallenen des
Zweiten Weltkrieges,
1. Teil

M3b   Transkription der Gedenktafel 1. Teil

		*	†
Salland	Johannes	11.12.17	16.5.40
Oppermann	Johannes	1.5.10	22.5.40
Schmidt	Fritz	9.10.19	23.5.40
Quade	Will	31.12.19	27.5.40
Koch	Joseph	9.4.21	2.8.41
Möller	Ernst	27.1.15	19.12.41
Rofkahr	Heinrich	29.7.19	26.12.41
Haller	Johannes	29.10.21	18.1.42
Fleige	Joseph	17.11.13	2.3.42
Rust	Franz	28.5.09	9.4.42
Brun	Hermann	19.7.23	11.7.42
Retzer	Georg	31.3.05	13.7.42
Markwort	Bernhard	2.7.09	24.7.42
Braukmann	Heinrich	29.9.22	6.8.42
Baule	Joseph	14.3.22	13.8.42
Meyer	Karl	12.5.20	4.12.42
Radomsky	Reinhold	30.12.22	8.1.43
Gerlach	Albert	9.2.21	9.1.43
Ossenkopp	Kunibert	6.11.22	14.1.43
Sander	Rudolf	22.7.23	19.2.43
Bode	Joseph	21.1.24	12.4.43
Engelhardt	Johannes	8.3.21	17.7.43
Donczek	Günter	10.3.23	5.7.43
Lichthardt	Fritz	22.2.07	27.9.43
Müller	Heinrich	27.9.06	9.11.43

Transkription nach Hartmut HÄGER, Kriegstotengedenken in Hildesheim. Geschichte, Funktionen und Formen, Hildesheim 2006, S. 417.

Das 20. Jahrhundert

M3c Foto der Gedenktafel 2. Teil

Abb. IV.6.b:
Sorsum, St. Kunibert,
Gedenktafel für
die Gefallenen des
Zweiten Weltkrieges,
2.Teil

M3d   Transkription der Gedenktafel 2. Teil

		*	†
Ossenkopp	Bernhard	25.2.21	8.2.44
Hausmann	Heinrich	17.8.12	2.4.44
Wöhleke	Bernhard	23.2.17	19.7.44
Holze	Franz	14.6.22	14.8.44
Koch	Bernhard	6.3.14	19.8.44
Düring	Joseph	12.2.19	22.8.44
Bruns	Joseph	7.2.15	31.8.44
Möhle	Karl	28.8.40	1.11.44
Aschemann	Hermann	30.12.14	27.11.44
Düring	Franz	25.2.25	31.12.44
Nottrott	Otto	13.11.05	24.2.45
Lücke	Heinrich	30.3.23	6.4.45
Andrzejowski	Peter-Paul	21.1.21	April-Mai 45
Behrens	Joseph	25.1.22	27.7.45
Linnemann	Bernhard	9.5.23	15.8.46
Flohr	Karl	21.12.06	29.9.44
Köhler	Joseph	29.1.19	2.8.43
Reimann	Erwin	3.5.25	20.12.43
Sonnwald	Leo	24.11.25	2.5.44
Bruns	Herm. Jos.	19.4.22	11.5.44
Jasper	Oskar	27.2.88	17.7.44
Bullach	Joseph	13.1.15	27.8.44
Klages	Ernst	1.5.08	12.10.44
Behrens	Joseph	25.1.22	27.7.45
Ernst	Joseph	2.3.07	29.7.45
Linnemann	Bernhard	9.5.23	15.8.46

Transkription nach Hartmut HÄGER, Kriegstotengedenken in Hildesheim. Geschichte, Funktionen und Formen, Hildesheim 2006, S. 419.

Das 20. Jahrhundert

Annotationen

„Ehrenmal für die Gefallenen des Zweiten Weltkriegs [...]
Oben in der Mitte überragt die zwei bronzegefärbte[n] Holztafeln ein ca. 8 cm großes Eisernes Kreuz, umfasst von einem Eichenbruch mit Frucht. Die gesamte Inschrift ist in Majuskeln gehalten. Das Motto ist auf beiden Tafeln gleich: „DIE GEFALLENEN / DES 2. WELTKRIEGES DER KIRCHENGEMEINDE / SORSUM / KEIN RUHM WÄHRT LÄNGER ALS DER RUHM DER TREUE". [...] Die Tafeln sind schlicht gehalten. Die Inschrift enthält neben der sachlichen Widmung zu Gunsten der Gefallenen der Kirchengemeinde den pathetisch klingenden Satz „KEIN RUHM WÄHRT LÄNGER ALS DER RUHM DER TREUE." Er stellt nicht die Heldentaten oder das Heldentum in den Mittelpunkt, sondern, ganz in der Tradition des Ersten Weltkriegs, die Treue, die als Diensttreue, als persönliche Bindung an ein gegebenes Versprechen oder als bedingungslose Pflichterfüllung interpretiert werden kann. Die Tafel lässt offen, was die Initiatoren unter Treue verstanden. Offenbar war ihnen die Treue an sich ein ehrenwertes Prinzip, unabhängig von der Person des Dienstherrn, in diesem Fall also Hitler. Nicht die Taten verdienen Ruhm, sondern die Treue als Selbstzweck. [...] Nicht die Taten verdienen in Sorsum ewigen Ruhm, sondern ihr Motiv, die Treue."

Hartmut HÄGER, Kriegstotengedenken in Hildesheim. Geschichte, Funktionen und Formen, Hildesheim 2006, S. 417 u. S. 419.

Mögliche Aufgaben

- Vergleiche die Gefallenentafeln des Ersten und Zweiten Weltkrieges miteinander und arbeite die Unterschiede heraus. Gehe dabei auch auf den Begriff der Treue ein.
- Beschreibe und bewerte die Zusammenarbeit von politischer Gemeinde und Kirchengemeinde.
- Suche in deinem Umfeld Gedenktafeln des Ersten und Zweiten Weltkriegs.
- Vergleiche das Kriegstotengedenken in Sorsum mit heutigen Formen des Gedenkens (Volkstrauertag etc.).
- Erkundige dich in diesem Zusammenhang nach der Beteiligung der Kirche an Volkstrauertagen etc.

Weitere Einsatzmöglichkeiten und methodische Vorschläge
- Geschichtsunterricht: Erster Weltkrieg (Jg.9), Zweiter Weltkrieg (Jg.10).
- Erarbeitung der eigenen Familiengeschichte.

Schlagworte
- Katholische Kirche im Ersten Weltkrieg
- Kriegstotengedenken/Erinnerungskultur
- Verhältnis Staat - Kirche

Verweise auf Schulbücher

Dieter BURCKHARD u. a. (Hg.), Zeitreise, Band 2 Niedersachsen, Stuttgart 2009, S. 168f.
Hans-Otto REGENHARDT (Hg.), Forum Geschichte. Jg. 9/10 Niedersachsen: Vom Kaiserreich bis zur Gegenwart, Berlin 2010, S. 66f.

Verweise auf Fachliteratur

Hartmut HÄGER, Kriegstotengedenken in Hildesheim. Geschichte, Funktionen und Formen, Hildesheim 2006.

IV.3. Bischof Ernst als guter Hirte und „Fundraiser" in seiner Diözese – die Geldnot im Bistum Hildesheim nach dem Ersten Weltkrieg

Einführung[9]

Nach 1920 verstärkte sich die durch den Ersten Weltkrieg hervorgerufene Inflation, die ihren Höhepunkt mit einer Hyperinflation und der Einführung der Rentenmark im Jahre 1923 fand. Die Zeit der Weimarer Republik bedeutete für das Bistum Hildesheim einen mehrjährigen Kampf um das Überleben zahlreicher diözesaner Einrichtungen. Das Bistum Hildesheim wurde u.a. deshalb besonders hart getroffen, da es zur Sicherstellung der Seelsorge in den weiten Diasporagebieten vergleichsweise mehr aufwenden musste als andere Bistümer mit einer konfessionell homogeneren Bevölkerungsstruktur. Letztlich verdanken viele Institutionen wie Schulen, Kinderheime, etc. ihr Überleben in dieser Zeit Spenden aus dem In- und Ausland. Joseph Ernst hatte in dieser Zeit immer wieder mit schwierigen Situationen zu kämpfen, welche die – meist außerkirchlichen – Ereignisse und Einflüsse der Zeit mit sich brachten. Diese zwangen ihn, neue Wege im Einsatz für die Diözese zu beschreiten, so beispielsweise sein zunächst ungewöhnlich erscheinendes, aber recht erfolgreiches persönliches Engagement in der Inflationszeit der frühen 20er Jahre. Bischof Ernst selbst schrieb in den Jahren von 1919 bis 1923, aber auch danach – denn die Not blieb vielfach bestehen – eine Vielzahl von Briefen, oftmals mehrere am Tag, an potentielle Spender in den USA, Holland, der Schweiz und anderen Ländern. Besonders unter den Adressaten in den USA finden sich vielfach Namen, die auch im Hildesheimer Raum keine Seltenheit darstellen. Zu diesen von Ernst eingeworbenen Spenden aus den USA und dem europäischen Ausland kamen auch Unterstützungen durch die Vertretung des Vatikanstaates in Deutschland, die apostolische Nuntiatur. Diese organisierte Warensendungen, wie beispielsweise Weizenlieferungen für Kinderheime und Kleiderstoffe für Priester und Nonnen, nach Deutschland und vermittelte ebenfalls Messintentionen zugunsten der armen Weltpriester Deutschlands aus der ganzen Welt. Diese wurden ebenso wie die Geldspenden des Heiligen Vaters an die Sammelstelle des Episkopates in Paderborn gesandt und von dort nach einem festgelegten Verteilungsschlüssel an die Diözesen weitergeleitet.

---
9 Julia-Carolin Boes hat dankenswerterweise die Einführung dieses Abschnittes verfasst.

M1 Foto: Bischof Joseph Ernst (1863-1928)

Abb. IV.7: Bischof Joseph Ernst, Bischof von Hildesheim 1915-1928

Annotationen
Dr. Joseph Ernst wurde am 08. November 1863 in Großalgermissen bei Hildesheim geboren. Er besuchte das Hildesheimer Gymnasium Josephinum und studierte anschließend in Würzburg Theologie. Nach seiner Priesterweihe im Seminar in Dillingen erhielt er seine erste Anstellung als Kaplan in Celle, wo er 1887 den ersten katholischen Arbeiterverein des Bistums gründete. Nach einem mit Doktorgrad abgeschlossenen Studienaufenthalt in Rom wurde Ernst 1891 Professor am Hildesheimer Priesterseminar und 1906 dessen Regens. Im Jahr 1915 übernahm er die Leitung des Bistums.

M2 Brief an Bischof Joseph Ernst, 3. März 1922

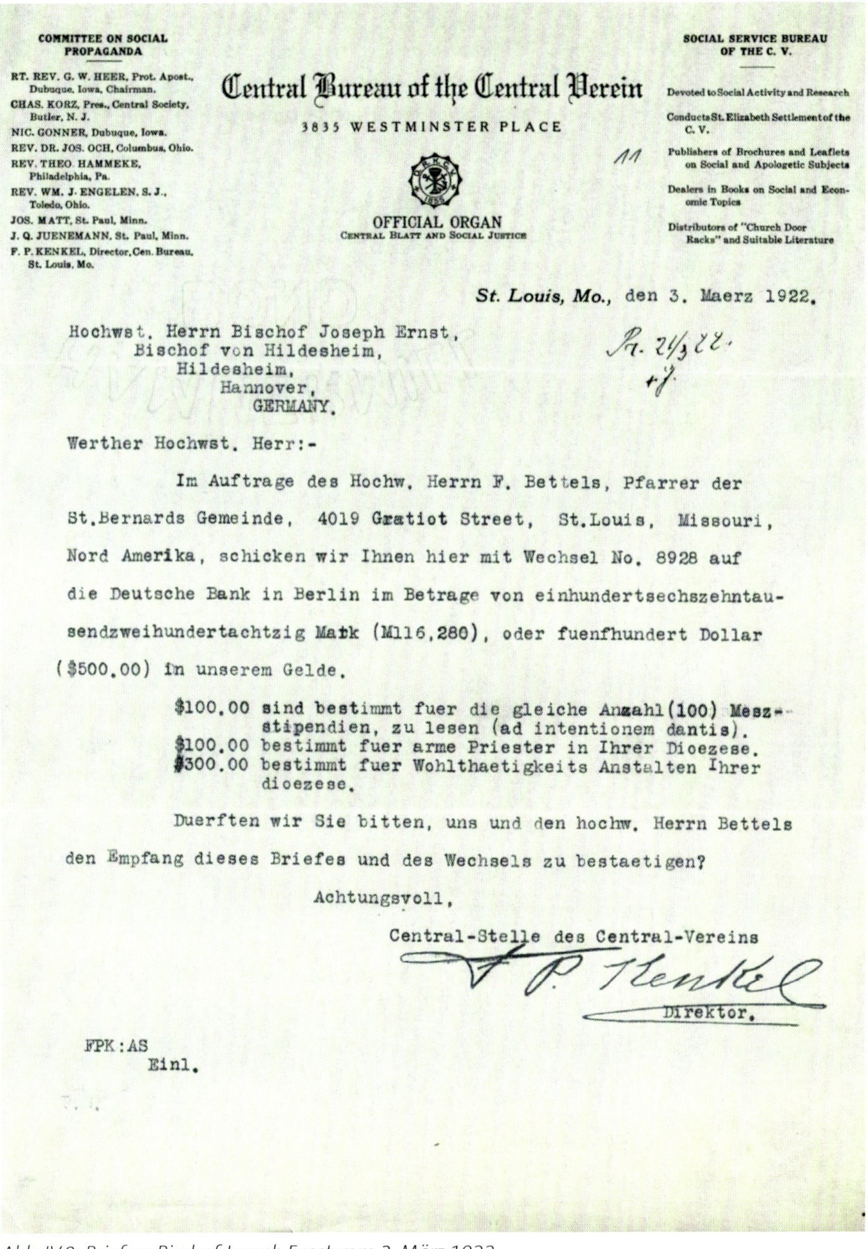

COMMITTEE ON SOCIAL PROPAGANDA

RT. REV. G. W. HEER, Prot. Apost., Dubuque, Iowa, Chairman.
CHAS. KORZ, Pres., Central Society, Butler, N. J.
NIC. GONNER, Dubuque, Iowa.
REV. DR. JOS. OCH, Columbus, Ohio.
REV. THEO. HAMMEKE, Philadelphia, Pa.
REV. WM. J. ENGELEN, S. J., Toledo, Ohio.
JOS. MATT, St. Paul, Minn.
J. Q. JUENEMANN, St. Paul, Minn.
F. P. KENKEL, Director, Cen. Bureau, St. Louis, Mo.

Central Bureau of the Central Verein
3835 WESTMINSTER PLACE

OFFICIAL ORGAN
CENTRAL BLATT AND SOCIAL JUSTICE

SOCIAL SERVICE BUREAU OF THE C. V.

Devoted to Social Activity and Research
Conducts St. Elizabeth Settlement of the C. V.
Publishers of Brochures and Leaflets on Social and Apologetic Subjects
Dealers in Books on Social and Economic Topics
Distributors of "Church Door Racks" and Suitable Literature

11

St. Louis, Mo., den 3. Maerz 1922.

Hochwst. Herrn Bischof Joseph Ernst,
Bischof von Hildesheim,
Hildesheim,
Hannover,
GERMANY.

R. 21/3 22.
+J.

Werther Hochwst. Herr:-

Im Auftrage des Hochw. Herrn F. Bettels, Pfarrer der St.Bernards Gemeinde, 4019 Gratiot Street, St.Louis, Missouri, Nord Amerika, schicken wir Ihnen hier mit Wechsel No. 8928 auf die Deutsche Bank in Berlin im Betrage von einhundertsechszehntausendzweihundertachtzig Matk (M116,280), oder fuenfhundert Dollar ($500.00) in unserem Gelde.

$100.00 sind bestimmt fuer die gleiche Anzahl (100) Meszstipendien, zu lesen (ad intentionem dantis).
$100.00 bestimmt fuer arme Priester in Ihrer Dioezese.
$300.00 bestimmt fuer Wohlthaetigkeits Anstalten Ihrer dioezese.

Duerften wir Sie bitten, uns und den hochw. Herrn Bettels den Empfang dieses Briefes und des Wechsels zu bestaetigen?

Achtungsvoll,

Central-Stelle des Central-Vereins
F. P. Kenkel
Direktor.

FPK:AS
Einl.

Abb. IV.8: Brief an Bischof Joseph Ernst vom 3. März 1922

Annotationen

Das „*Central Bureau of the Central Verein*" ist die Dachorganisation der katholischen Vereine in Deutschland. Die Anlaufstelle des Centralvereins in St. Louis konnte damals Geldgeschäfte zwischen Ländern abwickeln. Der Begriff Wechsel hat hier die Bedeutung eines Verrechnungsschecks, der als Guthaben eingelöst werden kann. Die *Messtipendien* sind hier in der Form einer Geldsumme für das Abhalten eines Gottesdienstes zum Seelenheil des Geldgebers angegeben. *Wohlthaetigkeits* Anstalten sind Einrichtungen mit dem Ziel, in Not geratenen Menschen zu helfen.

Mögliche Aufgaben
- Beschreibe Inhalt und Intention des Briefes.
- Arbeite die Beziehung von Geldgeber und Geldempfänger heraus.

Weitere Einsatzmöglichkeiten und methodische Vorschläge
- Geschichtsunterricht: Weimarer Republik (Jge. 9/10).
- Gruppenarbeit.

M3   Brief Bischof Ernsts an Herrn Goldmann, 8. Dezember 1919

Dr. Joseph Ernst   Hildesheim, 8. Dezember 1919
Bischof von Hildesheim

Hr. H.F. Goldmann,
Watchmaker and Jeweler
Bloomington, Ill.
Amerika

Sehr geehrter Herr Goldmann!
Die durch Brief vom 16. Oktober angekündigten 500 M sind mir heute durch die Diskonto-Gesellschaft in Berlin zugestellt worden. [...]
Ich werde das Geld der Kommunikantenanstalt* in Lüneburg zuweisen. Ich glaube, dass sie mit der Verwendung des Geldes für die Kommunikantenanstalt in Lüneburg einverstanden sein werden, trotzdem Sie schrieben, es solle für Waisenkinder verwendet werden. Kommunikantenanstalten sind Häuser in unserer Diaspora, in denen katholische Kinder aus unsern weiten Diasporagebieten für einige Jahre oder auch für die ganze Schulzeit Aufnahme finden, damit sie eine katholische Schule besuchen und besonders damit sie auf die 1. Hl. Kommunion vorbereitet werden können. Das war der ursprüngliche Zweck dieser Anstalten. Dieser Zweck ist geblieben, daneben haben diese Häuser sich immer mehr ausgewachsen zu Kinderheimen, ja hin und wieder zu Säuglingsanstalten. Sie sind Häuser geworden, für die katholischen Kinder des betreffenden Bezirkes, die aus irgend einem Grund an Leib oder Seele gefährdet sind, die mit oder ohne Schuld der Eltern verwahrlosen, keine religiöse Erziehung erhalten würden usw. Dass ein Gutteil dieser Kinder Waisen sind brauche ich wohl nicht zu bemerken. Solche Anstalten haben wir in unserer Diözese in Celle, Harburg, Wilhelmsburg, Lüneburg, Hannover-Döhren, Hannover-Linden, Braunschweig, Helmstedt. Die Zahl der in ihnen untergebrachten Kinder wird nicht viel unter 1000 bleiben. Einige notwendige Neugründungen, z.B. In Lauterberg und in Ricklingen bei Hannover sind in die Wege geleitet. Es wird zwar für manche Kinder ein Unterhaltsgeld gezahlt, von den Eltern und den Gemeinden. Die so aufkommenden Gelder sind aber verhältnismäßig gering. Der Löwenanteil muss durch milde Gaben aufgebracht werden. [...]

Aber bei der großen Schuldenlast, die noch auf allen Häusern ruht, und den gewaltigen Ausgaben, denen so gut wie gar keine festen Einnahmen gegenüberstehen, werden Sie begreifen, dass die Fortexistenz dieser Anstalten dem Bischof, der im letzten Grunde für sie aufkommen muss, schwere Sorgen bereitet, besonders jetzt, wo die Anforderungen sich vervielfacht haben, die Leistungsfähigkeit der deutschen Katholiken unter dem Unglück unseres Vaterlandes so sehr gesunken ist.

Und nun danke ich Ihnen noch einmal für ihre hochherzige Gabe und verbleibe mit Gruß und Segen

Ihr
ergebenster
+ Joseph
Bischof von Hildesheim

BAH Generalia I, 471, Notstandsgelder 1919-1921, Blatt 2.

Annotationen
*Kommunikantenanstalt - Einrichtung der katholischen Kirche zur Erziehung im Vorkommunionalter.

Das 20. Jahrhundert

M4 **Brief Bischof Ernsts an diverse Erzbischöfe/Bischöfe in den USA, 22. Februar 1920**

Der Bischof von Hildesheim   Hildesheim, den 22. Februar 1920

An Se. Erzbischöflichen (Bischöflichen) Gnaden
Den Hochwürdigsten Herrn Erzbischof (Bischof) von
[Erzbischöfe von Baltimore, Boston, Cincinnati, Oregon City, San Francisco, Millwauky [sic!], New Orleans und New York und die Bischöfe von Buffalo, Albany, Brooklyn, Cleveland, Pittsburgh]

Hochwürdigster Herr Erzbischof (Bischof)
Ew. Erzbischöflichen (Bischöflichen) Gnaden wollen es mit der Not meines Klerus und der bedrängten Lage meiner Diözesananstalten entschuldigen, wenn ich mir gestatte eine Bitte vorzutragen, die auf den ersten Blick vielleicht etwas befremden mag, bei näherem Zusehen aber alles Befremdliche verlieren dürfte, und deren Gewährung wesentlich dazu beitragen könnte, mich und meine Diözese über die Zeit der Not hinwegzuhelfen, ohne den Wohltätern besondere Lasten aufzuerlegen.
Ich bitte nämlich um die Zusendung von Messintentionen.* Zur näheren Begründung meiner Bitte erlaube ich mir folgendes auszuführen. Schon vor dem Kriege waren die Gehaltsverhältnisse meiner Diözesangeistlichen, wenn auch im Allgemeinen befriedigend, doch keineswegs glänzend. Es kam die Teuerung, immer höher stiegen die Preise für alle Lebensbedürfnisse, und ein Ende des Steigens ist nicht abzusehen. Der Staat bewilligte zwar auch für die Geistlichen Teuerungszulagen; ebenso suchten die Gemeinden zu helfen. Aber die so flüssig gemachten Zuschüsse sind keineswegs genügend, um dem Klerus ein der Teuerung nur einigermaßen entsprechendes Einkommen zu sichern. Diözesanmittel mit denen ich helfen könnte stehen mir nicht zur Verfügung. So ist denn die Lage meines Klerus eine äußerst kritische. Die Bezüge der meisten Geistlichen sind niedriger als die eines Fabrikarbeiters. Die Not wächst von Tag zu Tag. [...]
Ich halte es für meine Pflicht, jedes erlaubte Mittel zu versuchen, um dem Klerus seine drückende Lage erleichtern zu können. Infolge des niedrigen Standes unserer Mark können die Messstipendien ein solches Mittel werden. Ein Dollar gilt augenblicklich mehr als 100M. Ich weiß nicht, wie hoch das Stipendium in Amerika ist. Aber betrüge es nur ½ Dollar, so wären das nach unserem Gelde 50

Mark, und könnte ich einem notleidenden Geistlichen nur 20 solcher Stipendien geben, so hätte er dadurch Mehreinnahmen, die auch bei der geringen Kaufkraft unseres Geldes gewiss nicht zu verachten wären. [...]
In Liebe und Verehrung
Ew. Erzbischöflichen (Bischöflichen) Gnaden ergebenster in Christo
+ Joseph

Bischof von Hildesheim
Region Hannover
Deutschland

BAH Generalia I, 471, Notstandsgelder 1919-1921, Blatt 45f.

Annotationen
*Messintentionen - Gottesdienstfeier als Fürsprache für den Stifter beziehungsweise andere Personen.

M5 Brief Bischof Ernsts an das Central Bureau of the Central Verein, 8. Mai 1920

Dr. Joseph Ernst
Bischof von Hildesheim

Hildesheim, 8. Mai 1920

Central Bureau of the Central Verein
Temple Building
U.S.A. St. Louis, Mo.

[...] Sie schreiben mir, ich möchte Sie des Weiteren mit meinen Bedürfnissen bekannt machen. Sorgen habe ich allerdings genug: Sorge für den Fortbestand der Diözesananstalten, Sorgen für nur einigermaßen standesgemäßen Unterhalt der Geistlichen, Sorgen für die Kandidaten des geistlichen Standes. Auf [sic!] eines sei mir gestattet jetzt mit besonderem Nachdruck aufmerksam zu machen: es ist die Beschaffung der geistlichen Kleidung für den Klerus überhaupt und für die Alumnen* des Priesterseminars insbesondere. Zu Ostern sind 5 Alumnen in das Priesterseminar (es enthält nur den letzten Jahrgang) eingetreten, um die letzte Vorbereitung auf den Empfang der hl. Weihen zu erhalten, im Herbst werden ebenso viele folgen, und so wird es auch nächsten Ostern und den folgenden Herbst sein, und weiterhin, wenn erst der durch die Kriegsverluste bedingte Ausfall überwunden sein wird, wird die Zahl noch größer sein. Da macht nun die Beschaffung der schwarzen Tuchstoffe für die klerikale Tracht überraschende Schwierigkeiten. Wenn sie überhaupt zu haben sind, müssen Preise gezahlt werden, die den meist aus recht bescheidenen Verhältnissen stammenden Alumnen einfach unerschwinglich sind. So habe ich Ihnen erlauben müssen, im Seminar und draußen ihre bisherige, allerdings schon genügend abgerissene Laienkleidung beizubehalten; die Talare für den Kirchendienst werden lediglich zusammengeliehen und sind freilich auch darnach. Wenn in dieser Beziehung der Centralverein etwas helfen könnte, würden meine Alumnen es gewiss mit besonderem Danke begrüßen.[...]

Ich habe ein kleines Dankschreiben an den Hochwürdigsten Herrn Erzbischof von St. Louis beigelegt, das ich Sr. Erzbischöflichen Gnaden zu überreichen bitte.
Unter Wiederholung meines Dankes
mit vorzüglichster Hochachtung
+ Joseph
Bischof von Hildesheim

BAH Generalia I, 471, Notstandsgelder 1919-1921, Blatt 125.

Annotationen
*Alumnen - Priesteramtskandidaten.

M6 Brief Bischof Ernsts an Herrn Helmholz, 28. Dezember 1923

Dr. A. G. Helmholz 28. Dezember [1923]
Box 370
Milwaukee, Wis.
U.S.A.

Lieber Herr Helmholz!
Am Tage vor Weihnachten kam Ihr Brief mit den Wünschen zu Weihnachten und zum Neuen Jahr und der beigefügten Dollarnote an. Ich danke herzlich und sende beste Wünsche zum Neuen Jahr.
 [...] Unsere augenblickliche Lage ist schlimm. So arm wie jetzt sind wir noch nie gewesen. Nachdem wir seit der Einführung der Rentenmark, die dem Wert der Friedensmark entspricht, wieder mit Mark und Pfennig rechnen, merken wir erst recht wie arm wir geworden sind, ja dass wir außer den Sachwerten so gut wie nichts haben. Es scheint aber, dass wir jetzt den Tiefstand erreicht haben und dass es allmählich in die Höhe gehen wird. Wenigstens höre ich, dass man in den industriellen Kreisen der Meinung ist, dass wir über den Berg hinüberseien. Die Arbeitslosigkeit lässt nach. Wenn nur die Franzosen und unvernünftigen Leute in Deutschland nicht die schönen Hoffnungen zerstören!
Wir hätten dieses Jahr geradezu ideale Weihnachten gehabt, wenn nicht die Not so groß wäre: Weihnachten mit Schnee und schönem kalten Wetter (bis zu 20 Grad R*), das nur den einen Fehler hatte, dass es die Heizvorräte sehr mitnahm. Hoffentlich dauert die Kälte nicht gar zu lange. Sonst wird sie das Elend maßlos steigern, und es wird denn nicht bloß Verhungerte, sondern auch Erfrorene geben. Für das Gymnasium ist es ein Glück, dass gerade Ferien sind, ebenso für die beiden Konvikte* in Hildesheim und Duderstadt. Die drei Wochen würden ein großes Loch in die Kohlenvorräte gemacht haben. [...]

Mit vielen Grüßen
+ Joseph
[Bischof von Hildesheim]

BAH Generalia I, 471, Notstandsgelder 1919-1921, Blatt 237.

Annotationen
*2o Grad R - 20 Grad Celsius.
*Konvikte - Schülerheime.

Mögliche Aufgaben (Zu M3-M6)
- Benenne die Probleme der Bevölkerung im Bistum Hildesheim nach dem Ersten Weltkrieg.
- Beschreibe, wie Bischof Ernst auf diese Lage reagierte und welchen Erfolg seine Bemühungen hatten.
- Bewerte das Vorgehen des Bischofs. Vergleiche die Situation im Bistum mit der im übrigen Deutschen Reich.
- Erkundige dich nach den heutigen Möglichkeiten der Bistumsleitung, um auf finanzielle Engpässe zu reagieren.

Weitere Einsatzmöglichkeiten und methodische Vorschläge (Zu M3-M6)
- Geschichtsunterricht: Weimarer Republik (Jge. 9/10).
- Gruppenarbeit.

Schlagworte
- Bischof Ernst
- Fundraising
- Gesellschaftliche und kirchliche Not
- Währungsreform
- Wirtschaftlicher Zusammenbruch

Verweise auf Fachliteratur

Julia-Carolin BOES, Das Bistum Hildesheim in der Zeit von 1914-1934, noch unveröffentlichte Dissertation.

IV.4. Bischof Machens predigt gegen die Euthanasie-Aktion

Einführung

Die „Euthanasiediskussion", die 1933 mit der Denkschrift des preußischen Justizministers Hanns Kerrls ausgelöst wurde, brachte bis zum Kriegsbeginn im September 1939 keine gesetzliche Regelung für eine Freigabe der Vernichtung sogenannten lebensunwerten Lebens. Der Episkopat hatte gegen eine solche Regelung eindeutig Stellung bezogen und auch Reichsjustizminister Franz Gürtner lenkte ein. So wurde ein 1939 eingereichtes Gnadentodgesuch der Eltern eines schwergeschädigten Babys für Hitler zum Anlass, seinen Leibarzt, Karl Brandt, und den Chef der „Kanzlei des Führers", Philipp Bouhler, zu beauftragen, mit Hilfe eines sogenannten Gnadentoderlasses in vergleichbaren Fällen analog zu verfahren. Dieser wurde auf den 1. September 1939 rückdatiert und markiert den Beginn der „Euthanasie"-Aktion (nach der Organisationszentrale in der Tiergartenstraße 4 benannte „T4-Aktion"). Etwa 70.000 geisteskranke Kinder fielen bis September 1941 dieser Aktion zum Opfer. Von den ersten Eingaben der katholischen Bischöfe im Juni 1940 bis zum öffentlichen Protest des Münsteraner Bischofs Clemens August Graf von Galen im Juli 1941 dauerte es aber noch über ein Jahr. Nach vergeblichem Bemühen über Kardinal Bertram die Deutsche Bischofskonferenz zu einem öffentlichkeitswirksamen Protest zu bewegen, bekennt Bischof von Galen am 26. Mai 1941 gegenüber seinem Osnabrücker Bischofskollegen Wilhelm Berning, dass er bald nicht mehr länger schweigen könne, und protestiert schließlich in einem Alleingang mit seinen Predigten vom 13. und 20. Juli und vom 3. August 1941 gegen die Euthanasie-Aktion. Andere Bischöfe folgten dem mutigen Beispiel Bischof von Galens, der wohl selbst mit seiner Verhaftung nach der Predigt vom 3. August gerechnet hatte. Am 17. August predigt der Hildesheimer Bischof Joseph Godehard Machens gegen die Euthanasie-Aktion. Die Resonanz seiner Predigt dürfte zwar nicht über den Hildesheimer Raum hinaus gegangen sein, führte jedoch mit anderen öffentlichen Protesten schließlich dazu, dass Hitler die „Euthanasie"-Aktion einstellen ließ. Dennoch gab es auch nach September 1941 bis zum Kriegsende weitere Opfer der sogenannten „wilden Euthanasie".

M1 Foto: Bischof Joseph Godehard Machens (1886-1956)

Abb. IV.9: Bischof Joseph Godehard Machens, Bischof von Hildesheim 1934-1956

Annotationen

Joseph Godehard Machens (1886-1956) studierte nach dem Abitur am Gymnasium Josephinum in Innsbruck, Münster und Rom Theologie, promovierte 1919, lehrte als Professor Dogmatik, Moral und Liturgie am Priesterseminar in Hildesheim und wurde schließlich vom Domkapitel am 3. Mai 1934 zum Bischof von Hildesheim gewählt. Machens geriet von Beginn seines Episkopats an in Konflikt mit den staatlichen Behörden. Hierbei ging es vor allem um den Erhalt der Katholischen Bekenntnisschule. Biographische Angaben und eine Auswahl seiner Hirtenschreiben finden sich bei Hermann ENGFER (Hg.), Das Bistum Hildesheim 1933-1945. Eine Dokumentation, Hildesheim 1971. Ein Biogramm ist ebenfalls von Hermann Engfer, in: Niedersächsische Lebensbilder, Band 9, Hildesheim 1976, S. 201-214.

M2 Predigt Bischof Joseph Godehard Machens' am 17. August 1941 im Dom zu Hildesheim

[...] Noch ein letztes drückt schwer auf unser aller Seelen, die Tötung der Geisteskranken. Ist einer unter euch, der das Schreckliche der Sache nicht begreift? Ich frage dich, wenn es die eigene Mutter oder Schwester wäre, die von Geistesstörungen heimgesucht würde, oder die Gattin oder dein Kind? Wie, wenn du es zur Pflege in die Heilanstalt gegeben hättest und nun die Urne zugesandt erhieltest? Aber ich sage dir: das ist nicht das Schlimmste daran. Jeder, auch Irre, ist Person, unantastbare Person wegen der unsterblichen Seele, die auch in seinem kranken Körper wohnt. Die Tötung ist aber der tiefste Eingriff in das Persönlichkeitsrecht. Doch mehr. Gott der Schöpfer allein ist Herr über Leben und Tod. Niemand darf einen unschuldigen Menschen töten außer im gerechten Krieg* oder in unabwendbarer Notwehr. Jede andere Tötung ist ein Eingriff in Gottes Oberhoheit, in seine Majestätsrechte. Und trotz allem erfolgt die Tötung der Geisteskranken in weitestem Ausmaße. Ach, welche Folgen doch der Unglauben zeitigt!

Hier liegen die Früchte der Ablehnung des Christentums in grausigster Form vor unseren Augen. Gibt es keinen Gott, der Herr über Leben und Tod ist, nun, dann ist der Mensch selber Herr darüber. Hat der Mensch keine geistige, unsterbliche Seele, die ihn ganz wesentlich vom Tiere unterscheidet, nun dann ist kein Grund, warum man zwischen Mensch und Tier in der Tötung einen solch großen Unterschied wie bisher machen soll. Wie man unbrauchbar gewordene Tiere tötet, kann man auch unbrauchbar gewordene Menschen töten. Ach, furchtbare Folgerungen aus dem Unglauben! Welche Mahnung für uns, den Glauben zu hüten und zu wahren! Ich aber muss als Bischof für die ärmsten meiner Diözese feierliche Verwahrung einlegen. Ich lege sie zugleich für ihre Angehörigen ein, die nicht zu reden wagen. Ich erhebe feierlichen Protest im Namen des deutschen Rechtes, das solche Tötung bei Todesstrafe verbietet. Ich erhebe flammenden Einspruch im Namen Gottes, dessen Recht verletzt wird. Ich rufe bittend und beschwörend: Ach höret auf, lasst ab von den Ärmsten; denn Gott ist ihr Rächer. [...]

EA München, NL Faulhaber, Nr. 3281, Schreibmaschinenhektographie.

Annotationen

*gerechter Krieg - Im katholischen Sprachgebrauch ein Krieg aus Notwehr unter Wahrung der Verhältnismäßigkeit der Mittel mit der Aussicht auf Friedensschluss mit dem Kriegsgegner.

Mögliche Aufgaben

- Untersuche in der Predigt von Bischof Machens den Begriff der „Person" und beschreibe die Rolle, die Machens Gott zuweist.
- Vergleiche das Ergebnis mit dem Menschen- und Gottesbild der Nationalsozialisten.
- Charakterisiere das Selbstverständnis des Bischofs.

Weitere Einsatzmöglichkeiten und methodische Vorschläge

- Geschichtsunterricht: Nationalsozialismus und Widerstand (Jg.10).
- Religionsunterricht: Kirche und Nationalsozialismus (Jg.10); Biographisches Lernen.

M3 Foto Bischof Clemens August Graf von Galen (1878-1946)

Abb. IV.10: Bischof Clemens August Graf von Galen, Bischof von Münster 1933-1946

Annotationen
Clemens August Graf von Galen (1878-1946) studierte nach dem Abitur am Antonianum in Vechta Theologie und Philosophie in Innsbruck, wurde 1919 Pfarrer in Berlin und kehrte 1929 als Pfarrer von St. Lamberti nach Münster zurück. Am 28. Oktober 1933 wurde er zum Bischof von Münster geweiht. Seine berühmten Predigten vom 13. Juli und vom 3. August hielt er in St. Lamberti, die Predigt vom 20. Juli 1941 in der Überwasserkirche Münsters. 1946 wurde Clemens August Graf von Galen von Papst Pius XII. zum Kardinal erhoben. 2005 erfolgte die Seligsprechung durch Papst Johannes Paul II.

M4 Predigt Bischof Clemens Augusts Graf von Galen am 3. August 1941 in der Lambertikirche in Münster

[…] Seit einigen Monaten hören wir Berichte, dass aus Heil- und Pflegeanstalten für Geisteskranke auf Anordnung von Berlin Pfleglinge, die schon länger krank sind und vielleicht unheilbar erscheinen, zwangsweise abgeführt werden. Regelmäßig erhalten dann die Angehörigen nach kurzer Zeit die Mitteilung, der Kranke sei verstorben, die Leiche sei verbrannt, die Asche könne abgeliefert werden. Allgemein herrscht der an Sicherheit grenzende Verdacht, dass diese zahlreichen unerwarteten Todesfälle von Geisteskranken nicht von selbst eintreten, sondern absichtlich herbeigeführt werden, dass man dabei jener Lehre folgt, die behauptet, man dürfe sog. „lebensunwertes Leben" vernichten, also unschuldige Menschen töten, wenn man meint, ihr Leben sei für Volk und Staat nichts mehr wert, eine furchtbare Lehre, die die Ermordung Unschuldiger rechtfertigen will, die die gewaltsame Tötung der nicht mehr arbeitsfähigen Invaliden*, Krüppel, unheilbar Kranken, Altersschwachen grundsätzlich freigibt!

Wie ich zuverlässig erfahren habe, werden jetzt auch in den Heil- und Pflegeanstalten der Provinz Westfalen Listen aufgestellt von solchen Pfleglingen, die als sog. „unproduktive Volksgenossen" abtransportiert und in kurzer Zeit ums Leben gebracht werden sollen. Aus der Anstalt Marienthal bei Münster ist im Laufe dieser Woche der erste Transport abgegangen!

Deutsche Männer und Frauen! Noch hat Gesetzeskraft der §211 des Reichsstrafgesetzbuches, der bestimmt: „Wer vorsätzlich einen Menschen tötet, wird, wenn er die Tötung mit Überlegung ausgeführt hat, wegen des Mordes mit dem Tode bestraft." Wohl um diejenigen, die jene armen Menschen, Angehörige unserer Familien, vorsätzlich töten, vor dieser gesetzlichen Bestrafung zu bewahren, werden die zur Tötung bestimmten Kranken aus der Heimat abtransportiert in eine entfernte Anstalt. Als Todesursache wird dann irgendeine Krankheit angegeben. Da die Leiche sofort verbrannt wird, können die Angehörigen und auch die Kriminalpolizei es hinterher nicht mehr feststellen, ob die Krankheit wirklich vorgelegen hat und welche Todesursache vorlag.

Es ist mir aber versichert worden, dass man im Reichsministerium des Innern und auf der Dienststelle des Reichsärzteführers Dr. Conti gar keinen Hehl daraus mache, dass tatsächlich schon eine große Zahl von Geisteskranken in Deutschland vorsätzlich getötet worden ist und in Zukunft getötet werden soll. [...]

Wenn man den Grundsatz aufstellt und anwendet, dass man den „unproduktiven" Mitmenschen töten darf, dann wehe uns allen, wenn wir alt und altersschwach werden! Wenn man die unproduktiven Mitmenschen töten darf, dann wehe den Invaliden, die im Produktionsprozess ihre Kraft, ihre gesunden Knochen eingesetzt, geopfert und eingebüßt haben! Wenn man die unproduktiven Mitmenschen gewaltsam beseitigen darf, dann wehe unseren braven Soldaten, die als Schwerkriegsverletzte, als Krüppel, als Invaliden in die Heimat zurückkehren! Wenn einmal zugegeben wird, dass Menschen das Recht haben „unproduktive" Mitmenschen zu töten – und wenn es jetzt zunächst auch nur arme wehrlose Geisteskranke trifft -, dann ist grundsätzlich der Mord an allen unproduktiven Menschen, also an den unheilbar Kranken, den arbeitsunfähigen Krüppeln, den Invaliden der Arbeit und des Krieges, dann ist der Mord an uns allen, wenn wir alt und altersschwach sind und damit unproduktiv werden, freigegeben. Dann braucht nur irgendein Geheimerlass anzuordnen, dass das bei Geisteskranken erprobte Verfahren auch auf andere „Unproduktive" auszudehnen ist, dass es auch bei den unheilbar Lungenkranken, bei den Altersschwachen, bei den Altersinvaliden, bei den schwerkriegsverletzten Soldaten anzuwenden sei. Dann ist keiner von uns seines Lebens mehr sicher. Irgendeine Kommission kann ihn auf die Liste der „Unproduktiven" setzen, die nach ihrem Urteil „lebensunwert" geworden sind. Und keine Polizei wird ihn schützen, und kein Gericht wird seine Ermordung ahnden und den Mörder der verdienten Strafe übergeben! Wer kann dann noch Vertrauen haben zu einem Arzt? Vielleicht meldet er den Kranken als „unproduktiv" und erhält Anweisung ihn zu töten. Es ist nicht auszudenken, welche Verwilderung der Sitten, welch allgemeines gegenseitiges Misstrauen bis in die Familien hineingetragen wird, wenn diese furchtbare Lehre geduldet, angenommen und befolgt wird. Wehe den Menschen, wehe unserem deutschen Volke, wenn das heilige Gottesgebot: „Du sollst nicht töten", das der Herr unter Donner und Blitz auf dem Sinai verkündet hat, das Gott, als Schöpfer, von Anfang an in das Gewissen der Menschen geschrieben hat, nicht nur übertreten wird, sondern wenn diese Übertretung sogar geduldet und unbestraft ausgeübt wird!"

BAM Fremde Provenienzen, A8, Schreibmaschinenabschrift, abgedruckt bei: Johannes NEUHÄUSLER, Kreuz und Hakenkreuz. Der Kampf des Nationalsozialismus gegen die katholische Kirche und der kirchliche Widerstand, Band 2, München 1946, S. 264-266.

Annotationen
*nicht mehr arbeitsfähige Invaliden - Menschen mit körperlicher oder geistiger Behinderung durch (Kriegs-) Verletzungen.

Mögliche Aufgaben
- Zeige auf, welche Umstände Bischof von Galen zu seiner Predigt veranlasst haben.
- Arbeite die Argumentation gegen die Euthanasie-Aktion heraus.
- Vergleiche die beiden Predigten hinsichtlich ihrer Argumentation.
- Stelle Vermutungen über die mögliche Wirkung der Predigten an.

Weitere Einsatzmöglichkeiten und methodische Vorschläge
- Geschichtsunterricht: Nationalsozialismus und Widerstand (Jg.10).
- Religionsunterricht: Kirche und Nationalsozialismus (Jg.10); Biographisches Lernen.

Schlagworte
- Euthanasie
- Formen der kritischen Auseinandersetzung/ Widerstand
- Kirche und Nationalsozialismus
- Verhältnis Staat - Kirche

Verweise auf Schulbücher

Hans-Otto REGENHARDT (Hg.), Forum Geschichte. Jg. 9/10 Niedersachsen: Vom Kaiserreich bis zur Gegenwart, Berlin 2010, S. 162f.
Ralf TIEKE (Hg.), Durchblick. Geschichte/ Politik, Jg. 9/10 Realschule Niedersachsen, Braunschweig 2010, S. 37.

Verweise auf Fachliteratur

Günter BEAUGRAND, Kardinal Graf von Galen. Der Löwe von Münster, Augsburg 1991.
Hermann ENGFER (Hg.), Die Diözese Hildesheim 1933-1945. Eine Dokumentation, Hildesheim 1971, hier S. 201-214.
Hans-Günter HERMANSKI u. Bernhard OSSEGE, Kardinal von Galen. Ein mutiger Christ in dunkler Zeit: Vorbild für uns? Eine religionspädagogische Arbeitshilfe für die Sekundarstufen I und II, Münster 2006.
Hubert WOLF, Clemens August Graf von Galen. Gehorsam und Gewissen, Freiburg i. Br. u.a. 2006.

Andere Medien (Film)

Landschaftsverband Westfalen-Lippe. Westfälisches Landesmedienzentrum, Nicht Lob noch Furcht. Clemens August Graf von Galen, Münster 2005.

IV.5. Der Groß Düngener Priester Joseph Müller als Opfer der NS-Gerichtsbarkeit – ein Märtyrer des Bistums Hildesheim?

Einführung

Am 11. September 2011 wurde in der Groß Düngener Pfarrkirche St. Cosmas und St. Damian ein Bildnis des 1944 hingerichteten Groß Düngener Pfarrers Joseph Müller während des Gottesdienstes feierlich enthüllt und an dem bereits vorhandenen Gedenkort an der rechten Seite des Querschiffs angebracht. Für die etwa 50 Gottesdienstbesucher war klar: Dieser Pfarrer ist ein Märtyrer des Bistums. Pfarrer Müller wurde 1943 ein Opfer der NS-Justiz. Der bei den Jugendlichen beliebte Pfarrer war den Nationalsozialisten ein Dorn im Auge. Auslöser für seine Verhaftung und spätere Hinrichtung war eine als politischer Witz gedeutete Erzählung bei einem Krankenbesuch. In dieser Erzählung nehmen Hitler und Göring neben dem gekreuzigten Jesus Christus den Platz der Verbrecher ein. Verhöre und Prozess zogen sich über fast ein Jahr hin. Unter dem Eindruck des Stauffenbergattentates wurde Joseph Müller am 28. Juli 1944 in einem Schauprozess durch den Präsidenten des Volksgerichtshofs, Roland Freisler, zum Tode verurteilt. Die Hinrichtung fand am 11. September 1944 in Brandenburg statt. Beeindruckend sind die überlieferten Gebete und Briefe Joseph Müllers aus seiner Gefängnishaft, die sich mit denen von Dietrich Bonhoeffer vergleichen lassen.

M1 Gedenkort für Joseph Müller in der Kirche St. Cosmas und Damian in Groß Düngen

Abb. IV.11a: Groß Düngen, St. Cosmas und Damian, Gedenkort

Abb. IV.11b: Groß Düngen, St. Cosmas und Damian, Gedenktafel

Das 20. Jahrhundert

M2 Gedenkbild Joseph Müllers in der Kirche St. Cosmas und Damian[10]

Abb. IV.12: Joseph Müller, Pfarrer in Groß Düngen 1943-1944

Annotationen

Joseph Müller wurde am 19. August 1894 im hessischen Salmünster (Diözese Fulda) als jüngstes von insgesamt sieben Kindern geboren, legte 1918 am Gymnasium Sigmaringen das Abitur ab und studierte in Freiburg und Münster Theologie. 1921 wurde er im Hildesheimer Priesterseminar aufgenommen und am 11. März 1922 von Bischof Ernst zum Priester geweiht. Als Kaplan war er u.a. in Duderstadt, Blumenthal und Wolfenbüttel tätig, als Pastor in Bad Lauterberg und Süpplingen und als Pfarrer schließlich in Heiningen und Groß Düngen. Die Groß Düngener Gemeinde übernahm er am 1. Juli 1943. Biographische Angaben und Dokumente sind abgedruckt bei dem Bruder Joseph Müllers, Oskar MÜLLER, Ein Priesterleben in und für Christus, Celle 1948 und bei Hermann ENGFER (Hg.), Das Bistum Hildesheim 1933-1945. Eine Dokumentation, Hildesheim 1971, S. 558-569. Einen guten Einblick hinsichtlich des Lebens und der Verurteilung Müllers bietet Thomas SCHARF-WREDE, Joseph Müller. Priester in schwerer Zeit. Eine Skizze seines Lebens, Hildesheim 1994.

---

10 Das Originalfoto Joseph Müllers ist in seiner Personalakte im Bistumsarchiv Hildesheim.

Mögliche Aufgaben (zu M1 u. M2)
- Stelle anhand der Fotos in M1 und M2 Vermutungen über die Bedeutung der Person Joseph Müllers für die Gemeinde in Groß Düngen an.

Weitere Einsatzmöglichkeiten und methodische Vorschläge (zu M1 u. M2)
- Geschichtsunterricht: Nationalsozialismus (Jg.10).
- Religionsunterricht: Verhältnis Staat-Kirche (Jge.9/10); Biographisches Lernen.

M3 Das Prozessurteil

M3a Das Urteil des Prozesses gegen Joseph Müller vor dem Volksgerichtshof

An
das Bischöfl. Generalvikariat
in Hildesheim

zu: Nr. 4701
Begl. Abschrift.
1 L 234/44
5 J 170/44

Im Namen des deutschen Volkes!
In der Strafsache gegen den Pfarrer Josef Müller, aus Großdüngen, Krs. Marienburg/ Hannover, geboren am 19. August 1893* in Salmünster, Krs. Schlüchtern, zur Zeit in dieser Sache in Haft, wegen Wehrkraftzersetzung hat der Volksgerichtshof, 1. Senat, auf die am 11. Juli 1944 eingegangene Anklage des Herrn Oberreichsanwalts in der Hauptverhandlung vom 28. Juli 1944, an welcher teilgenommen haben als Richter:

Präsident des Volksgerichtshofes Dr. Freisler, Vorsitzer,
Kammergerichtsrat Rehse,
Abschnittsleiter Ahmels,
Stadtrat Kaiser,
Abschnittsleiter Bartens,
als Vertreter des Oberreichsanwalts:
Amtsgerichtsrat Krebs,

für Recht erkannt:
Josef Müller, ein katholischer Priester, hat zwei Volksgenossen erzählt, ein Verwundeter habe als Sterbender gebeten, die noch einmal zu sehen, für die er sterben müsse; da habe man das Bild unseres Führers rechts, das des Reichsmarschalls links neben ihm gestellt; und da habe er gesagt:
jetzt sterbe ich wie Christus.
Hierdurch und durch andere zersetzende Bemerkungen hat er unsere Kraft zum Volleinsatz für den Sieg angenagt.
Dadurch ist er für immer ehrlos geworden.
Er wird mit dem Tode bestraft.

Die Richtigkeit der vorstehenden Abschrift wird beglaubigt und die Vollstreckbarkeit des Urteils bescheinigt.

Berlin, den 3. August 1944

gez. Ulbricht.
Justizinspektor
L.S.   Beglaubigt:
Witt. Justizobersekretär
als Urkundsbeamter der
Geschäftsstelle.

Zit. nach Hermann ENGFER (Hg.), Das Bistum Hildesheim 1933-1945. Eine Dokumentation, Hildesheim 1971, S. 563f.

M3b   Die Urteilsbegründung[11]

[...] Der Volksgenosse N.N.* schilderte uns als Zeuge folgendes: Anfang August 1943 habe er handwerklich beim neuen katholischen Pfarrer in Großdüngen, Josef Müller, zu tun gehabt.

Dabei habe sich ein Gespräch über die Kriegslage entwickelt. Müller habe die Lage als ernst bezeichnet, der Krieg könne leicht verloren gehen; er als alter Soldat würde bedauern, wenn die junge Kriegsgeneration so nach Hause kommen müsse wie sie einst. [...]

Kurze Zeit darauf, sagte N.N., kam Josef Müller zu seinem kranken Vater. Er sei hinzugekommen, weil er noch mehr über Müllers Stellungnahme habe hören wollen. Müller sei aber einem Gespräch über den Krieg ausgewichen. Und jetzt habe er - N.N. - erklärt, er wolle ihm einen Witz erzählen: ein Bauer komme nach dem Tode zu Petrus, der ihm die Wahl stelle, ob Himmel oder Hölle. Der Bauer habe zunächst die Hölle besichtigen wollen, und da sei ein Hallo gewesen, Essen und Trinken und auch Weiber. Hier habe ihn Müller unterbrochen: den Witz kenne er, er wolle ihm nun einen Witz erzählen: Ein Verwundeter liege im Sterben und wünsche, die zu sehen, für die er sterben müsse. Darauf holte man die Bilder des Führers und des Reichsmarschalls* und stellte sie ihm zur Rechten und zur Linken. Und da erklärte der Verwundete: Jetzt sterbe ich wie Christus. Darauf sei er - N.N. - zum Telefon gerufen worden, und als er zurückkam, sei Müller schon fort gewesen.

Müller selbst schildert den zweiten Vorfall wie N.N., nur habe er nicht gesagt, er wolle einen Witz, sondern er wolle ein Gleichnis erzählen. [...]

N.N. hat Müllers „Witz" oder „Gleichnis" so verstanden: Der Soldat sterbe wie Christus zwischen zwei Verbrechern. Das ist auch die natürliche Auslegung. Müller aber sagt, er habe nur den Opfergedanken in dem Bilde zum Ausdruck bringen wollen; alles andere habe ihm völlig fern gelegen. Er habe sich auch gar nicht an den Zeugen, Volksgenossen N.N., sondern an dessen kranken Vater gewandt.

---
11 Das Schriftstück wurde nach Kriegsende bei Schachtarbeiten nahe des ehemaligen Hauses des Volksgerichtshofes in Berlin gefunden und befindet sich heute ebenfalls im Bistumsarchiv.

Aber das ist nicht wahr. Denn:
1. hätte er dann das „Gleichnis" N.N.´s Vater erklären müssen. Er hat aber selbst zugegeben, dass er das nicht getan hat.
2. der Soldat wollte nach dem Bilde die sehen, für die er sterben muss. Die Bilder werden aber in der Erzählung nicht vor sondern neben den Sterbenden und zwar rechts und links, gestellt, so dass der Soldat sie also gar nicht sehen kann. Die Sinnwidrigkeit dieser Aufstellung im Verhältnis zu dem Wunsch des sterbenden Soldaten muss also eine Ursache haben. Sie liegt offenbar im Wunsche, das Sagenbild von Golgatha* herzustellen.
3. und dann antwortet noch der sterbende Soldat: jetzt sterbe ich wie Christus. Dies ganze Bild und die minutiöse Art, wie seine Entstehung in dem „Witz" oder „Gleichnis" geschildert wird, wäre völlig überflüssig, wenn nur der Opfergedanke an sich [und der] Zusammenhang mit dem Tode Christi hätte zum Ausdruck gebracht werden sollen. Die natürliche Auffassung des Sinnes dieser Erzählung ist also die einzig mögliche. Neben ihr kann die, die Müller jetzt nennt, nicht bestehen. [...]

Wenn nach dem allen Müller seinen „Witz", „Gleichnis" oder „Vergleich" im natürlichen Sinn gebraucht hat, so hat er damit mit der Autorität des Priesters einen der gemeinsten und gefährlichsten Angriffe auf unser Vertrauen zu unserem Führer gerichtet, einen Angriff, der unsere Bereitschaft, uns mit aller Kraft im Gefühl unseres Rechtes in diesem großen Kampf für unseres Volkes Leben einzusetzen, mindern kann. Und das ist er nicht nur einmal, denn auch die Reden, die er bei dem ersten geschilderten Vorfall führte, laufen ja in derselben Richtung! (§5 KSSVO*). Und das tat er, während wir mitten im allerschwersten Ringen standen! Ein solches Verhalten ist nicht nur unverantwortlicher Missbrauch der Priesterautorität, ist mehr: ist Verrat an Volk, Führer und Reich. Solcher Verrat macht für immer ehrlos.

Ein solches Attentat auf unsere moralische Kriegskraft kann - damit ähnliche Verratslüsterne abgeschreckt werden - nicht anders als mit dem Tode bestraft werden.

Weil Müller verurteilt ist, muss er auch die Kosten tragen.

  Gez.: Dr. Freisler   Rehse

Zit. nach http://www.cosmasunddamian.de/index.php/-pfarrer-joseph-mueller/ das-todesurteil (Stand 11. November 2013).

Annotationen

*1893 hier wäre 1894 richtig.

*N.N. - Nomen Nominandum. Nicht genannter, anonymisierter Name des Zeugen. Dieser Zeuge hat aktiv zum Zustandekommen der Anzeige beigetragen, indem er seine Version der Vorkommnisse unverzüglich an den örtlichen Polizeibeamten und stellvertretenden Ortsgruppenleiter der NSDAP in Groß Düngen weitergeleitet hat.

*Reichsmarschall - Gemeint ist Reichsmarschall Hermann Göring, u.a. Oberbefehlshaber der Luftwaffe (†1946).

*Sagenbild von Golgatha - Die in den Evangelien berichtete Kreuzigungsszene.

*§5 KSSVO - Im Krieg erlassene Strafverordnung.

Mögliche Aufgaben
- Schildere, wie die Nationalsozialisten auf Pfarrer Müller aufmerksam wurden und was sie ihm vorwerfen.
- Charakterisiere am Beispiel von Joseph Müller das Vorgehen der NS-Justiz.

Weitere Einsatzmöglichkeiten und methodische Vorschläge
- Geschichtsunterricht: Nationalsozialismus (Jg.10).
- Religionsunterricht: Verhältnis Staat-Kirche (Jge.9/10); Biographisches Lernen.

M4 Die Rechnung der Gerichtskasse Berlin Moabit über die Prozesskosten im Prozess gegen Joseph Müller

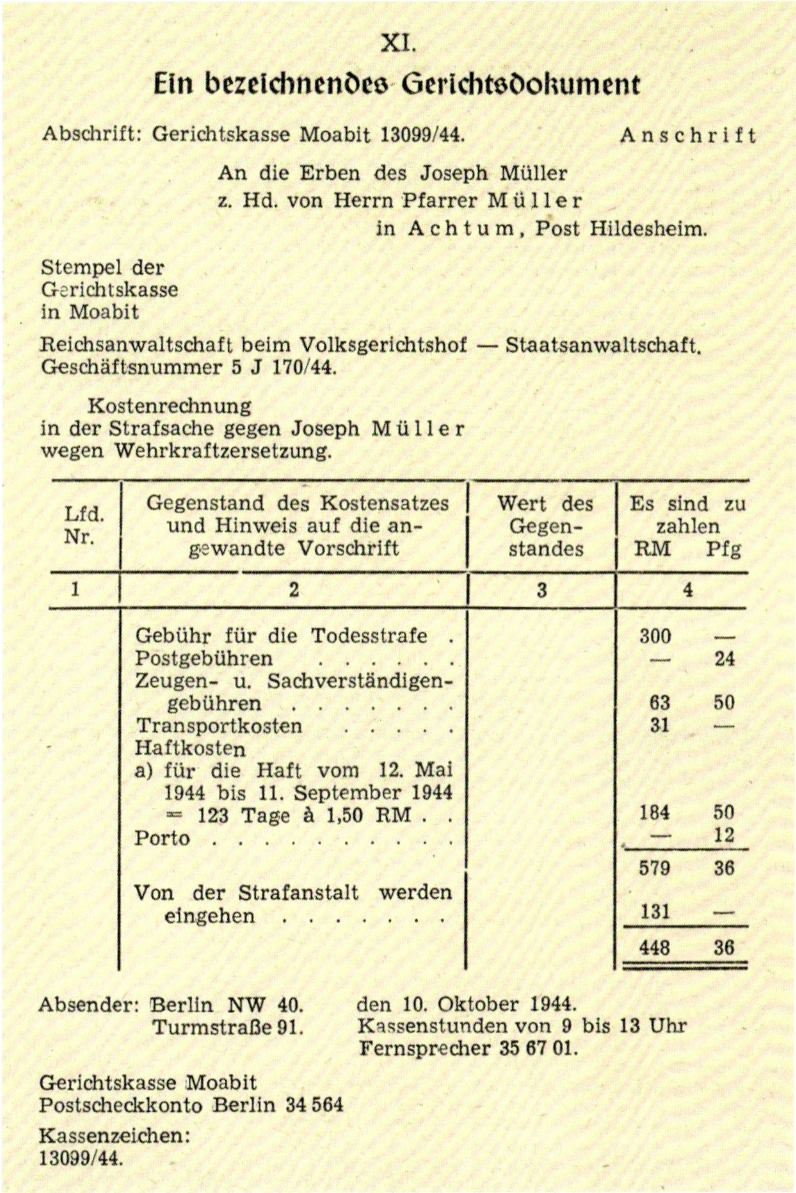

XI.
Ein bezeichnendes Gerichtsdokument

Abschrift: Gerichtskasse Moabit 13099/44.   Anschrift

An die Erben des Joseph Müller
z. Hd. von Herrn Pfarrer M ü l l e r
in A c h t u m, Post Hildesheim.

Stempel der
Gerichtskasse
in Moabit

Reichsanwaltschaft beim Volksgerichtshof — Staatsanwaltschaft.
Geschäftsnummer 5 J 170/44.

Kostenrechnung
in der Strafsache gegen Joseph M ü l l e r
wegen Wehrkraftzersetzung.

Lfd. Nr.	Gegenstand des Kostensatzes und Hinweis auf die angewandte Vorschrift	Wert des Gegenstandes	Es sind zu zahlen RM	Pfg
1	2	3	4	
	Gebühr für die Todesstrafe		300	—
	Postgebühren		—	24
	Zeugen- u. Sachverständigengebühren		63	50
	Transportkosten		31	—
	Haftkosten			
	a) für die Haft vom 12. Mai 1944 bis 11. September 1944 = 123 Tage à 1,50 RM		184	50
	Porto		—	12
			579	36
	Von der Strafanstalt werden eingehen		131	—
			448	36

Absender: Berlin NW 40.   den 10. Oktober 1944.
Turmstraße 91.   Kassenstunden von 9 bis 13 Uhr
Fernsprecher 35 67 01.

Gerichtskasse Moabit
Postscheckkonto Berlin 34 564

Kassenzeichen:
13099/44.

Abb. IV.13a: Rechnung über die Prozesskosten, Seite 1

> Sie werden ersucht, die umstehend berechnete Kostenschuld von
> **448 RM 36 Pfg.**
> binnen einer Woche auf eines der oben bezeichneten Konten der Gerichtskasse postgebührenfrei einzuzahlen oder zu überweisen (Kassenzeichen angeben!). Die Zahlung kann auch unter Vorlage dieser Rechnung im Geschäftszimmer der Gerichtskasse, Berlin NW 40, Turmstraße 91, geleistet werden. Der Betrag darf nicht in Gerichtskostenmarken entrichtet werden. Nach Ablauf der Zahlungsfrist ist die zwangsweise Einziehung ohne weitere Mahnung zulässig. Der Überbringer dieser Rechnung ist zum Empfang des Geldes nicht berechtigt.
> Durch die Zahlung wird die Erinnerung oder Beschwerde gegen den Kostenansatz nicht ausgeschlossen. Erinnerung oder Beschwerde entbinden aber nicht von der Verpflichtung zur vorläufigen Zahlung des angeforderten Betrages.
> Diese Kostenrechnung wird sich vermutlich noch ändern. Bitte zunächst noch nicht zahlen.
>
> Unterschrift
> gez. **Kagel**
>
> Folgt Quittungsformular.

Abb. IV.13b: Rechnung über die Prozesskosten, Seite 2

Mögliche Aufgaben
- Bewerte die Rechnung und die daraus ablesbare Einstellung der NS-Justiz zu diesem Urteil.

Weitere Einsatzmöglichkeiten und methodische Vorschläge
- Geschichtsunterricht: Nationalsozialismus (Jg.10).
- Religionsunterricht: Verhältnis Staat-Kirche (Jge.9/10); Biographisches Lernen.

M5 Abschiedsbrief Joseph Müllers an seine Geschwister und die Pfarrgemeinde in Groß Düngen

VI.
Der Abschied von dieser Welt. Letzte Worte und letzte Opfertat

1. Abschiedsbriefe

Am Todestage.

Brandenburg, den 11. September 1944.

Am Tage vor Mariä Namen.

Meine vielieben Geschwister Ewald, Oskar, Ida!
Mein lieber, guter Bischof und alle lieben Mitbrüder, lieber Degenhardt!
Meine liebe Pfarrgemeinde, Kinder, Jugend, Männer, Frauen!
Mein liebes, gutes Fräulein Krawinkel, liebe Schwestern, liebe Heininger, Lauterberger, Wolfenbütteler!
Und alle anderen lieben, guten Menschen!

Nun kommt aus der Zelle der letzte Gruß dieser Erde zu Euch. Was soll ich da sagen? O, mein Herz ist so voll von Freude, daß es nun heimgeht zum Vater. Ich habe es schon die ganzen Tage gewußt, daß mein Opfer angenommen wird. Es ist jetzt 11.30 Uhr. In einer Stunde bin ich daheim, habe Euch für diese Erde verlassen, aber von der Liebe Christi kann uns nichts trennen.

Einen Abschied schicke ich mit dankbar heißem Gesicht in Eure Welt. Leb wohl, Du kleine Hütte meiner Zelle, arm und treu, Du mein verschwiegener Freund. Du meine letzte Kirche und Kanzel. Leb wohl alles, was rückwärts liegt, Ihr Kirchen, in denen ich diente als Priester, Ihr Straßen und Gassen mit den guten und harten Menschen. Leb wohl, Du Geschwisterhaus, und letztes Haus meiner Arbeit, und sag allen, daß der Priester, der in Euch war, in seinen letzten Ketten und auf seinem letzten Gang nun stirbt, wie alle sterben, denen Christus Leben und Sterben Gewinn ist. Ich habe eben den 22. Psalm gebetet und das proficiscere anima mea. Zum letzten irdischen Beten für die alle, die an meiner harten Totenbahre stehen. Mit dem Gruß der Gnade gehe ich wie Johannes fort.

Gelobt sei Jesus Christus in Ewigkeit Amen
Joseph
Victima Christi.

Abb. IV.14: Abschiedsbrief Joseph Müllers

Annotationen

Ernst Degenhardt ist der Nachfolger Joseph Müllers als Pfarrer in Groß Düngen. Das *„proficiscere anima mea"* ist das Gebet zur Anempfehlung der Seele. Joseph Müller vergleicht seinen Tod mit dem Opfertod Christi *(Victima Christi)*.

M6 Postkarte mit einem Gebet Joseph Müllers

Abb. IV.15: Postkarte mit Gebet Joseph Müllers

Annotationen

In freier Übersetzung des Lateinischen:
Meine Opferhingabe an Gott.
Dein Priester Joseph Müller kommt zu Dir.
Zu meinem geliebten Gott im Himmel.
Du, Christus Jesus, bist der Priester und das Opfer für das Heil deines Priesters und der Menschen der ganzen Welt.
Ich, der andere Christus, bitte Dich als Hohen Priester, dass Du ihn annehmest als Opfer für die Menschen der Welt.

Mögliche Aufgaben (zu M5 u. M6)
- Erläutere die Haltung, die aus dem Abschiedsbrief und dem Gebet Joseph Müllers spricht.
- Bewerte das Schicksal Joseph Müllers.
- Die Homepage der Gemeinde in Groß Düngen bezeichnet Joseph Müller als Märtyrer (Martyrium bedeutet im katholischen Sinne ein gewaltsames Sterben für Christus). Nimm dazu Stellung.

Weitere Einsatzmöglichkeiten und methodische Vorschläge (zu M5 u. M6)
- Geschichtsunterricht: Nationalsozialismus (Jg.10).
- Religionsunterricht: Verhältnis Staat-Kirche (Jge.9/10); Biographisches Lernen.

Schlagworte
- Biographisches Lernen
- Glaube
- Kirche und Nationalsozialismus
- Martyrium
- NS-Gerichtsbarkeit/ Unrechtsstaat

Verweise auf Schulbücher

Ralf TIEKE (Hg.), Durchblick. Geschichte/ Politik, Jg. 9/10 Realschule Niedersachsen, Braunschweig 2010, S. 36.

Verweise auf Fachliteratur

Hermann ENGFER (Hg.), Das Bistum Hildesheim 1933-1945. Eine Dokumentation, Hildesheim 1971, S. 558-569.
Oskar MÜLLER, Ein Priesterleben in und für Christus, Celle 1948.
Thomas SCHARF-WREDE, Joseph Müller. Priester in schwerer Zeit. Eine Skizze seines Lebens, Hildesheim 1994.

IV.6. Pastor Antonius Holling als Seelsorger in der „Stadt ohne Kirchen"

Einführung

Am 1. Juli 1938 wurde durch Verordnung des Oberpräsidenten in Hannover die Stadt Wolfsburg als „Stadt des KdF-Wagens" gegründet. Die Stadt sollte 90.000 Einwohner umfassen, die aus allen Gegenden Deutschlands und dem befreundeten Ausland angeworben wurden. Menschen aus insgesamt 27 Nationen fanden sich in Wolfsburg ein. Die Hildesheimer Diözese drängte darauf, bei der Planung der Stadt notwendige Kirchen und Pfarrbauten in den Stadtplan mit aufzunehmen, scheiterte jedoch zunächst an der Willkür und Schikane der staatlichen Stellen, die einen Machtzuwachs der Kirche befürchteten. Schließlich konnte mit Antonius Holling ein Pfarrvikar für die „K.D.F. Volkswagenstadt und Umgebung" bestellt werden, der Ende April 1940 in der KdF-Stadt eine Wohnung anmietete. Im Ringen der Hildesheimer Diözese mit den zuständigen Stellen im Reichskirchen- und Reichsarbeitsministerium wurde schließlich am 28. September 1940 von Berlin aus die Erlaubnis erteilt, den Tanzsaal im Gasthof Wolter als Gottesdienstraum zu benutzen. Pastor Antonius Holling hielt in der Notkapelle regelmäßig Gottesdienste, die gut besucht waren, jedoch nie mehr als 20 Prozent der „Gemeindemitglieder" erreichten. Bei der Zusammensetzung der Gottesdienstteilnehmer aus allen deutschen Gebieten und vielen Nationen war es nahezu unmöglich, beim gemeinsamen Singen der Lieder ein Gemeinschaftsgefühl zu wecken. Pastor Greve, ein Mitbruder Hollings schreibt dazu 1940: „Es ist in sehr vielen Fällen so, dass die Gläubigen in ihrer alten Heimat unter altgewohnten, liebgewordenen Umständen brav und bieder ihren religiösen Pflichten nachgekommen sind, nun aber unter ganz anderen, viel schwierigeren Verhältnissen den Anschluss nicht mehr halten."[12] Antonius Holling versuchte trotz aller Schikanen und Widrigkeiten eine Seelsorge für alle Neubewohner und Gefangenen bereitzustellen. Neben den Gottesdiensten nahm er Taufen und Beerdigungen vor, durfte aber nur bei ernsthaften Erkrankungen und Unfällen priesterlichen Beistand leisten. Aus tiefer christlicher Überzeugung baute er mutig und unerschrocken kirchli-

---

12 Thomas FLAMMER, Antonius Holling und die Gründungszeit der katholischen Gemeinde in der Stadt des KdF-Wagens, in: Jahrbuch für Geschichte und Kunst im Bistum Hildesheim 75/76 (2007/2008), S. 42-43.

ches Leben auf. Dies geschah gegen den Willen der damaligen Machthaber, die diese Stadt ohne Gott und ohne Kirchen errichten wollten. Am 11. April 1945 wurde die KdF-Stadt schließlich von amerikanischen Truppen befreit. Antonius Holling führte das kirchliche Leben in der Nachkriegszeit zu großer Entfaltung. Er war bis 1986 in der 1950 gegründeten St. Christophorus Gemeinde Pfarrer und wohnte in Wolfsburg bis zu seinem Tod am 7. September 1996.

M1   Schutzmantelmadonna

Abb. IV.16: Wolfsburg, St. Christophorus, Schutzmantelmadonna

Annotationen

Die Inschrift lautet: „Unsere liebe Frau (O.L.V.) von den Arbeitern in der Fremde." Das Gipsrelief zeigt vor dem Hintergrund einer Fabrik einen vor der Schutzmantelmadonna knienden Arbeiter. Es wurde 1943 von dem flämischen Zwangsarbeiter Hermann de Sommer geschaffen. Er war in Wolfsburg, der Stadt des KdF-Wagens, in der Rüstungsproduktion des Volkswagenwerkes eingesetzt. Die Schutzmantelmadonna schenkte er am 13. Juni 1944 dem dortigen Standortseelsorger Pastor Antonius Holling. Sie wurde in der sogenannten Notkirche aufgestellt und befindet sich heute nach dem Abriss dieser Kirche in der Kreuzkapelle der Wolfsburger Kirche St. Christophorus.

Das 20. Jahrhundert

Mögliche Aufgaben
- Beschreibe das Gipsrelief (Bildaufbau, Hintergrund, Figuren etc.).
- Deute die Bildelemente im Zusammenhang der Situation der Zwangsarbeiter in der Fremde.

Weitere Einsatzmöglichkeiten und methodische Vorschläge
- Geschichtsunterricht: Nationalsozialismus und Zwangsarbeit (Jg. 10).
- Religionsunterricht: Kirche und Nationalsozialismus (Jg.10); Biographisches Lernen.

M2   Foto: Pastor Holling (1908-1996)

Abb. IV.17: Antonius Holling,
Seelsorger in Wolfsburg 1940-1986

Annotationen
Pastor Antonius Holling wurde 1908 in Osnabrück geboren, besuchte dort das Gymnasium Carolinum und ab 1926 das Apostolat für Priester und Ordensberufe in Bonn. Nach dem Theologiestudium in Bonn meldete sich Holling auf Wunsch seines Direktors im Missionsbistum Hildesheim und empfing dort 1934 die Priesterweihe durch den Diözesanbischof Joseph Godehard Machens. Als Kaplan war er u.a. in Göttingen, Groß Förste und Hamburg-Harburg tätig. Am 1. März 1940 wurde ihm die Seelsorge für die Katholiken der Stadt des KdF-Wagens übertragen.

M3   Der Anfang der Seelsorge Hollings in der „Stadt ohne Kirchen"

Als der Hildesheimer Bischof Dr. Godehard Machens dem 31-jährigen Priester den Auftrag gab, in der Stadt des KdF-Wagens, „die da irgendwo bei Fallersleben liegt", als Pfarrvikar zu wirken, wusste er, was an Schwierigkeiten und Gefahren auf den jungen Priester zukommen würde, als er ihn mit den Worten verabschiedete: „Sie haben dort weder eine Wohnung noch eine Kirche. Sie sollen nach dem Willen der Machthaber in dieser Stadt nicht wohnen und dürfen auch keinen Gottesdienst halten. Das ist verboten. Sie sind ein Pionier mit großer Aufgabe. Sie haben mein Vertrauen. Alles, was ich Ihnen mitgeben kann, ist Gottes Segen. Seien Sie vorsichtig und klug!" […]

   Ein Zeitzeuge, der damalige Stadtbaurat Peter Koller, schreibt in einem an Prälat Antonius Holling gerichteten Brief vom 31. März 1987: „Bis dann der 3. Mai 1940 kam, an den ich mich noch genau erinnere: Ein strahlend fröhlicher, seiner Sache völlig sicherer Mann von ungefähr dreißig Jahren trat in mein Dienstzimmer und sagte: ‚Ich bin der katholische Pastor'. Sie waren völlig sicher wie ein Felskletterer in der Steilwand – das ist ein Vergleich, der mir als Sohn der Kärtner Berge nahe liegt. Sie standen unter der Führung Gottes. […] Das gefiel mir, denn ihr Unternehmen war kühn, man würde es heute mit dem Wort ‚irre' bezeichnen, hat doch der Leiter der DAF*, Dr. Robert Ley, als er eine Besichtigung der Stadt vornahm und erfuhr, dass hier ein katholischer Priester wohnt, ausgerufen: ‚Der muss raus aus der Stadt! Zündet ihm die Bude über dem Kopf an.' "

Zit. nach KATHOLISCHE KIRCHENGEMEINE ST. CHRISTOPHORUS WOLFSBURG (Hg.), Katholische Zwangsarbeiterseelsorge in der Stadt des KdF-Wagens, S. 2f., PDF-Datei auf http://www.dekanat-wob-he.de/pfarrgemeinden/wolfsburg/st-christophorus/zur-geschichte-der-pfarrei/kirche-und-zwangsarbeiter.html [Stand 2. November 2013]

Annotationen
*DAF - Deutsche Arbeitsfront, Dachorganisation aller NS-Wirtschaftsbereiche.

Das 20. Jahrhundert

 Mögliche Aufgaben
- Beschreibe die Situation, in der sich Pastor Holling 1940 befindet. Beziehe dabei das Foto von Antonius Holling in M2 mit ein.

 Weitere Einsatzmöglichkeiten und methodische Vorschläge
- Geschichtsunterricht: Nationalsozialismus und Zwangsarbeit (Jg. 10).
- Religionsunterricht: Kirche und Nationalsozialismus (Jg.10); Biographisches Lernen.

M4   Foto der Notkirche

Abb. IV.18: Wolfsburg, Notkirche 1940-1951

Annotationen

Die sogenannte Notkirche diente von 1940 bis 1951 als einzige Kirche im Wolfsburger Raum als Gottesdienstort, zuerst für die italienischen Fremdarbeiter und ab 1941 auch für Soldaten des deutschen Strafgefangenenlagers, für ausländische Kriegsgefangene und Zivil- und Zwangsarbeiter am Ort. Sie stand in Fallersleben und hatte zuvor die Funktion eines Gasthofes. Die erste Andacht wurde am 29. September 1940 gefeiert. Die Chronik der Geschichte der Pfarrei des KdF-Wagens-Wolfsburg beschreibt die Kirche als schmutzigen Raum.

M5   Beschreibung der Notkirche durch Sr. Ludgera Austermann*

Am Vorabend kam von Berlin die Erlaubnis, dass wir nun den Saal bei Wolter in Hesslingen als Gottesdienstraum auch für die Deutschen benutzen durften [...] Ich hatte den Raum vorher nicht gesehen und war nun ergriffen und gepackt von dem Eindruck. Ein schmutziger Raum! Auf dem einfachen Bretteraltar stand ein kleiner Tabernakel mit ovalen Türchen, darin ein ganz kleiner silberner Kelch mit Deckel ohne Velum*, ganz arm. [...] Der Chorraum war eine Theaterbühne; eine kleine weiße Bank für zwei Personen diente als Kommunionbank. Hinter dem Altar hing ein selbstgemaltes Josephsbild, des Patrons der Italiener. Im Raum selbst standen 50 Kinoklappstühle. Das war alles.

Zit. nach KATHOLISCHE KIRCHENGEMEINE ST. CHRISTOPHORUS WOLFSBURG (Hg.), Anfang. Zur Geschichte der Katholischen Kirche in der Stadt des KdF-Wagens Wolfsburg 1940-1947. Chronik von Schwester Ludgera Austermann mit einigen Ergänzungen, Wolfsburg 2001, o. Seitenzahl.

Annotationen

*Sr. Ludgera Austermann war mit ihrer Mitschwester Jutta Dierkmann seit Juni 1940 als Pfarrhelferin für Pastor Antonius Holling in der KdF-Stadt tätig. Beide gehörten dem Orden des Herzens Jesu an.
*Velum - Verziertes Tuch zur Abdeckung des Kelches in der Eucharistiefeier.

Mögliche Aufgaben
- Schildere das innere und äußere Aussehen der Notkirche.

Weitere Einsatzmöglichkeiten und methodische Vorschläge
- Geschichtsunterricht: Nationalsozialismus und Zwangsarbeit (Jg. 10).
- Religionsunterricht: Kirche und Nationalsozialismus (Jg.10); Biographisches Lernen.

M6   Pastor Hollings Seelsorge um die Zwangsarbeiter

Die Zwangsarbeiter wurden je nach ihrer Nationalität sehr unterschiedlich behandelt, wobei sich der nationalsozialistische Rassenbegriff verhängnisvoll auswirkte, indem Menschen aus der Sowjetunion als „Untermenschen" diskriminiert wurden. Im sog. Ostarbeitererlass aus 1942 gab es eine Kennzeichnungspflicht („Ost") der Kleidung, das Verbot, den Arbeitsplatz zu verlassen, Fahrräder u.a. zu besitzen u.v.a. mehr. Die deutschen Vorarbeiter hatten ein Züchtigungsrecht. Kontakt mit Deutschen war verboten. Bei Verstößen drohte das Straflager. Für die Polen galten die sog. Polenerlasse, in denen z.B. vorgeschrieben war, dass die polnischen Zwangsarbeiter (ein „P" deutlich sichtbar an jedem Kleidungsstück) tragen mussten, dass sie in ihrer Bewegungsfreiheit sehr eingeschränkt waren, weder Geld noch Wertgegenstände, Fahrräder u.a. besitzen, keine öffentlichen Verkehrsmittel benutzen durften und - selbst kirchliche Veranstaltungen nicht mit Deutschen gemeinsam besuchen durften. Es gab eine besondere Polenstrafrechtsverordnung, die vielfach zu willkürlichen Bestrafungen bis hin zu Hinrichtungen ohne Gerichtsverfahren führen konnte. Ein besonders bedrückendes Thema sind die Maßnahmen gegen die Kinder der Zwangsarbeiterinnen aus dem Osten, die den Müttern weggenommen und durch willentliche Vernachlässigung [...] getötet wurden. [...]

Franzosen, Belgier und Niederländer konnten zum Gottesdienst in die Notkirche gehen. Hierfür gibt es bewegende Zeugnisse [...] Kriegsgefangene - vor allem Franzosen - hat Pastor Holling betreut.

Zit. nach KATHOLISCHE KIRCHENGEMEINE ST. CHRISTOPHORUS WOLFSBURG (Hg.), Katholische Zwangsarbeiterseelsorge in der Stadt des KdF-Wagens, S. 3f., PDF-Datei auf http://www.dekanat-wobhe.de/pfarrgemeinden/wolfsburg/st-christophorus/zur-geschichte-der-pfarrei/kirche-und-zwangsarbeiter.html [Stand 2. November 2013]

M7 Sr. Ludgera Austermann erinnert sich an die Seelsorge Hollings

Eine große Ausnahme war der damalige Kaplan Holling, der selbst auf große Schwierigkeiten der Gemeindeverwaltung und der Partei stieß bei der Ausübung der offiziell nicht gestatteten römisch-katholischen Seelsorge in der KdF-Stadt. Die Gottesdienste in einer Notkapelle in Rothenfelde* wurden von römisch-katholischen Studenten regelmäßig besucht, wovon ein kleiner Kreis ihm aktiv assistierte und engen Kontakt mit ihm pflegte. Diese Gottesdienste waren ein geistiges Erwachen und eine Oase in dem alles beherrschenden Fabrikleben, das durch seine Eintönigkeit und Trübheit unter dem Eindruck des „totalen Krieges" und des oben beschriebenen Terrors drohte, den Geist abzustumpfen.

Zit. nach KATHOLISCHE KIRCHENGEMEINE ST. CHRISTOPHORUS WOLFSBURG (Hg.), Anfang. Zur Geschichte der Katholischen Kirche in der Stadt des KdF-Wagens Wolfsburg 1940-1947. Chronik von Schwester Ludgera Austermann mit einigen Ergänzungen, Wolfsburg 2001, o. Seitenzahl.

Annotationen
*Rothenfelde - Stadtteil Wolfsburgs.

Mögliche Aufgaben (zu M6 u. M7)
- Beschreibe die unterschiedliche Situation der Zwangsarbeiter und erläutere die Bedeutung der Gottesdienste für sie.
- Beurteile die seelsorgerische Arbeit des Pastors Antonius Holling in der „Stadt ohne Kirchen".

Weitere Einsatzmöglichkeiten und methodische Vorschläge (zu M6 u. M7)
- Geschichtsunterricht: Nationalsozialismus und Zwangsarbeit (Jg. 10).
- Religionsunterricht: Kirche und Nationalsozialismus (Jg.10); Biographisches Lernen.

Das 20. Jahrhundert

Schlagworte
- Glaube
- Seelsorge
- Zivilcourage
- Zwangsarbeit

Verweise auf Schulbücher

Thomas BERGER V. D. HEIDE (Hg.), Entdecken und Verstehen. Geschichte, Band 3/ Jg. 9/10 Realschule Niedersachsen: Vom Nationalsozialismus bis zur Gegenwart, Berlin 2005, S. 110f. u. S. 118f.
Hans-Otto REGENHARDT (Hg.), Forum Geschichte. Jg. 9/10 Niedersachsen: Vom Kaiserreich bis zur Gegenwart, Berlin 2010, S. 189.

Verweise auf Fachliteratur

Karl-Heinz BÖGERSHAUSEN, Die Notkirche der ersten deutschen katholischen Kirchengemeinde in Wolfsburg 1940 bis 1951, Wolfsburg o.J.
Thomas FLAMMER, Antonius Holling und die Gründungszeit der katholischen Gemeinde in der Stadt des KdF-Wagens, in: Jahrbuch für Geschichte und Kunst im Bistum Hildesheim 75/76 (2007/2008), S. 21-57.
KATHOLISCHE KIRCHENGEMEINE ST. CHRISTOPHORUS WOLFSBURG (Hg.), 50 Jahre St. Christophorus - Kirche für die Stadt, Festschrift, Wolfsburg 2001.
KATHOLISCHE KIRCHENGEMEINE ST. CHRISTOPHORUS WOLFSBURG (Hg.), Anfang. Zur Geschichte der Katholischen Kirche in der Stadt des KdF-Wagens Wolfsburg 1940-1947. Chronik von Schwester Ludgera Austermann mit einigen Ergänzungen, Wolfsburg 2001.
KATHOLISCHE KIRCHENGEMEINE ST. CHRISTOPHORUS WOLFSBURG (Hg.), Extra christ. 100 Jahre Antonius Holling, Wolfsburg 2008.
KATHOLISCHE KIRCHENGEMEINE ST. CHRISTOPHORUS WOLFSBURG (Hg.), Katholische Zwangsarbeiterseelsorge in der Stadt des KdF-Wagens, PDF-Datei auf http://www.dekanat-wob-he.de/pfarrgemeinden/wolfsburg/st-christophorus/zur-geschichte-der-pfarrei/kirche-und-zwangsarbeiter.html (Stand 2. November 2013)

IV.7. Die Rolle der Caritas bei der Aufnahme von Flüchtlingen und Vertriebenen am Beispiel des Lagers Friedland

Einführung

Der Ausgang des Zweiten Weltkrieges, die Unterzeichnung der bedingungslosen Kapitulation des Deutschen Reiches am 8. Mai 1945 und das am 2. August 1945 unterzeichnete Abkommen der anwesenden Siegermächte in Potsdam bildeten die Grundlage für das Schicksal von Millionen von Deutschen. Allein aus den Ostgebieten kamen durch Flucht und Vertreibung mehr als 16 Millionen Menschen in die russische, amerikanische und britische Besatzungszone. Über 500.000 Vertriebene landeten in den Regionen Hildesheim, Braunschweig und Göttingen. Die Zahl der Katholiken im Bistum Hildesheim stieg von ca. 265.000 im Jahr 1938 auf ca. 670.000 Personen im Jahr 1950 an. Viele dieser Vertriebenen gelangten über das Auffang- und Durchgangslager in Friedland in ihre neue Heimat. Der Großteil der Vertriebenen wurde in den ländlichen Gebieten untergebracht, da auf dem Gebiet Niedersachsens alle größeren Städte nahezu vollständig zerstört waren. Mit dem Kriegsende zeigte sich erst die Trümmerlandschaft in ihrem vollen Ausmaß. Die Infrastruktur der Städte war zusammengebrochen, geeigneter Wohnraum stand nicht zur Verfügung. Die Menschen, ob Einheimische, Flüchtlinge oder Vertriebene, hungerten und froren. Einige, wie z.B. der spätere Bischof von Hildesheim Heinrich Maria Janssen, erlebten die ganze Tragik der Vertreibung hautnah mit. Die Integration der Flüchtlinge und Vertriebenen in die Strukturen ihrer neuen Heimat verlief oft wenig reibungslos. Neben dem Roten Kreuz, das u.a. den Suchdienst übernahm, taten sich vor allem die Innere Mission und die Caritas als kirchliche Hilfsorganisationen, die den Krieg organisatorisch relativ unbeschadet überstanden hatten, hervor. Ein gutes Beispiel für die überkonfessionelle Zusammenarbeit stellt das Friedlandlager dar.

Das 20. Jahrhundert

M1   Friedensglocke

Abb. IV.19: Lager Friedland, Friedensglocke

Annotationen
Die Glocke, die 1949 eingeweiht wurde, läutete für die im Durchgangslager Friedland neu Angekommenen.

Mögliche Aufgaben
- Stelle Vermutungen über den Ort und die Funktion der auf einer Ansichtskarte abgebildeten Glocke an.

Weitere Einsatzmöglichkeiten und methodische Vorschläge
- Geschichtsunterricht: Deutschland nach 1945 (Jg.10):
  - Recherche
  - Zeitzeugeninterviews
  - Ortsbesichtigung

M2   Gedicht zur Friedlandglocke

Wo die schlichten Hütten stehn im frischen Grün,
wo als Gruß der Heimat tausend Blumen blühn,
ruft die Friedlandglocke in die Welt hinaus:
Laßt die deutschen Brüder heim ins Vaterhaus!

Wo die Kreuze leuchten in die dunkle Nacht,
kündend von der Liebe, die für alle wacht,
wo der Klang der Glocke aufschwebt himmelwärts,
da lebt Deutschlands Glaube, da schlägt Deutschlands Herz.

Wo so mancher wieder Mut zum Leben fand,
froh mit beiden Händen griff die Bruderhand,
wo er von den Füßen tat die schweren Schuh,
singt die Friedlandglocke ihm in Frieden zu.

Friedlandglocke läute in die Welt hinaus,
bis der letzte Bruder kehrt ins Vaterhaus!
Friedlandglocke klinge, bis in Ost und West.
Hand zu Hand im Ringe schließt das Friedensfest!

Zit. nach Wilhelm TOMM, Bewegte Jahre. Erzählte Geschichte. Evangelische Diakone im Grenzdurchgangslager Friedland 1945 bis heute, Friedland 1992, S. 118f.

Das 20. Jahrhundert

Mögliche Aufgaben
- Informiere dich über die Friedlandglocke und das Friedlandlager.
- Bestimme mit Hilfe des Gedichts die Funktion und Bedeutung der Glocke.

Weitere Einsatzmöglichkeiten und methodische Vorschläge
- Geschichtsunterricht: Deutschland nach 1945 (Jg.10):
    - Recherche
    - Zeitzeugeninterviews
    - Ortsbesichtigung

M3   Lager Friedland

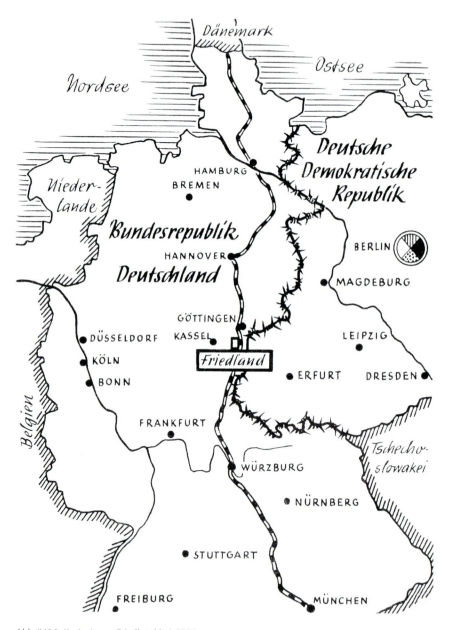

Abb. IV.20: Karte, Lager Friedland bei Göttingen

Das 20. Jahrhundert

 Mögliche Aufgaben
- Beschreibe und deute die geographische Lage des Friedlandlagers.

 Weitere Einsatzmöglichkeiten und methodische Vorschläge
- Geschichtsunterricht: Deutschland nach 1945 (Jg. 10):
  - Recherche
  - Zeitzeugeninterviews
  - Ortsbesichtigung

M4   Foto vom Lager Friedland

Abb. IV.21: Lager Friedland, Februar 1958

M5 Lageplan des Lagers Friedland um 1948

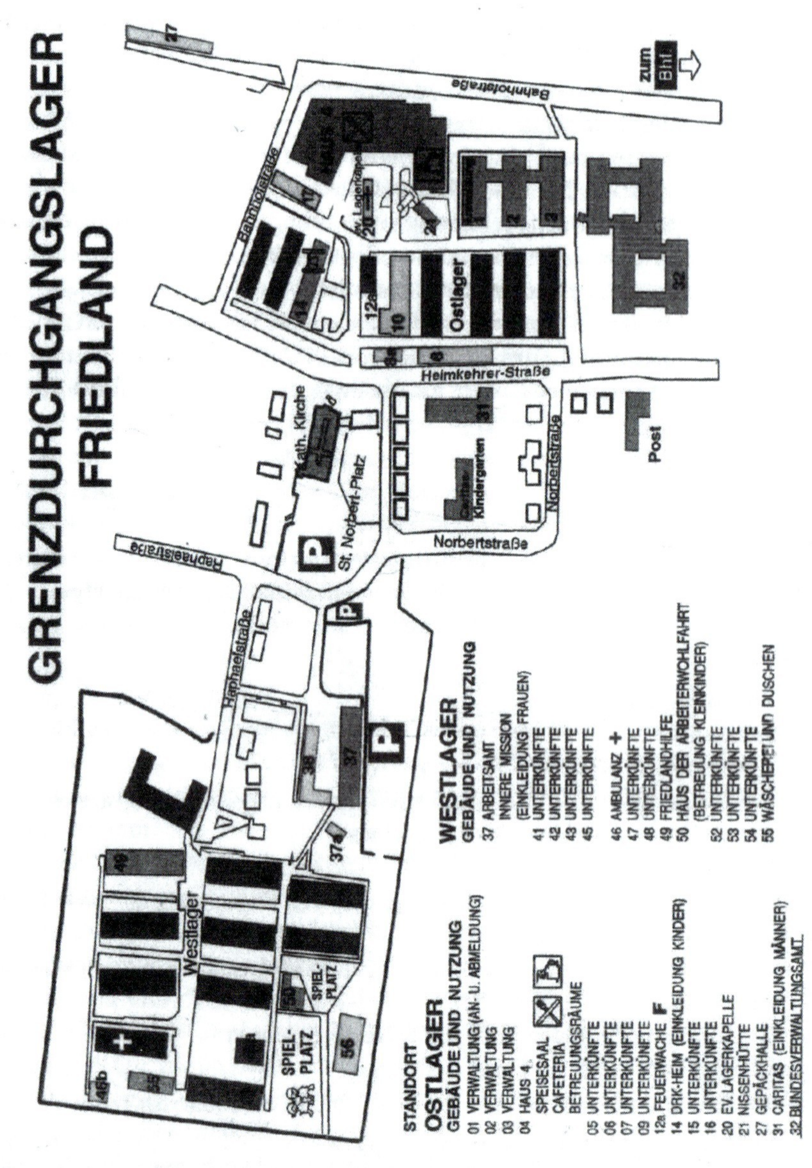

Abb. IV.22: Lager Friedland, Lageplan

Das 20. Jahrhundert

 Mögliche Aufgaben
- Stelle mit Hilfe des Fotos und des Lageplans Vermutungen über die Lagersituation um 1948 an.
- Erläutere mögliche Aufgaben der kirchlichen Hilfsorganisationen im Friedlandlager.

 Weitere Einsatzmöglichkeiten und methodische Vorschläge
- Geschichtsunterricht: Deutschland nach 1945 (Jg.10):
  - Recherche
  - Zeitzeugeninterviews
  - Ortsbesichtigung

M6   Die Caritas im Lager Friedland

Die Caritas begann ihre Arbeit im Grenzdurchgangslager Friedland im November 1945 mit ein paar Schwestern des Heiligen Vinzenz von Paul und einigen wenigen weltlichen Helfern. Ein großes Problem stellte zu dieser Zeit die Eingliederung der Flüchtlinge in vielen Gebieten dar, weil aufgrund des Nahrungsmangels viele Städte eine Zuzugssperre verhängten und es für die Verbände schwer war, aufgrund der Knappheit Nahrung zu beschaffen. Durch sogenannte Bettelfahrten gelang es dem Caritas-Verband, Kleidung zu besorgen, sodass nahezu jeder Russland-Heimkehrer die ausgezehrten Kleider aus der Gefangenschaft durch die gespendete Kleidung tauschen konnte, um in halbwegs ordentlichem Zustand zu seiner Familie zurück zu kehren. Überhaupt stützten sich viele Mittel in Friedland auf verschiedenen Spendenaktionen. Zum Beispiel wurde an einem Adventssonntag von Dr. Krahe* ein Gottesdienst in der Lagerkapelle gehalten, der im Fernsehen übertragen wurde. Die Folge der eindringlichen Predigt waren mehrere Lkw-Ladungen an Paketen mit Spenden für die Caritas für Friedland. [...]
   Innerhalb des Lagers bestand ein gutes Verhältnis zwischen den verschiedenen Hilfsorganisationen. Neben der Spendenverwaltung, der Seelsorge und Beratung übernahm der Caritas-Verband die Ausgabe der Männerbekleidung, da dies ihr zugewiesener Bereich war. Außerdem feierte die Caritas ab 1947 Kinderweihnachtsfeiern mit anschließender Bescherung und kümmerte sich um die Kindergartenbetreuung [...]

Zit. nach Dominik WAIDE, Im Glauben Heimat finden? Das Grenzdurchgangslager Friedland als Glaubensstation auf dem Weg von Flüchtlingen und Vertriebenen nach 1945, Facharbeit am Gymnasium Josephinum Hildesheim 2012, S. 16f.

Annotationen

*Dr. Krahe - Der Kaplan und spätere Monsignore Dr. Josef Krahe war von Januar 1948 bis zum 31. März 1960 im Friedlandlager als katholischer Lagerpfarrer eingesetzt. Er war nach dem Jesuitenpater Johannes Leppich (Pfingsten 1946 bis Ende 1947) der zweite katholische Lagerpfarrer.

Mögliche Aufgaben

- Beschreibe die vorrangigen Aufgaben der Caritas im Friedlandlager und deute ihre Rolle.

Weitere Einsatzmöglichkeiten und methodische Vorschläge

- Geschichtsunterricht: Deutschland nach 1945 (Jg.10):
    - Recherche
    - Zeitzeugeninterviews
    - Ortsbesichtigung

Schlagworte

- Caritas
- Flucht/Vertreibung
- Gesellschaftliche Not
- Glaube
- Nachkriegszeit
- Suchdienst

Verweise auf Fachliteratur

Dagmar KLEINEKE, Das Grenzdurchgangslager Friedland. Heimkehrer, Flüchtlinge und Vertriebene, Um- und Aussiedler, in: Klaus J. BADE u. Jochen OLTMER (Hg.), Zuwanderung und Integration in Niedersachsen seit dem Zweiten Weltkrieg, Osnabrück 2002, S. 131-165.

Dagmar KLEINEKE, Entstehung und Entwicklung des Lagers Friedland 1945-1955, Göttingen 1992.
Wilhelm TOMM, Bewegte Jahre. Erzählte Geschichte. Evangelische Diakone im Grenzdurchgangslager Friedland 1945 bis heute, Friedland 1992.
Dominik WAIDE, Im Glauben Heimat finden? Das Grenzdurchgangslager Friedland als Glaubensstation auf dem Weg von Flüchtlingen und Vertriebenen nach 1945, Facharbeit am Gymnasium Josephinum Hildesheim 2012.

IV.8. Der Kampf um die Bekenntnisschulen im Bistum Hildesheim von 1954 bis 1965

Einführung

Im Jahre 1954 hatte es im Rahmen der Verabschiedung des niedersächsischen Schulgesetzes eine Mobilisierung der Gläubigen seitens der katholischen Kirchenleitung gegeben. Die Eltern katholischer Kinder wurden mittels kirchlicher Aufrufe und Hirtenworte ihres Bischofs aufgefordert, von ihrem im Grundgesetz verbürgten Elternrecht Gebrauch zu machen, um den Fortbestand der katholischen Bekenntnisschulen nicht zu gefährden. Die Auseinandersetzung wurde in aller Schärfe geführt und erinnerte an den Kulturkampf am Beginn der Kaiserzeit und den im Nationalsozialismus geführten Schulkampf, der noch lebhaft in Erinnerung war und zur vollständigen Abschaffung der katholischen Bekenntnisschulen geführt hatte. Nach einer elf Jahre andauernden Auseinandersetzung zwischen Kirche und Staat wurde schließlich mit dem Gesetz vom 1. Juli 1965 das Konkordat zwischen dem Land Niedersachsen und dem Hl. Stuhl ratifiziert und damit der Schulkampf im Bistum Hildesheim beendet.

M1 Bischöflicher Aufruf im Hirtenwort über die Schulfrage

[...] Geliebte Diözesanen! Studiert und diskutiert die Schulfrage in den Katholikenausschüssen, in Euren Vereinen und Versammlungen! Fordert einmütig und unablässig, daß das naturgegebene Recht der Eltern auf die Erziehung ihrer Kinder in einer kommenden Schulgesetzgebung beachtet wird! Fordert, daß das Grundrecht der Religions- und Gewissensfreiheit im Schulwesen respektiert wird. Schickt euer Kind nur in die katholische Schule, wenn solche vorhanden sind.

Zit. nach Kirchlicher Anzeiger, Jg. 1952, Nr. 13, 16. Dezember 1952, S. 154.

Mögliche Aufgaben
- Gib den Inhalt des Aufrufs mit eigenen Worten wieder.
- Untersuche Sprache und Schriftbild.
- Formuliere Fragen an die Quelle.

Weitere Einsatzmöglichkeiten und methodische Vorschläge
- Geschichtsunterricht: Gesellschaftliche Entwicklung in Deutschland nach 1945 (Jg.10).
- Religionsunterricht: Verhältnis Staat-Kirche (Jg.10).

M2 Der Schulkampf aus Sicht der Zeitschrift „Der Spiegel"

BEKENNTNISSCHULE
[...] konzentrierte sich die kirchliche Aktivität auf jene Gebiete, in denen verschiedene Schulformen nebeneinander existieren, nämlich
  - christliche Gemeinschaftsschulen, in denen die Kinder das Einmaleins, die Rechtschreibung und den Bauchaufschwung gemeinsam lernen, ob sie nun katholisch oder evangelisch sind, und
  - Bekenntnisschulen, in denen Lehrer und Kinder einheitlich einer Konfession angehören sollen. [...]
  Nun gehen viele Polemiken für und wider die Bekenntnisschule von der Voraussetzung aus, dass in einer katholischen Bekenntnisschule ausschließlich

katholische Lehrer und Schüler und in einer protestantischen Bekenntnisschule ausschließlich protestantische Lehrer und Schüler sind. Die Praxis sah aber bisher anders aus. Von den 4699 niedersächsischen Volksschulen beispielsweise sind außerhalb Oldenburgs 428 katholische Bekenntnisschulen, aber nur 103 solche, die ausschließlich von katholischen Kindern besucht werden. Eine große Reihe von Bekenntnisschulen wird auch von Kindern anderer Konfessionen besucht, weil keine Gemeinschaftsschule oder passende Bekenntnisschule erreichbar ist. [...]

Die geistlichen Oberhirten in Niedersachsen [...] haben zum scharfen Kampf gegen den niedersächsischen Schulgesetzentwurf* aufgerufen.

Der Regierungsentwurf war Anfang Februar vom Kabinett dem Landtag zugeleitet worden, um endlich das niedersächsische Schulwesen zu vereinheitlichen. [...]

Nun sieht der Gesetzentwurf in der Tat vor, dass in Orten, in denen nur eine einzige Volksschule besteht, diese Schule ohne Rücksicht auf ihren bisherigen Charakter eine Gemeinschaftsschule wird, damit in kleinen Orten Kinder aller Bekenntnisse gleiche Schulrechte haben; denn bisher mussten beispielsweise evangelische Kinder in solchen Orten in die katholische Bekenntnisschule gehen. Die Kölner Kirchenzeitung hat ausgerechnet, 72 katholische Bekenntnisschulen im Bistum Hildesheim und 310 solcher Schulen im Bistum Osnabrück müssten nach dem Gesetzentwurf in Gemeinschaftsschulen umgewandelt werden. Neue Bekenntnisschulen können nach dem Entwurf auf Antrag nur eingerichtet werden, wenn im Bereich einer Gemeinde unter 5000 Einwohnern 120 Erziehungsberechtigte es beantragen und eine achtklassige Gemeinschaftsschule schon besteht. Achtklassige Gemeinschaftsschulen gibt es aber nur an den wenigsten Orten.

Die Stadt Hannover erlebte darauf am 7. März eine Invasion von 60.000 Katholiken, die in und vor der Niedersachsenhalle zu der größten kirchlichen Kundgebung zusammenkamen, die in der Nachkriegszeit in der Stadt veranstaltet wurde. (Die niedersächsische Bevölkerung ist zu 80 Prozent protestantisch, zu 18 Prozent katholisch.) Der Papst hatte eine Botschaft gesandt, und der Bischof von Hildesheim, Dr. Godehard Machens, sagte: „Wir wollen nicht warten, bis das Schlimmste auf uns hereinbricht, wir wollen uns die Kreuze nicht noch einmal aus den Schulen nehmen lassen!" [...]

Aus Der Spiegel 19 (1954). Als PDF-Datei auf: http://www.spiegel.de/spiegel/print/d-28956126.html [Stand 02. November 2013]

Annotationen

*Niedersächsischer Schulgesetzentwurf - Das niedersächsische Schulgesetz wurde im Mai 1954 im Landtag verabschiedet und trat am 1. Oktober 1954 in Kraft. Es regelt u. a. die Voraussetzungen für die Einrichtung konfessioneller Schulen neu. Die Katholische Kirche hatte massiv gegen die gesetzlichen Neuregelungen protestiert. Das Gesetz bestimmte u. a., dass öffentliche Schulen grundsätzlich christliche Schulen sind (§ 3), der Religionsunterricht als ordentliches Lehrfach zu erteilen ist (§4) und auf Antrag der Erziehungsberechtigten Bekenntnisschulen eingerichtet werden können, sofern mindestens 120 Eltern, bzw. 240 Eltern in Orten mit über 5000 Einwohnern, diesen Antrag stellen.

Mögliche Aufgaben

- Benenne den Unterschied zwischen Bekenntnis- und Gemeinschaftsschule und beschreibe die tatsächlichen Schulverhältnisse in Niedersachsen.
- Arbeite heraus, welche Regelungen das niedersächsische Schulgesetz vorsieht.
- Analysiere die Haltung des Verfassers des Spiegelartikels zum Schulkampf.
- Interpretiere den letzten Satz des Artikels im historischen Kontext (NS-Diktatur).

Weitere Einsatzmöglichkeiten und methodische Vorschläge

- Geschichtsunterricht: Gesellschaftliche Entwicklung in Deutschland nach 1945 (Jg.10).
- Religionsunterricht: Verhältnis Staat-Kirche (Jg.10).

M3   Hirtenwort Bischof Machens' vom 3. Oktober 1954

Hirtenwort zum Schulkampf
Zu verlesen in allen Predigtgottesdiensten am Sonntag, dem 3. Oktober 1954.
Geliebte Diözesanen!
Am 1. Oktober ist in Niedersachsen das Schulgesetz in Kraft getreten, gegen das wir mit allem Nachdruck gekämpft haben, weil es die Glaubens- und Gewissensfreiheit unserer Eltern antastet und den Eltern ihr gottgegebenes, natürliches Recht auf ihre Kinder nimmt und sie zwingt, ihre Kinder in Schulen zu schicken, die sie um des Glaubens und Gewissens willen ablehnen und ablehnen müssen.
Durch dieses Gesetz werden die Schulen überall dort, wo nur eine Schule ist, zur Gemeinschaftsschule erklärt; an allen Orten erhält die Gemeinschaftsschule die bevorrechtigte Stelle; nur selten kann neben ihr auch eine katholische Schule Platz greifen. In den Dörfern des katholischen Stiftes* um Hildesheim und des Eichsfeldes wird es künftig kaum irgendwo eine katholische Schule geben. Sie werden abgeschafft, als hätten sie ihre Aufgaben schlecht erfüllt, obwohl sie durch 200 Jahre vorzügliche Erziehungsarbeit geleistet haben.
Im Reichskonkordat* ist die Beibehaltung der katholischen Schulen zugesichert, Niedersachsen schafft sie ab. Im Reichskonkordat ist unter bestimmten Bedingungen die Neueinrichtung katholischer Schulen gewährleistet, Niedersachsen stellt solche Bedingungen auf, dass sie nur selten zu erlangen sind.
Was sollt ihr tun, Geliebte?
Erhebt Protest. Meldet eure Rechte an. Erklärt, dass sich auch Regierung und Parlament dem Rechte zu beugen haben, weil ihre Maßnahmen sonst recht- und kraftlos sind.
Lasst euch von jetzt an die gute Erziehung eurer Kinder noch mehr angelegen sein als bisher.
Rüstet euch jetzt schon, bei der nächsten Wahl solche Volksvertreter in den niedersächsischen Landtag zu senden, die ein Schulgesetz nach Gottes Willen machen und das jetzige Gesetz zum alten Eisen legen.
Vertraut sodann, dass eure Bischöfe inzwischen - zusammen mit den Diözesan-Führern der Katholiken-Ausschüsse - alles tun, um die Ungültigkeitserklärung des ungerechten Gesetzes zu erreichen.
Vor allem aber fleht und betet zum Himmel um Gottes Segen für unser Ringen um die katholische Schule und die katholische Lehrerbildung.

Greift zum Rosenkranz in diesem und in den kommenden Monaten. Werdet nicht müde, zu Maria, der Siegerin in allen Schlachten, immer wieder die Hände zu erheben. Dem Rosenkranz lasst uns in allen Oktoberandachten die Gebetsmeinung vorausschicken: Lasset uns beten für die katholische Schule.

Die Abendmessen oder Abendandachten stellen wir im kommenden Vierteljahr zweimal monatlich unter das Motto: Herr, gib uns katholische Schulen.

Ein besonderer Tag des Gebetes um die Schule sei das Christkönigsfest; denn Christus soll König auch in den Schulen Niedersachsens sein.

Ferner der letzte Sonntag im Kirchenjahre, der uns mit seinem Evangelium vom jüngsten Gericht an unsere schwere Verantwortung für unsere Kinder und die Zukunft unseres Landes mahnt.

Endlich das Fest der Unbefleckten Empfängnis der Gottesmutter, die unsere große Fürbitterin an Gottes Throne sein soll.

Heute aber wollen wir laut unsere Trauer und unseren Schmerz über das ungerechte Schulgesetz vor Gott aussprechen und aus der Tiefe unseres Leids den Psalm beten: „Gott, merke auf meine Hilfe" (Canta bona* 81). Darauf lasst uns unsere Bitten um die Erziehung unserer Kinder zu Gottes Throne tragen, damit er uns im schweren Kampfe beistehe.

Gott aber segne euch und eure Kinder, die Schulen und Erzieher mit allem himmlischen Segen. Amen

Hildesheim, am Feste des hl. Gottesstreiters Michael 1954.
Euer Bischof
+ Joseph Godehard

Zit. nach Kirchlicher Anzeiger Nr.10 (1954), S.187-190.

Annotationen

*katholisches Stift - Gebiet, das dem Hildesheimer Bischof bis 1803 als Landesherrn unterstand.

*Reichskonkordat - Völkerrechtlicher Vertrag, der 1933 zwischen dem Vatikanstaat und dem Deutschen Reich unter Hitler geschlossen wurde.

*Canta bona - Gesangbuch im Bistum Hildesheim bis 1975.

Mögliche Aufgaben
- Erarbeite die Haltung, die Bischof Machens im Schulkampf einnimmt.
- Zählt die Verhaltensweisen auf, zu denen Bischof Machens aufruft. Unterscheidet dabei zwischen politischen und geistlichen Handlungen.
- Diskutiert die Position und die Argumente des Bischofs.

Weitere Einsatzmöglichkeiten und methodische Vorschläge
- Geschichtsunterricht: Gesellschaftliche Entwicklung in Deutschland nach 1945 (Jg.10).
- Religionsunterricht: Verhältnis Staat-Kirche (Jg.10).

M4   Unterzeichnung des Niedersachsenkonkordates am 26. Februar 1965

Abb. IV.23: Unterzeichnung des Niedersachsenkonkordates

Annotationen
An der Unterzeichnung des Konkordatsvertrages beteiligt war der Vertreter des Hl. Stuhls Nuntius Corrado Bafile und der niedersächsische Ministerpräsident Georg Diedrichs (SPD). Im Hintergrund sind - von links - Bischof Helmut Hermann Wittler aus Osnabrück,

Erzbischof Joseph Höffner aus Köln, Bischof Heinrich Maria Janssen aus Hildesheim und die beiden Monsignore Uhac und Krahe zu erkennen. Das Niedersachsenkonkordat war das erste Konkordat nach 1945, das zwischen dem Hl. Stuhl und einem deutschen Bundesland abgeschlossen wurde. Einen wesentlichen Bestandteil bildeten die Schulbestimmungen. Die Gemeinschaftsschule wurde zur Regelschule, die Bekenntnisschule zur Antragsschule. Die bestehenden Konfessionsschulen wurden rechtlich abgesichert. Die Voraussetzungen für eine erfolgreiche Antragsstellung der Eltern wurden dadurch erleichtert, dass die Eltern aus verschiedenen Orten zusammengefasst werden konnten.

Mögliche Aufgaben
- Beschreibe das Foto.
- Ziehe aus Bild und Bildunterschrift Rückschlüsse auf das Thema.
- Arbeite aus den Materialien die Bedeutung des Schulkampfes im Bistum Hildesheim heraus.
- Diskutiert, ob auch heute noch Schulkämpfe in ähnlicher Form möglich sind.

Weitere Einsatzmöglichkeiten und methodische Vorschläge
- Geschichtsunterricht: Gesellschaftliche Entwicklung in Deutschland nach 1945 (Jg.10).
- Religionsunterricht: Verhältnis Staat-Kirche (Jg.10).

Schlagworte
- Bekenntnisschule
- Schulkampf
- Verhältnis Staat- Kirche

Verweise auf Fachliteratur

Renate KUMM, Das Bistum Hildesheim in der Nachkriegszeit. Untersuchung einer Dispora-Diözese vom Ende des Zweiten Weltkrieges bis zum Zweiten Vatikanischen Konzil (1945-1965), Hannover 2002, S. 260-296.
Julius SEITERS, Bischof Heinrich Maria Janssen und das Konkordat, in: Thomas SCHARF-WREDE (Hg.), Heinrich Maria Janssen. Bischof von Hildesheim 1957 bis 1982, Regensburg 2008, S. 144-155.
Gerd STEINWASCHER u. a. (Hg.), Geschichte Niedersachsens. Band 5: Von der Weimarer Republik bis zur deutschen Wiedervereinigung, Hannover 2010 (S. 677-681, Gerd Steinwascher u. S. 1150-1163, Joachim Kuropka).

IV.9. Der Mariendom im Wandel des 20. Jahrhunderts

Einführung
Am 27. März 1960 erfolgte die Weihe des wiederhergestellten Mariendomes unter Bischof Heinrich Maria Janssen. Die Grundsteinlegung hatte bereits im Sommer 1950 stattgefunden. Verzögert hatten den Wiederaufbau die Streitigkeiten des Bistums mit der niedersächsischen Regierung um die Finanzierung. Der Dombauprozess wurde schließlich 1957 durch das Oberlandesgericht in Celle auf der Grundlage des im Zuge der Säkularisierung ausgehandelten Vertragsrechtes (Impensa Romanorum Pontificum) entschieden: Das Land Niedersachsen übernahm 3,6 Millionen DM von den 4,5 Millionen Gesamtkosten, den Rest musste das Bistum tragen. Schon im Juli 1945 hatte man mit der Räumung des Schuttes des zerstörten Domes begonnen. Obwohl Domdechant Clemens Stolte hierfür verschiedene Hilfskräfte aus den umliegenden Pfarreien hatte mobilisieren können, zeigte sich der Dom aber noch im August 1946 als einziger Trümmerhaufen. Nach der Besichtigung dieses Zustandes durch die Landesregierung und vager finanzieller Zusagen zum Wiederaufbau wurde 1948 ein Architektenwettbewerb ausgeschrieben, den der Hannoveraner Architekt Wilhelm Fricke gewann. Mit seinem Vorschlag integrierte er nicht nur die Domtrümmer in den Neubau, sondern schuf auch genügend Raum für insgesamt 3000 Gottesdienstbesucher. Mit der Grundsteinlegung konnte dann

die erste Bauphase in Angriff genommen werden. Das Resultat am Ende mehrerer Bauphasen war ein romanischer Bau mit angebauten gotischen Kapellen, der auf den Mauern und dem Fundament des alten Hezilo-Domes[13] stand und dessen Innenraumgestaltung mit der Chorausstattung, dem Fußboden und der Aufstellung der Kunstschätze in eine neu gestaltete Zukunft wies. Über der Apsis sollte der Ausspruch aus der Johannes Offenbarung „Et renovabis faciem terrae. Alleluja" verdeutlichen, dass der Dom auf die Herrschaft Gottes im neuen Jerusalem ausgerichtet war. Das Domkapitel hat im Jahr 2002 ein Sanierungskonzept für den Umbau des Domes auf den Weg gebracht und auf dieser Grundlage 2005 einen Architektenwettbewerb ausgeschrieben. Am 10. Januar 2010 schloss der Dom für die geplante Sanierung seine Pforten. Die Einweihung des sanierten Mariendomes soll am 15. August 2014 erfolgen und so das 1200-jährige Bistumsjubiläum einleiten.

M1   Der Mariendom vor 1945

Abb. IV.24: Dom vor der Zerstörung 1945

---
13 Hezilo war von 1054 bis 1079 Bischof von Hildesheim.

Das 20. Jahrhundert

M2   Der Dom nach der Zerstörung 1945

Abb. IV.25: Dom nach der Zerstörung 1945

Mögliche Aufgaben
- Vergleiche die beiden Fotoaufnahmen vom Hildesheimer Dom in M1 und M2 miteinander und beschreibe das Ausmaß der Zerstörung.

 Weitere Einsatzmöglichkeiten und methodische Vorschläge
- Referate zu Bauwerk und Kunstschätzen.
- Besuch des Domes.

M3   Bericht Hermann Seelands* über die Zerstörung der Domburg am 22. März 1945

Kurz nach 11 Uhr vormittags war „kleiner Alarm (Warnung), dann - ob inzwischen wieder Entwarnung gewesen, kann ich nicht mehr angeben -, etwas nach 13 Uhr Vollalarm. Viel schneller als sonst hörte man das Rollen der nahenden feindlichen Flugzeuge. Ich stand noch in der nach dem Garten führenden Haustür zusammen mit dem Neffen des Hausnachbarn, da erblickten wir schon unmittelbar über uns in großer Höhe die Kondensstreifen der aus dem Nordwesten kommenden starken Bomberverbände. Ich flüchtete eiligst in den Keller. Die übrigen Hausinsassen, darunter auch drei Ausgebombte aus Hannover, wie auch drei Personen aus der Nachbarkurie, hatten bereits den als Luftschutzraum geeigneten schmalen Gewölbekeller in dem äußersten Nordwestwinkel des Hauses aufgesucht. Kaum hatte ich den ersten vorderen, an der Straßenseite gelegenen Kellerraum betreten, da hörte ich auch schon das grausige Heulen der niedersausenden Bomben, und nun folgte fast eine halbe Stunde hindurch ohne Unterbrechung das betäubende Krachen entsetzlicher Bombeneinschläge in nächster Nähe. Ein Freund wurde bei der Überflutungsbrücke von dem Angriff der Bomber auf Hildesheim überrascht und suchte nun dadurch, dass er sich am Innerstedamm niederwarf, ein wenig Schutz und Deckung. Er konnte nun sehen, wie die abgeworfenen Bomben in einer Höhe von 300 bis 400 Meter, gleichsam eine kompakte Glutmasse, auf das unglückliche Hildesheim niederstürzten. Im Schutzkeller beteten wir alle hilfesuchend in kurzen Stoßgebeten; ich erteilte allen die Absolution. Wir wagten kaum zu hoffen, dass wir lebend den Keller verlassen würden. Das Kellergewölbe zitterte und bebte gewaltig; in den beiden nordwestlichen Kellerräumen bröckelte der Verputz und Mörtel von dem Gewölbe hernieder, und es waren, wie ich nachher sah, nicht unerhebliche Risse und Sprünge im Gewölbe entstanden. Die Kellerfenster auf der Gartenseite, obwohl durch Backsteine und Erde geschützt, wurden eingedrückt und ein starker Luftdruck schleuderte Staub und Trümmermassen in den Schutzkellerraum. [...]

Sobald sich die feindlichen Bombenabwürfe zu mindern schienen, verließ ich den vorderen Kellerraum um zu sehen, ob uns ein Verlassen des Hauses möglich sei, oder ob wir verschüttet waren. Ich sah sofort die völlige Vernichtung der im Keller liegenden Küche und ihrer gesamten Einrichtung. Fenster, Schränke, auch die leichten Wände, die den Küchenraum nach dem Treppenaufgang zu abschlossen, waren herausgerissen und zertrümmert. Aber es war doch möglich, den Keller zu verlassen und auch über oder durch die Trümmer der beiden Korridortüren hinweg nach dem Garten wie zum Domhof ins Freie zu gelangen.

Ein flüchtiger Blick auf den Domhof: In fast undurchdringlichen Staub- und Rauchwolken der zerstörte, lichterloh brennende Dom, das Wohnhaus Bormann - Nr. 21 - gleichfalls in Flammen und Rauchgehüllt, ebenso das ganze obere Stockwerk der Domdechanei und die angrenzende Kurie Domhof Nr. 28, der westliche Teil des Bischöflichen Konvikt durch Volltreffer vernichtet und die Trümmer in einem Feuermeer.

Ich eilte über die Reste eingedrückter und zerspaltener Fensterrahmen und Türen auf den Hausboden und löschte mit dort aufgestelltem Wasser und Sand mehrere hier brennende Stabbrandbomben. Einige hatten auch den Gipsfußboden durchschlagen und brannten in den Räumen des ersten Stockwerks; es gelang, auch sie sämtlich zu löschen. Eine furchtbare Verwüstung hier in allen Räumen. [...]

Sachen auf den Domhof oder in den Garten zu bringen, war nicht möglich, da die vom Brande des Konvikts, der bischöflichen Kurie, des Bormannschen Hauses, des Landgerichtes und des Römermuseums herüberfliegenden Feuerfunken alles sofort in Brand setzten. Alle Löschversuche waren hier vergeblich. Auch die alte im Garten stehende, schon Jahrhunderte lang nicht mehr brauchbare Pumpe begann wie eine Fackel zu brennen. Sie muss direkt von einer Stabbrandbombe getroffen sein. Mehrere Löschversuche schlugen fehl. Immer wieder loderten die Flammen auf.

In der Zeit von 16 bis 18 Uhr brach das Mittelschiff des Domes, der im nördlichen Seitenschiff wie im südlichen Querschiff und in der Sakristei von Volltreffern getroffen war, in Flammen zusammen; auch das Querschiff und die Goldene Kuppel sanken in die Tiefe; die beiden Westtürme brannten lichterloh bis zur Spitze; aus dem Westparadies schlugen Flammen; die Statue der Mutter Gottes über dem Westportal war in der Mitte durchbrochen und der obere Teil abgestürzt.

Die wertvollsten Kunstschätze, z.B. die Christussäule, die Bernwardstüren, das Taufbecken, Hezilos und Azelins Radleuchter, der Lettner, die Irmensäule, der eigentliche Domschatz waren vorher aus dem Dome entfernt und sind erhalten geblieben.

Zit. nach Hermann SEELAND, Zerstörung und Untergang Alt-Hildesheims. Chronik vom 30. Juli 1944 bis 8. Mai 1945, Hildesheim 1947, S. 27-29.

Annotationen
*Hermann Seeland - Domkapitular und Bewohner einer der Kurien am Domhof.

Mögliche Aufgaben
- Gib den zeitlichen Ablauf der Zerstörung des Domes in eigenen Worten wieder.
- Beschreibe und deute die Perspektive Hermann Seelands. Berücksichtige dabei seine Gefühlslage.

Weitere Einsatzmöglichkeiten und methodische Vorschläge
- Referate zu Bauwerk und Kunstschätzen.
- Besuch des Domes.

M4   Der Dom nach 1960

Abb. IV.26: Dom nach dem Wiederaufbau, um 1999

M5 Der Innenraum des Domes nach Osten vor der Sanierung

Abb. IV.27: Dom nach dem Wiederaufbau, Innenraum, um 1970

Das 20. Jahrhundert

Mögliche Aufgaben (zu M4 u. M5)
- Beschreibe das äußere Bauwerk und die Ausstattung des Innenraumes des Domes. Siehe dazu auch Abb. I.3. in Kapitel I. Mittelalter.
- Bestimme Baustil und Kunstepoche der einzelnen Elemente. Siehe dazu auch Abb. I.3. in Kapitel I. Mittelalter.
- Die Sanierung des Domes, die 2014 abgeschlossen sein soll, orientiert sich an der mittelalterlichen Gestalt des Domes. Erkundige dich über die einzelnen Maßnahmen der Sanierung und gib vor diesem Hintergrund eine Einschätzung über die Bedeutung des Domes für das Bistum.

Weitere Einsatzmöglichkeiten und methodische Vorschläge (zu M4 u. M5)
- Referate zu Bauwerk und Kunstschätzen.
- Besuch des Domes.

Schlagworte
- Sanierung
- Wiederaufbau
- Zerstörung

Verweise auf Fachliteratur

Victor H. ELBERN u. a., Der Hildesheimer Dom. Architektur, Ausstattung, Patrozinien, 2. Aufl., Hildesheim 1976.
Claudia HÖHL u.a., Welterbe. Der Hildesheimer Dom und seine Schätze, Regensburg 2007.
Ulrich KNAPP, Zerstörung und Wiederaufbau des Hildesheimer Domes, in: Ulrich KNAPP, Michael BRANDT u. Thomas SCHARF-WREDE, Der Hildesheimer Dom. Zerstörung und Wiederaufbau, Hildesheim 1999, S. 29-92.
Karl Bernhard KRUSE, Der Wiederaufbau des Hildesheimer Domes unter Bischof Heinrich Maria Janssen, in: Thomas SCHARF-WREDE (Hg.), Heinrich Maria Janssen. Bischof von Hildesheim 1957 bis 1982, Regensburg 2008, S. 56-63.
Hermann SEELAND, Zerstörung und Untergang Alt-Hildesheims. Chronik vom 30. Juli 1944 bis 8. Mai 1945, Hildesheim 1947.

Andere Medien (Film)

Bernward Mediengesellschaft mbH, 1200 Jahre Hildesheimer Dom. Eine Baugeschichte, Hildesheim 2012 (das Bonusmaterial bietet eine Diashow zu der Zerstörung und dem Wiederaufbau des Domes, eine Animation zum sanierten Dom und weitere Filmbeiträge u.a. zur Bernwardssäule und zur Bernwardstür).

Abbildungsnachweis

I. Das Mittelalter

Abb. I.1: „Gründungsreliquiar des Bistums Hildesheim
http://www.downloads.bistum-hildesheim.de/1/10/1/
140166673949150069151.jpg [Stand 16. September 2013]

Abb. I.2: „Historische Zeichnung des Gründungsreliquiars, 1840"
Johann Michael KRATZ, Der Dom zu Hildesheim. Zweiter und dritter Theil der Abbildungen bestehend aus 13 Tafeln, Hildesheim 1840, II. Theil, Tafel 2, Fig. 1.

Abb. I.3: „Der Hildesheimer Mariendom (Nordwestansicht) nach dem Wiederaufbau, um 1999"
Ulrich KNAPP (Hg.), Der Hildesheimer Dom. Zerstörung und Wiederaufbau, (Kataloge des Dommuseums Hildesheim Band 2), Petersberg 1999, S. 88.

Abb. I.4: „Karl der Große und Ludwig der Fromme als Gründer des Hildesheimer Bistums, Ansicht aus Lauensteins Historie"
Walter ACHILLES, Das Bild der Stadt Hildesheim 1492-1850, (Schriftenreihe des Stadtarchivs und der Stadtbibliothek Hildesheim Nr. 9), Hildesheim 1981, S. 37.

Abb. I.5: „Domhof und Mariendom, Außenansicht von Süden, Zeichnung vor 1841"
Karl Bernhard KRUSE, Der Hildesheimer Dom. Von der Kaiserkapelle und den karolingischen Kathedralkirchen bis zur Zerstörung 1945. Grabungen und Bauuntersuchungen auf dem Domhügel 1988 bis 1999, Hannover 2000, S. 150.

Abb. I.6: „Mariendom mit dem 1840/41 abgebrochenen Westwerk, Zeichnung vor 1840"
Adolf BERTRAM, Geschichte des Bisthums Hildesheim, Band 1, Hildesheim 1899, S. 8.

Abb. I.7a: „Schrein der Dompatrone, sog. Epiphaniusschrein"
http://www.inschriften.net/hildesheim/inschrift/nr/di058-0041.html [Stand 16. September 2013]

Abb. I.7b: „Schrein der Dompatrone, sog. Epiphaniusschrein"
http://www.inschriften.net/hildesheim/inschrift/nr/di058-0041.html [Stand 16. September 2013]

Abb. I.8:	„Sog. Großes Bernwardskreuz"
	Michael BRANDT u. Arne EGGEBRECHT (Hg.), Bernward von Hildesheim und das Zeitalter der Ottonen. Katalog der Ausstellung, Band 2, Hildesheim 1993, S. 587.
Abb. I.9:	„St. Michaelis, Blick von Südosten"
	Foto Michaela Düllmann (2014)
Abb. I.10:	„St. Michaelis, Dachperspektive, Blick von Osten"
	http://www.michaelis-gemeinde.de
	[Stand 16. September 2013]
Abb. I.11:	„St. Michaelis, kolorierte Federzeichnung auf Karton, 1662"
	Michael BRANDT u. Arne EGGEBRECHT (Hg.), Bernward von Hildesheim und das Zeitalter der Ottonen. Katalog der Ausstellung, Band 2, Hildesheim 1993, S. 525.
Abb. I.12:	„St. Michaelis, Grundriss"
	Angela WEYER (Hg.), Klasse Welterbe. Hildesheimer Weltkulturerbe im Unterricht, (Schriften des Hornemann-Instituts Band 7), Hildesheim 2006, S. 100.
Abb. I.13:	„St. Michaelis, Isometrie"
	Angela WEYER (Hg.), Klasse Welterbe. Hildesheimer Weltkulturerbe im Unterricht, (Schriften des Hornemann-Instituts Band 7), Hildesheim 2006, S. 100.
Abb. I.14:	„Bernwardstür"
	http://commons.wikimedia.org/wiki/File:Bernwardstür.jpg
	[Stand 16. September 2013]
Abb. I.15a:	„Bernwardstür – Umzeichnung Teil I"
	Uwe WOLFF, Bischof Bernward. Leben in der Jahrtausendwende. Bernward von Hildesheim (960-1022) und seine Zeit. Ein Lese- und Arbeitsbuch, Rehburg-Loccum 1993, S. 13-15.
Abb. I.15b:	„Bernwardstür – Umzeichnung Teil II"
	Uwe WOLFF, Bischof Bernward. Leben in der Jahrtausendwende. Bernward von Hildesheim (960-1022) und seine Zeit. Ein Lese- und Arbeitsbuch, Rehburg-Loccum 1993, S. 13-15.
Abb. I.16:	„Bernwardssäule"
	Michael BRANDT u. Arne EGGEBRECHT (Hg.), Bernward von Hildesheim und das Zeitalter der Ottonen. Katalog der Ausstellung, Band 2, Hildesheim 1993, S. 541.

Abb. I.17:	„Bernwardssäule, Reliefabwicklung" Uwe WOLFF, Bischof Bernward. Leben in der Jahrtausendwende. Bernward von Hildesheim (960-1022) und seine Zeit. Ein Lese- und Arbeitsbuch, Rehburg-Loccum 1993, S. 19.
Abb. I.18:	„Karte, Hildesheim um 1022" Karl Bernhard KRUSE, Der Hildesheimer Dom. Von der Kaiserkapelle und den karolingischen Kathedralkirchen bis zur Zerstörung 1945. Grabungen und Bauuntersuchungen auf dem Domhügel 1988 bis 1999, Hannover 2000, S. 263.
Abb. I.19a:	„Stadtmodell, Hildesheim um 1022, Domburg von Süden" Karl Bernhard KRUSE, Der Hildesheimer Dom. Von der Kaiserkapelle und den karolingischen Kathedralkirchen bis zur Zerstörung 1945. Grabungen und Bauuntersuchungen auf dem Domhügel 1988 bis 1999, Hannover 2000, S. 147.
Abb. I.19b:	„Stadtmodell, Hildesheim um 1022, Domburg von Osten" Karl Bernhard KRUSE, Der Hildesheimer Dom. Von der Kaiserkapelle und den karolingischen Kathedralkirchen bis zur Zerstörung 1945. Grabungen und Bauuntersuchungen auf dem Domhügel 1988 bis 1999, Hannover 2000, S. 147.
Abb. I.20:	„Karte des Bistums Hildesheim zur Zeit Bernwards" Michael BRANDT u. Arne EGGEBRECHT (Hg.), Bernward von Hildesheim und das Zeitalter der Ottonen. Katalog der Ausstellung, Band 1, Hildesheim 1993, S. 471.
Abb. I.21:	„Sog. Godehardsstab" Michael BRANDT (Hg.), Der Schatz von St. Godehard. Ausstellung des Diözesan-Museums, Hildesheim 1988, S. 87.
Abb. I.22:	„Basilika St. Godehard, Postkarte" BAH Fotosammlung, Gemeinden, Hildesheim, St. Godehard.
Abb. I.23:	„St. Godehard, Ostansicht, Aquarell um 1840/50" Michael BRANDT (Hg.), Der Schatz von St. Godehard. Ausstellung des Diözesan-Museums, Hildesheim 1988, S. 70.

II. Die Frühe Neuzeit

Abb. II.1: „Karte, Bistum und Hochstift Hildesheim um 1500"
Erwin GATZ (Hg.), Atlas zur Kirche in Geschichte und Gegenwart. Heiliges Römisches Reich – Deutschsprachige Länder, Regensburg 2009, S. 85.

Abb. II.2: „Karte, Stadt Hildesheim um 1583"
Gudrun PISCHKE, Die Stadt Hildesheim, ca. 1583, in: Katja LEMBKE u. Arnulf SIEBENECKER (Hg.), Lesen – Entdecken – Forschen: Museumspädagogisches Begleitmaterial zur Ausstellung Familie Lautensack. Ein Michaelistag im Mittelalter. Stadtmuseum im Knochenhauer-Amtshaus, Hildesheim 2010, S. 3.

Abb. II.3: „Stadtansicht, Hildesheim in einer Chronik aus dem Jahr 1586"
Walter ACHILLES, Das Bild der Stadt Hildesheim 1492-1850, (Schriftenreihe des Stadtarchivs und der Stadtbibliothek Hildesheim Nr. 9), Hildesheim 1981, S. 11.

Abb. II.4: „Stadtrundgang Hildesheimer Kirchen"
Markus BERNHARD u. a. (Hg.), Durchblick. Geschichte/ Politik/ Erdkunde, Jg. 7/8 Hauptschule Niedersachsen, Braunschweig 2005, S. 18.

Abb. II.5: „Hildesheim in einer Cosmographie aus dem Jahre 1598"
Walter ACHILLES, Das Bild der Stadt Hildesheim 1492-1850, (Schriftenreihe des Stadtarchivs und der Stadtbibliothek Hildesheim Nr. 9), Hildesheim 1981, S. 14.

Abb. II.6: „Johannes Bissendorf, Gedenktafel in Gödringen"
Jürgen STILLIG, Jesuiten, Ketzer und Konvertiten in Niedersachsen. Untersuchungen zum Religions- und Bildungswesen im Hochstift Hildesheim in der Frühen Neuzeit, (Schriftenreihe des Stadtarchivs und der Stadtbibliothek Hildesheim Band 22), Hildesheim 1993, S. 3.

Abb. II.7: „Burg Steuerwald, Stich 1653"
Matthäus MERIAN, Topographia Saxoniae Inferioris. Das ist Beschreibung der Vornemsten und bekantisten Stätte und Plätz in dem Hochlöblichen Nider Sächsischen Craisse, Faksimile der 1. Ausgabe 1653, Neuausgaben 1962, 2. Aufl., Kassel 1984, S. 120f.

Abbildungsnachweis

III. Das 19. Jahrhundert

Abb. III.1: „Karte, Nordwestdeutschland im 17. und 18. Jahrhundert"
Walter LEISERING (Hg.), Putzger. Historischer Weltatlas, 102. Aufl., Berlin 1997, S. 82f.

Abb. III.2: „Karte, (heutiges) Niedersachsen 1815 nach dem Wiener Kongress"
Thomas SCHARF-WREDE, Das Bistum Hildesheim im 19. Jahrhundert, Straßburg 1999, S. 5.

Abb. III.3: „Karte, Bistum Hildesheim nach der Neuumschreibung 1824/25"
Thomas SCHARF-WREDE, Das Bistum Hildesheim im 19. Jahrhundert, Straßburg 1999, S. 45.

Abb. III.4: „Statuten des St. Raphael-Vereins"
BAH Generalia I, 209, Blatt 57 u. 58.

Abb. III.5: „Zwischendeck eines Auswandererschiffs, Holzstich 1847"
Anja BENSCHEIDT u. Alfred KUBE, Brücke nach Übersee. Auswanderung über Bremerhaven 1830-1974, Bremerhaven 2006, S. 27.

Abb. III.6: „Anzeige aus der Hildesheimer Allgemeinen Zeitung: Überfahrten Bremen-Amerika (27. Februar 1860)"
BAH Domkapitel I, 332, Blatt 85.

Abb. III.7a: „Brief des Pfarrers aus Rhumspringe an den Bischof (4.März 1868)"
BAH Generalia I, 440, Blatt 168/ 168v.

Abb. III.7b: „Brief des Pfarrers aus Rhumspringe an den Bischof (4.März 1868)"
BAH Generalia I, 440, Blatt 168/ 168v.

Abb. III.8: „Karikatur, Die Nacht am Rhein - Lieb Vaterland, magst ruhig sein???"
Friedhelm JÜRGENSMEIER, Die katholische Kirche im Spiegel der Karikatur der deutschen satirischen Tendenzzeitschriften von 1848 bis 1900, Trier 1969, S. 128.

Abb. III.9: „Sitzverteilung im Deutschen Reichstag 1871"
Diagramm Julia-Carolin Boes (2013)

Abb. III.10: „Ausschreiben des Bischöflichen Generalvikariats"
BAH Ausschreiben 1830-1888.

IV. Das 20. Jahrhundert

Abb. IV.1: „Das Kaiserpaar am 1000-jährigen Rosenstock"
StA HI 951-07193.

Abb. IV.2: „Einweihung des Kaiserdenkmals"
StA HI 951-7.

Abb. IV.3: „Deckblatt des Goldenen Buches der Stadt Hildesheim"
Erich HEINEMANN, Ein Denkmal für Kaiser Wilhelm I. Zur Einweihung am 31. Oktober 1900 kam Wilhelm II. nach Hildesheim, in: Hildesheimer Heimatkalender 221 (1990), S. 83.

Abb. IV.4: „Sorsum, St. Kunibert, Totenglocke"
Foto Martin Strauß (2011)

Abb. IV.5: „Sorsum, St. Kunibert, Gedenktafel für die Gefallenen des Ersten Weltkrieges"
Foto Michaela Düllmann (2013)

Abb. IV.6a: „Sorsum, St. Kunibert, Gedenktafel für die Gefallenen des Zweiten Weltkrieges, 1. Teil"
Foto Michaela Düllmann (2013)

Abb. IV.6b: „Sorsum, St. Kunibert, Gedenktafel für die Gefallenen des Zweiten Weltkrieges, 2. Teil"
Foto Michaela Düllmann (2013)

Abb. IV.7: „Bischof Joseph Ernst, Bischof von Hildesheim 1915-1928"
BAH Fotosammlung, Personen, Buchstabe E, Bischof Dr. Joseph Ernst.

Abb. IV.8: „Brief an Bischof Joseph Ernst vom 3. März 1922"
BAH Generalia I, 472, Notstandsgelder, Blatt 11.

Abb. IV.9: „Bischof Joseph Godehard Machens, Bischof von Hildesheim 1934-1956"
BAH Fotosammlung, Personen, Buchstabe M, Bischof Dr. Joseph Godehard Machens.

Abb. IV.10: „Bischof Clemens August Graf von Galen, Bischof von Münster 1933-1946"
Günter BEAUGRAND, Kardinal Graf von Galen. Der Löwe von Münster, Augsburg 1991, S. 9.

Abb. IV.11a: „Groß Düngen, St. Cosmas und Damian, Gedenkort"
Foto Michaela Düllmann (2013)

Abb. IV.11b: „Groß Düngen, St. Cosmas und Damian, Gedenktafel"
Foto Michaela Düllmann (2013)

Abb. IV.12: „Joseph Müller, Pfarrer in Groß Düngen 1943-1944"
Foto Michaela Düllmann (2013)

Abb. IV.13a: „Rechnung über die Prozesskosten, Seite 1"
Oskar MÜLLER, Ein Priesterleben in und für Christus, Celle 1948, S.134.

Abb. IV.13b: „Rechnung über die Prozesskosten Seite 2"
Oskar MÜLLER, Ein Priesterleben in und für Christus, Celle 1948, S.135.

Abb. IV.14: „Abschiedsbrief Joseph Müllers"
Oskar MÜLLER, Ein Priesterleben in und für Christus, Celle 1948, S.105.

Abb. IV.15: „Postkarte mit Gebet Joseph Müllers"
Oskar MÜLLER, Ein Priesterleben in und für Christus, Celle 1948, S. 112.

Abb. IV.16: „Wolfsburg, St. Christophorus, Schutzmantelmadonna"
http://www.dekanat-wob-he.de/pfarrgemeinden/wolfsburg/st-christophorus/zur-geschichte-der-pfarrei/kirche-und-zwangsarbeiter.html
[Stand 2. November 2013]

Abb. IV.17: „Antonius Holling, Seelsorger in Wolfsburg 1940-1986"
KATHOLISCHE KIRCHENGEMEINDE ST. CHRISTOPHORUS WOLFSBURG (Hg.), Katholische Zwangsarbeiterseelsorge in der Stadt des KdF-Wagens, S. 2, PDF-Datei auf http://www.dekanat-wob-he.de/pfarrgemeinden/wolfsburg/st-christophorus/zur-geschichte-der-pfarrei/kirche-und-zwangsarbeiter.html [Stand 2. November 2013]

Abb. IV.18: „Wolfsburg, Notkirche 1940-1951"
KATHOLISCHE KIRCHENGEMEINDE ST. CHRISTOPHORUS WOLFSBURG (Hg.), Katholische Zwangsarbeiterseelsorge in der Stadt des KdF-Wagens, S. 2, PDF-Datei auf http://www.dekanat-wob-he.de/pfarrgemeinden/wolfsburg/st-christophorus/zur-geschichte-der-pfarrei/kirche-und-zwangsarbeiter.html [Stand 2. November 2013]

Abb. IV.19: „Lager Friedland, Friedensglocke"
www.akpool.de/ansichtskarten/24147208-ansichtskarten-postkarte-friedland-grenzdurchgangslager-friedlandglocke
[Stand 2. November 2013]

Abb. IV.20: „Karte, Lager Friedland bei Göttingen"
Walter MÜLLER-BRINGMANN, Das Buch von Friedland, Göttingen 1956, S. 9.

Abb. IV.21: „Lager Friedland, Februar 1958"
Bundesarchiv B 145 Bild – F005100-0011A. Auf: http://commons.wikimedia.org/wiki/File:Bundesarchiv_B_145_Bild-F005100-0011A,_Lager_Friedland,_Lager_mit_Baracken.jpg
[Stand 20. Oktober 2013]

Abb. IV.22: „Lager Friedland, Lageplan"
Dagmar KLEINEKE, Das Grenzdurchgangslager Friedland. Heimkehrer, Flüchtlinge und Vertriebene, Um- und Aussiedler, in: Klaus J. BADE u. Jochen OLTNER (Hg.), Zuwanderung und Integration in Niedersachsen seit dem Zweiten Weltkrieg, Osnabrück 2002, S. 153.

Abb. IV.23: „Unterzeichnung des Niedersachsenkonkordates"
Julius SEITERS, Bischof Heinrich Maria Janssen und das Konkordat, in: Thomas SCHARF-WREDE (Hg.), Heinrich Maria Janssen. Bischof von Hildesheim 1957 bis 1982, Regensburg 2008, S. 148.

Abb. IV.24: „Dom vor der Zerstörung 1945"
Victor H. ELBERN u. a., Der Hildesheimer Dom. Architektur, Ausstattung, Patrozinien, 2. Aufl., Hildesheim 1976, Anhang Bild 7.

Abb. IV.25: „Dom nach der Zerstörung 1945"
Victor H. ELBERN u. a., Der Hildesheimer Dom. Architektur, Ausstattung, Patrozinien, 2. Aufl., Hildesheim 1976, Anhang Bild 10.

Abb. IV.26: „Dom nach dem Wiederaufbau, um 1999"
Ulrich KNAPP (Hg.), Der Hildesheimer Dom. Zerstörung und Wiederaufbau, (Kataloge des Dommuseums Hildesheim Band 2), Petersberg 1999, S. 87.

Abb. IV.27: „Dom nach dem Wiederaufbau, Innenraum, um 1970"
Victor H. ELBERN u. a., Der Hildesheimer Dom. Architektur, Ausstattung, Patrozinien, 2. Aufl., Hildesheim 1976, Anhang Bild 11.